中國近北極民族研究

近北极民族研究丛书

主编 曲枫

鄂温克族敖包文化研究

乌日乌特 著

上海三联书店

近北极民族研究丛书总序

依据地理学理论,北极地区指北极圈(北纬66°34′)以北至北极点之间的广大区域。然而,从文化上的一般性表述来说,北极概念又往往超出这一范围,这是因为它不单单是一个地缘概念,还具有包含生态性、历史性和文化性因素在内的文化地理意义。首先,北极并非是静止的地理板块,其苔原与针叶林的界线历史上随气温的变暖或变冷上下波动,北极人类历史上处于不断地流动与迁徙过程之中,其文化生态一直处于变化和非稳定状态。其次,北极人类与环境生态之间的互动有着上万年的时间深度,北极文化生态体现了人类对寒冷环境的高度适应性。其三,在对特殊环境的适应中,北极人类形成了独特的生计方式与民族文化。

据约翰·霍菲克尔的《北极史前史》,人类在7000年至15000年之间开始在北极地区定居、繁衍生息[1],渐渐形成了今天的北极民族。当今北极民族包括北欧的萨米人(Saami),阿拉斯加、加拿大和格陵兰岛的因纽特-阿留申人(Inuit - Aleut),阿拉斯加与加拿大的印第安人以及俄罗斯西伯利亚的数十个原住民集团。引人注意的是,与俄罗斯、蒙古交界的中国北方少数民族与以上所述北极民族在生存环境、生态系统、生计方式、生存策略、艺术与物质文化、仪式信仰等诸多方面都有着

---

[1] 约翰·霍菲克尔. 北极史前史. 北京:社会科学文献出版社,2020年,第10页,本书是聊城大学北冰洋研究中心"北冰洋译丛"系列推出的第一本译作。

强烈的相似性,其中许多民族本身还属于跨境民族,与西伯利亚高纬度地区以及该区域民族有着密不可分的历史关系。由于国际社会对北极国家的认定仍然采用了地理学概念,中国政府则在2018年1月颁发的《中国的北极政策》白皮书中将我国定义为"近北极国家"。按照这一表述,我们有理由将有关的中国北方少数民族称为"中国近北极民族"。这一概念强调北极的文化概念,将中国近北极民族视为北极文化圈的重要组成部分。同时,这一概念的建立可以帮助我们将对上述中国境内民族文化的研究纳入国际北极原住民研究的大框架中,从而构成中国在北极人文社会科学研究方面与世界对话的基础。

北极圈之内的陆地大体为苔原覆盖,而苔原与其南端泰加(taiga)针叶林的交界线基本在北纬66度线上下波动。环境意义上的北极既包括以苔原为特征的生态系统,也包括以泰加林为特征的次北极(subarctic)生态区域。北极与次北极生态系统以永久冻土(permafrost)、低温、冰川(glaciers)、特有的动物群(包括陆地和海洋动物)和植物群为特征。这些环境特征构成了北极民族生存的生态情境与地理景观。

北极民族的生计方式主要有三种。一是海猎,是俄罗斯楚克奇半岛、阿拉斯加、加拿大和格陵兰的爱斯基摩人(包括阿留申人)的传统生计方式。二是驯鹿放牧。驯鹿民族全部生存在欧亚大陆上,包括西伯利亚东北部的内地楚克奇人和内地科里亚克人,北欧斯堪的纳维亚半岛北部的萨米人,以及大陆中部的埃文人(Even)、埃文基人(Evenki)、涅涅茨人(Nenets)以及北方雅库特人(Yakut)等。三是人类历史上最古老的采集-渔猎经济。此外,一些北极民族如布里亚特人(Buryak)和雅库特人等还从事半定居的游牧业,放养的动物为牛、马、鹿等。引人注意的是,所有的北极民族都有着或轻或重的狩猎和捕鱼经济成分,这是他们适应北极环境的重要生计特征。

中国北方少数民族如达斡尔、鄂伦春、鄂温克、赫哲、满族、锡伯族、布里亚特等民族生存在属于次北极生态系统的泰加林以及森林边缘地带,不仅在生存环境上与北极民族类似,在生计策略上与上述北极民族也极为一致。如中国鄂温克人与俄罗斯境内埃文基人同族,传统上同萨米人、楚克奇人、埃文人、涅涅茨人一样以牧养驯鹿为文化特色。至今,敖鲁古雅的使鹿鄂温克人仍然饲养驯鹿,他们在大兴安岭地区的放牧历史已达300年之久。鄂伦春族在历史上也牧养驯鹿,17世纪中叶迁至黑龙江南岸后因新的居住环境缺乏苔藓而放弃驯鹿,改以狩猎为主要生计。在鄂伦春语言中,"鄂伦春"一词即包含两种含义,一种为"山岭上的人们",另一种为"使用驯鹿的人"。

赫哲族与俄罗斯境内的那乃人同为一族,主要分布在黑龙江、松花江与乌苏里江的交汇之处,即三江平原,以及完达山余脉。传统经济依赖捕鱼与狩猎,饮食以鱼肉、兽肉及采集的野生植物为主。赫哲人喜穿鱼皮服饰,以桦皮船为夏季捕鱼用交通工具,冬季则使用狗拉雪橇旅行,其水猎生计方式、鱼皮文化与爱斯基摩文化有许多相似之处,体现了在高纬度寒冷环境中的适应性生存智慧。达斡尔族也是中、俄跨境民族,生存环境为森林边缘的林地草原地带,传统上依赖农牧渔猎多元混合经济,由于森林生态恶化,现以农业经济为主。其经济方式的变迁轨迹与西伯利亚的南部雅库特人有很多相似之处。居住于内蒙古呼伦贝尔的布里亚特人属于中、俄、蒙三国跨境民族,虽然其生计策略以畜牧经济为主,但同时有着鲜明的与北极民族一致的狩猎文化特点。

中国近北极民族的社会组织与北极民族一样,以氏族社会为特征。如史禄国在研究通古斯社会组织所阐述的那样:"氏族是一种社会形态,没有这种社会形态,保持通古斯自己复合的通古斯氏族单位就不能存在,因为它形成了整个通古斯社会组织的基础,并由自我繁衍和生物学要求而体现出来。"[①]毋庸置疑,氏族组织是北极民族与狩猎、游牧等生计方式与文化生态相适应的结果。此外,中国近北极民族与北极民族的传统信仰为萨满教,其神灵系统、仪式特征、萨满产生方式、萨满教社会功能等诸方面均有高度的一致性。中国近北极民族的萨满教信仰显然是西伯利亚-北极萨满文化圈中不可分割的一部分。

中国北方民族与北极民族在文化、社会组织与宗教艺术传统等方面的一致性已引起了有关中国学者的强烈关注。内蒙古社会科学院的

---

① 史禄国.北方通古斯的社会组织.呼和浩特:内蒙古人民出版社,1985年,第184页.

白兰研究员在多次会议演讲中，极力主张将鄂伦春族与鄂温克族称为"泛北极民族"。如她在2019年12月于黑龙江大学召开的"首届东北亚社会文化论坛"上发言所说："我们在研究通古斯诸集团时，从接壤的地缘、类似的文化模式、相近的体质特质，可以互通的语言选择，就以学术的视野俯瞰和贯穿了中国置身北极地区的必然——我们以文化与北极相连。2008年，中国敖鲁古雅使鹿鄂温克加入世界驯鹿养殖者协会（这是北极理事会中的三个非政府组织之一）。我们的文化优势是敬畏自然而遵从自然，这是泛北极地区诸族，包括中国的鄂伦春族、鄂温克族、赫哲族等共同的文化理念，在北极治理中有着与工业文明不一样的独特方式。"[1]黑龙江大学唐戈教授也在近期发表的论文中提到："北极地区原住民文化包括渔猎、饲养驯鹿、生食动物（特别是内脏）、圆锥形帐篷、小集群（相比农业社会的村庄）和游动性、萨满教等多个基本特点。那么在中国，与这种文化最接近的民族就是鄂伦春族、赫哲族和一部分鄂温克族，其中鄂温克族又包括驯鹿鄂温克人和一部分索伦鄂温克人。"[2]

中国近北极民族历史上一直处于迁徙流动之中，与西伯利亚高纬度地区以及该区域民族有着密不可分的历史关系。因而，中国近北极民族的历史构成了西伯利亚北极民族历史不可分割的组成部分。鄂伦春、鄂温克、赫哲人与俄罗斯境内的埃文基人、那乃人同属北通古斯语族集团，主要居住在叶尼塞河、勒拿河和黑龙江三大流域。史禄国认为，尽管北通古斯人居住的地域辽阔且居住分散，但他们所有的方言都有着密切的联系，因而很可能有着共同的起源。[3]

综上所述，将中国近北极民族研究纳入北极文化研究的大框架中是十分有必要的，这样可以使我们得以在国际视角中考察中国近北极文化。文化特殊性存在于世界的各个角落，但是没有独立于国际学术

---

[1] 白兰.他者我者的鄂伦春一百年——围绕史禄国《北方通古斯的社会组织》而论.2019年12月21日"首届东北亚社会文化论坛"发言稿.
[2] 唐戈.中国近北极民族北方通古斯人及其文化变迁.北冰洋研究集刊第一辑.北京：社会科学文献出版社，2019年，第122—123页.
[3] 史禄国.北方通古斯的社会组织.呼和浩特：内蒙古人民出版社，1985年，第221页.

领域之外的特色研究。无论是本土化的人类学还是民族学，它们都应该是世界性学术建构的组成部分。既然我们将中国近北极民族研究与国际上的北极民族研究连接，我们就必须意识到，中国的人文社会科学知识生产应该是国际知识体系中必不可少的一部分。基于这一思考，聊城大学北冰洋研究中心计划与上海三联书店合作推出"中国近北极民族研究丛书"。

聊城大学北冰洋研究中心是目前国内唯一的以北极人文社会科学为研究对象的学术机构，于2018年3月在时任校长蔡先金先生的大力支持下成立。成立之后，中心很快建立起一支由国际、国内学者组成的研究团队，与国际上多家北极研究机构建立了学术合作关系。中心研究人员代表聊城大学多次参加国际上的各种学术活动，中心已成为国际北极研究领域的重要力量。2020年2月，中心代表聊城大学加入国际北极大学联盟。

中心于2019年始创办了《北冰洋研究》集刊，同时与社会科学文献出版社合作推出"北冰洋译丛"出版系列。以上成果与即将出版的"近北极民族研究"丛书一起必将为中国与国际社会在北极研究上的合作贡献力量。

感谢上海三联书店对这一出版计划的全力支持。感谢付出辛勤劳动的丛书编委会成员、各位作者、各位编辑。中国北极人文社会科学学术史将铭记他们的开拓性贡献和筚路蓝缕之功。

蔡先金先生虽已调离聊城大学至山东省政府重要岗位上任职，仍时时关心北冰洋研究中心的建设与发展。在得知"近北极民族研究"丛书出版事宜之后，先生应邀欣然为丛书题字。我们在此深致谢忱。

曲 枫

2020年6月26日

于聊城大学北冰洋研究中心

前　言

我国的鄂温克族主要生活在内蒙古大兴安岭和呼伦贝尔草原,因居住环境和生计方式的不同,分为使鹿、哈穆尼堪(通古斯)、索伦三个部分,大兴安岭地区的鄂温克人普遍信奉萨满和山神,呼伦贝尔牧区的鄂温克人在信奉萨满教的同时还信奉藏传佛教。作为狩猎游牧民族,鄂温克族传统的敖包文化保留着深厚的狩猎文化印记,其中蕴含着万物有灵与自然崇拜的思想。在敖包的口传文学与祭祀仪式方面能够很好地反映出鄂温克族的世界观、宗教观、社会形态、生计方式、思维方式、认知过程和审美特性。

敖包作为古老而复杂的民间信仰,以仪式感、象征资本和社会记忆的方式始终影响和作用于鄂温克人的精神世界。伴随着社会的发展,各种文化的相互交融,不同的文化元素不断地对鄂温克族的传统敖包文化进行融合与改变。因此,本书以鄂温克族敖包的相关传说为基点,讨论鄂温克族敖包祭祀文化产生的自然环境与社会环境,以及敖包文化圈是如何形成的。基于此对鄂温克族敖包类型及祭祀主体进行梳理归类,以鄂温克族敖包立祀和祭祀仪式的研究为切入点,重点描述在鄂温克族社会中占有重要地位的萨满敖包、家族敖包、官祭敖包的立祀和祭祀仪式的过程。回到文学人类学的视角去研究与敖包文化相关的口传文学,基于丰富的民族志资料和理论,去回答历史神话化和神话历史化的问题,对鄂温克族敖包祭祀仪式中的口传文学进行理论研究,详细阐述鄂温克族敖包祭祀仪式中的口传文学的特征以及对于鄂温克族社会的功能价值。

千百年来传统的敖包祭祀仪式逐渐地整合不同宗教和民间信仰的元素,以充实敖包文化本身,带来的积极变化则是敖包具有了时代性和多元性。从整体性、横向的视角去研究鄂温克族敖包文化与周围兄弟民族及境外鄂温克族民间信仰的关系,深入研究、分析导致鄂温克敖包文化变迁的因素、变迁的内容和变迁的特点。20世纪90年代呼伦贝尔草原的草场划分,对于同样为游牧民的鄂温克人影响甚大,不论是生产方式、生产资料的分配都产生了很大的影响。鄂温克族个体家庭在草场使用权获得方面,不断地做出策略性调整。为了应对以上问题,小家庭通过家族敖包、嘎查敖包等自发性的祭祀仪式,重构社会关系网络以增加内部团结与认同,本质来说是以敖包文化的再生产和控制方略来实现游牧社区群体的共同利益。

最后,透过现象探本质,分析敖包传说与祭祀仪式作为鄂温克族生存策略或是家庭策略对族群内部构拟族群历史和维护游牧社会平衡的积极意义。策略性的去讨论敖包文化的重构的方式和途径,思考如何利用政府、旅游业及媒体资源,挖掘、保护和发展鄂温克族敖包文化。重点探讨鄂温克族敖包文化的重构与传承行为对鄂温克族文化的现实与历史意义,以及敖包文化对于人类社会的发展与社会和谐的积极意义。因此,无论从文化多元的视角还是从生态文化的视角,对鄂温克族敖包祭祀的口传文化与仪式的保护和研究都显得十分必要。

目 录

引论 ··· 001
  一、问题的提出与研究意义 ································· 001
  二、中外学术研究回顾 ······································· 003
  三、研究的方法与田野工作 ································· 020
  四、相关概念阐释 ·· 022
    （一）白纳恰 ·· 022
    （二）敖包树 ·· 022
    （三）仙登 ··· 022
    （四）敖包文化圈 ·· 023

第一章　鄂温克族敖包祭祀的起源及类型研究 ········· 026
  第一节　鄂温克族概况及核心田野点介绍 ············· 026
    一、鄂温克族起源及其分布情况 ······················· 026
    二、核心田野点鄂温克族自治旗概况 ················· 034
  第二节　鄂温克族敖包祭祀的起源 ······················· 035
    一、敖包起源的相关传说 ································· 035
    二、鄂温克族敖包祭祀与自然环境 ···················· 038
    三、鄂温克族敖包祭祀与社会环境 ···················· 040
  第三节　鄂温克族敖包的类型 ······························ 042
    一、民祭敖包 ··· 044

二、官祭敖包 ·· 063
　小结 ·· 075

第二章　鄂温克族敖包祭祀仪式研究 ·················· 076
　第一节　鄂温克族敖包立祀仪式过程 ·················· 076
　　一、选址与日期 ······································ 076
　　二、立祀人 ··· 078
　　三、立祀材料准备 ···································· 078
　　四、祭祀时间的选择 ·································· 083
　　五、牲祭 ··· 084
　　六、鄂温克族敖包的结构 ······························ 085
　第二节　鄂温克族敖包的祭祀仪式 ····················· 087
　　一、民祭敖包的祭祀仪式 ······························ 087
　　二、官祭敖包的祭祀仪式 ······························ 109
　　三、仙登敖包祭祀仪式研究 ···························· 125
　　祭祀敖包日期与邀请的萨满 ···························· 152
　第三节　敖包祭祀后的活动 ··························· 153
　　一、传统竞技赛事 ···································· 153
　　二、娱乐表演 ······································· 158
　　三、商业活动 ······································· 160
　小结 ·· 161

第三章　鄂温克族敖包祭祀仪式的口传文学研究 ········ 162
　第一节　鄂温克族敖包祭祀仪式中的口传文学研究 ······· 162
　　一、鄂温克族敖包祭祀相关口传文学范式 ················ 163
　　二、鄂温克族敖包祭祀相关口传文学母题 ················ 163
　　三、敖包祭祀口传文学的演变特征 ······················ 178
　第二节　鄂温克族敖包祭祀文化的口传文学特点 ········· 181
　　一、敖包祭祀文化与口传文学的地域性 ·················· 181
　　二、敖包祭祀文化与口传文学的部落性 ·················· 182

三、敖包祭祀文化与口传文学的家族性……183
　　四、敖包祭祀与口传文学的神圣性……185
 第三节　鄂温克族敖包祭祀文化及口传文学的功能……187
　　一、教育与历史记忆功能……189
　　二、行政与地标功能……192
　　三、传承民族文化功能……195
　　四、民族团结与交流功能……197
　　五、经济交往功能……200
 小结……203

第四章　鄂温克族敖包祭祀文化的跨文化比较研究……205
 第一节　鄂温克族敖包祭祀仪式中的宗教要素……205
　　一、鄂温克族敖包祭祀文化与萨满教文化……206
　　二、鄂温克族敖包文化与藏传佛教文化……211
　　三、鄂温克族敖包文化与满汉民间信仰比较……216
 第二节　鄂温克族敖包祭祀文化的借鉴交融……219
　　一、鄂温克族与蒙古族敖包祭祀文化的比较……219
　　二、鄂温克族与达斡尔族敖包祭祀文化的比较……225
　　三、鄂温克族与鄂伦春族敖包文化的比较……231
　　四、鄂温克族敖包文化的跨界比较……235
 第三节　鄂温克族敖包祭祀文化的变化与重构……238
　　一、现代化与鄂温克族敖包祭祀文化的变化……238
　　二、世俗化与鄂温克族敖包祭祀文化的变迁……246
　　三、鄂温克族敖包祭祀文化重构的因素……251
　　四、鄂温克族敖包祭祀文化重构的意义……253
 小结……255

结语……257

参考文献……259

附录 ··· 265
   附录一 鄂温克族敖包及仙登名录表··························· 265
   附录二 鄂温克族仙登统计表····································· 277
   附录三 内蒙古知名敖包名单····································· 279
   附录四 伊敏苏木吉登猎民嘎查那达慕日程表··············· 282
   附录五 鄂温克族自治旗巴彦呼硕敖包文明祭祀注意
           事项··· 282
   附录六 鄂温克族自治旗巴彦托海镇敖包传说统计········· 283
   附录七 民间文化人——德勒格尔扎布访谈报告············ 285
   附录八 莫吉格仙登敖包达——敖斯尔访谈报告············ 293
   附录九 萨满信仰调查访谈——乌兰塔娜访谈报告········· 296
   附录十 萨满及敖包信仰调查——萨仁花尔访谈节选······ 305
   附录十一 翁根琪琪格——关于萨满信仰的访谈············ 308
   附录十二 阿拉坦德力格尔萨满的个人笔记整理············ 315
   附录十三 索伦鄂温克族格根萨满个人笔记整理············ 316

引 论

一、问题的提出与研究意义

敖包信仰在内蒙古各族群众中非常广泛,国家非物质文化遗产中心于2006年将敖包祭祀文化列入遗产名录中。2015年内蒙古评选出自治区十大文化符号,敖包祭祀位列其中。2014年初内蒙古自治区政府为了更好地传承敖包文化,委托内蒙古社会科学院成立敖包文化研究课题组,对内蒙古地区敖包文化现状进行系统的摸底调查。历时一年,对内蒙古各个盟市,近70个旗县进行调研普查,实地调查确认了不同时期的3700多座敖包。此次调查是内蒙古自治区历史上最权威、覆盖面最广的敖包文化调查。随后在2015年,在实地调查和历史资料的基础上,按照全区各盟市敖包祭祀的历史年代,以及在当地的影响力,祭祀仪式等方面为依据,在内蒙古召开了专门的评审会,最终确定了布特哈八旗总管衙门敖包等72座敖包为内蒙古自治区知名敖包。鄂温克族的巴彦呼硕敖包及将军敖包位列其中。鄂温克族作为北方的狩猎游牧民族,文化上,对内萨满教影响根深蒂固,对外受周围其他民族的影响非常明显,在两种文化力的相互作用下,造就了古老的石碓信仰和神树崇拜,随着祭祀仪式的不断丰富多元,逐渐形成了具有鲜明民族特色的鄂温克族敖包祭祀文化。

在鄂温克语、达斡尔语、鄂伦春语、蒙古语中的"敖包"一词,汉译为石碓。因此从语言学的角度来说,敖包是这四个北方语言共有的词汇。除鄂伦春族极少部分人外,蒙古族、达斡尔、鄂温克族都有活态的敖包祭祀仪式和相关的民俗活动。游牧的鄂温克族在祭祀内容和相关仪式上与呼伦贝尔地区的游牧蒙古族有很多的相似之处。森林的敖包树与游牧社会的敖包石碓都是原始信仰文化的古老遗存。它不但是人类远古精神信仰的活化石,更是狩猎游牧民族最具精神原生性的文化载体。在鄂温克族的传统文化中,敖包祭祀仪式发挥着世俗连接宗教的纽带作用。它是鄂温克族的精神核心,是人类祖先集体应对自然挑战的信仰产物,是鄂温克族沧桑历史的见证者。而与敖包祭祀文化相关的口传文学则记录了鄂温克族文化变迁与社会发展的历程。

从敖包形制的演变历程可以看出鄂温克族的敖包信仰是由森林发展到草原的,起初由奇石、神树延续到敖包树最后形成了草原的柳条石碓形制。它不是简单的单线进化而来的,而是伴随着人类的迁徙,生活环境的变化,敖包信仰的内容和形制也在因时因地地发生着变化与调适,与敖包相关的口传文学也在发生着改变。但是在敖包的祭祀仪式和信仰本身的精神内涵方面,仍留存着诸多原生文化的遗迹。以传说、故事和神话等为依托的口传文学将敖包祭祀仪式更加合理化神圣化,它是敖包祭祀文化历经沧桑而继续传承的精神保障。不同民族、不同时期的信仰文化共同参与了敖包文化的创造过程,因此敖包文化是多元文化复合现象的总和。通过历史角度去探究鄂温克族的敖包祭祀及口传文学,我们从祭祀内容和仪式本身去追溯北方民族发展的历史脉络,尽量去研究早期古人的万物崇拜和精神诉求。从人类社会的角度,去研究探讨敖包文化同人类发展与自然和谐的关系,敖包祭祀中的家庭策略,以及如何应对社会转型所带来的挑战的。思考如何诠释在全球化、工业化的今天,敖包祭祀文化给予现当代社会发展的观念启示。

敖包祭祀文化作为鄂温克族社会文化的重要组成部分,是鄂温克族原始信仰的历史延续,囊括了敖包起源传说、单个敖包传说和祭祀仪式中的赞颂词等。当代鄂温克族敖包祭祀文化,不仅是万物崇拜、萨满信仰、藏传佛教和道教等信仰文化的复合体,更是在现代游牧社会中起着各种世俗作用的想象共同体。敖包文化及其仪式感对鄂温克族内部的文化认同和族群内部的凝聚力发挥着至关重要的作用,而敖包口传文学则是构拟族群历史、重塑民族文化和记录民俗活动的重要方式。敖包文化的特殊作用还在于参与促进了鄂温克族狩猎游牧文化社会发展形态的建构。今天,生态环境问题日益引起了人们的注意,我们认识环境问题的目的就是为了保持环境和人类之间的和谐关系,也是为了给人类的可持续发展出谋划策。对鄂温克族来说祭祀敖包不仅是一种信仰或欢庆活动,这种活动让人们可以理解人类和生态之间的互动关系。在全球化浪潮的驱使下,过于市场化和商品化的生计方式及生活方式不断地改变分解着传统中国的社会组织,尤其是传统的宗族及家族组织逐渐地瓦解分化,而生活在呼伦贝尔地区的鄂温克人却不断地通过敖包祭祀仪式来增强氏族家族内部的凝聚力,这种逆主流"反其道而行"的现象,正在不断地影响着鄂温克传统文化的传承与重构。可以看出敖包祭祀与游牧社会的土地制度息息相关,家族敖包祭祀仪式正在作用于亲族关系紧密或是松散,甚至无时无刻不在作用着,以生产资料及草场资源为核心的游牧社会的平衡。

敖包作为具有宗教形态的民间信仰,一直处于不断的演变过程之中,虽然结构组织松散,在信仰文化方面也属于"小传统",但通过对其在当地社会中所处的地位,从文化内涵及社会互动关系方面去讨论其对于鄂温克族小社会的文化再生产具有社会价值和学术意义。伴随着国家对于呼伦贝尔地区的旅游开发,民族文化旅游异常火热,敖包作为呼伦贝尔及鄂温克族的文化符号,必然成为旅游市场中的一个重要环节。敖包作为神圣的场域,对于游客和旅游开发商的不请自来,被认为是严重地干扰了鄂温克族敖包的祭祀活动,很多人因为经济利益而将敖包作为"提款机"供游客参观,或是建立新的"假"敖包去招揽游客做生意,这极大地影响了敖包在人们心中的神圣性。融合、涵化是现代人们所关注的敖包文化问题,经济利益的刺激与信仰的不断妥协,传统文化与市场化的焦灼对抗,是当今敖包文化所面临的首要矛盾。因此,研究敖包祭祀文化,不仅有利于新时期鄂温克族敖包文化的发展传承,而且能够为少数民族文化在市场经济的影响下如何发展提供一定的借鉴价值。

二、中外学术研究回顾

敖包作为整个东北亚诸民族民间信仰的重要部分,一直是东西方国内外研究者极其关注的一个点,诸如拉铁木尔等学者们深知了解敖包文化对于深入研究东北亚的文化是何其重要,所以19世纪末20世纪初就有学者开始踏足这一研究领域。国外研究敖包主要以日韩学者居多。关于鄂温克族敖包的记载只有一篇,即日本学者上牧濑三郎著的《索伦族的社会》一书中记录了鄂温克族自治旗辉苏木查干陶勒盖敖包又称海日汗敖包的祭祀仪式,其中详细地介绍了敖包的形制、祭祀过程和对于妇女的禁忌等。英国的泰勒在他的专著中说:"在北亚细亚的阿尔泰语系诸部落中,对木杆和石头的崇拜仍然全盛地存在着。石头,特别是奇形怪状的或者与人或动物的形状相似的石头,作为崇拜的对象,这是因为它们里头住着强有力的精灵。"①其实这些神杆与岩石崇拜与今天的敖包祭祀文化一定有着必然的联系。敖包文化被作为研究对象已有上百年历史。20世纪初以搜集军事情报为初衷的日本学者首先对内蒙古地区的敖包进行了实地调查,其中主要以搜集敖包历史记载和整理与敖包文化相关的资料为主,从民族学和民俗学方面对不同地区和不同类型的敖包做比较研究,为今后学界系统地研究敖包文化奠定了理论和学科基础。他们的敖包文化研究一直持续到20世纪40年代,中国改革开放之后日本学者又以极大的热忱投入敖包文化研究,取得了具有较高水平的研究成果。这些成果尤其是比较研究成果对于国内学术界具有一定的参考价值,值得关注。②

日韩学者中,鸟居龙藏的《蒙古旅行》从民俗学和考古学的角度记录了当时内外蒙古的敖包祭祀仪式。寺本婉雅通过1898年至1908年间的三次旅行撰写了《藏蒙旅行日记》,对敖包文化进行了简单的介绍。长尾雅人的《蒙古喇嘛庙记》(1947年)以及戈壁沙漠学术探险队编的《戈壁沙漠》(1943年)记录了有关蒙古敖包的相关记载。著名民俗学家米内山庸夫在其著作《蒙古草原》中专设了敖包与敖包祭祀一章,详细介绍了蒙古高原各地的敖包和敖包祭祀情况。内山庸夫认为,结构为十三座的敖包类型才是蒙古草原正统的敖包。很多敖包是初春时节建立的,这与现在的敖包立祀仪式实践上大致相同。《敖包与敖包祭

---

① 〔英〕爱德华·泰勒:《原始文化——神话、哲学、宗教、语言、艺术和习俗发展之研究》,连树声译,上海:上海文艺出版社,1992年。
② 那木吉拉:《日韩学者敖包研究综述》,中国第七届草原文化百家论坛会议论文,2010年。

祀》是敖包研究由碎片化向体系化研究迈进的重要著作。① 泉靖一的《大兴安岭东南部鄂伦春族调查报告》,②较为详细地介绍了居住在大兴安岭绰尔河流域的鄂伦春人信仰敖包和山神的情况。耿昇译的蒙古学专家海西希有关蒙古宗教方面的著作《蒙古的宗教》③分五个章节叙述了蒙古的宗教,具体内容为蒙古人中的喇嘛教和民间宗教,蒙古人中的萨满教和喇嘛教的传播,喇嘛教对萨满教的镇压,蒙古人的民间宗教及其万神殿等,内容翔实细致,全面地呈现了蒙古地区的宗教发展脉络以及萨满教与藏传佛教在不同时期的关系,藏传佛教兴起于萨满教的没落的内外因素,是一部了解蒙古草原宗教史的优秀著作。但该书忽略了敖包祭祀对于蒙古草原大众精神世界的重要性,对于敖包文化只是轻描淡写,着实有些遗憾,因为时至今日,藏传佛教与萨满信仰之间的关系或是融合或是博弈的最主要最直接的场域便是在敖包祭祀仪式上。

敖包祭祀方面,日本学者对于敖包及其祭祀起源问题研究比较多,江上波夫在《匈奴的祭祀》一文中将蒙古等北方民族的敖包信仰追溯至匈奴时代。④ 敖包研究名家大间知笃三发表了《库木屯的敖包祭》论文。库木屯位于现在的黑龙江省齐齐哈尔市龙江县,这里是达斡尔族的传统聚居区。这篇论文,重点记载了库木屯的民族情况以及达斡尔族的姓氏及人口状况,并且用民族学田野民俗志的描写方式记录了库木屯达斡尔族的敖包祭祀活动。将呼伦贝尔草原达斡尔人的民俗信仰活动与该地的达斡尔族进行了比较研究。由于作者到达敖包祭祀地点时,没有观看到敖包祭祀的前期仪式部分,因此记录的敖包祭祀过程并不翔实全面,但为后世研究达斡尔族敖包祭祀文化提供了非常有价值的资料。大间知笃三在《库木屯的敖包祭》一文后附《敖包调查提纲》,

---

① [日]佐野賢治「十三塚と十三オボ:比較民俗学の一視点」、『日本民俗の伝統と創造』、弘文堂,1988年。
② 泉靖一、李东源:《大兴安岭东南部鄂伦春族调查报告》,《黑龙江民族丛刊》1986年第4期。
③ 海西希:《蒙古的宗教》,耿昇译,北京:中国藏学出版社,2016年。
④ [日]江上波夫「匈奴の祭祀」『ユーラシア古代北方文化』、全国書房,1988年。

详细列出了敖包调查的 40 个项目,是非常规范的民族学或人类学的敖包田野调查提纲,几乎囊括了敖包研究的所有问题。这个敖包调查提纲对于今天的敖包调查也具有积极的学术意义。①

国外蒙古族学者早在 19 世纪中期就注意到了蒙古族祭敖包习俗。道尔吉·班扎罗夫 1846 年所著有关萨满教的论著里就提到过蒙古人的祭敖包习俗,以及佛教对这种习俗的深刻影响。② 英国剑桥大学人类学家汉福琳与其中国达斡尔族导师敖嫩英文合著的《达斡尔蒙古雅德根》一书从人类学的角度,通过记录 19 世纪 30 年代呼伦贝尔草原著名的黄格萨满的祭祀仪式,包括萨满产生仪式、萨满升级仪式、敖包的祭祀仪式以及萨满敖包的祭祀过程,图文并茂做了详细的文化解读和实证研究,并且用英文写作成书,对于后世研究呼伦贝尔萨满早期的仪式文化具有非常重要的借鉴意义,也是一部让西方了解呼伦贝尔萨满文化和敖包文化的开山之作。如果有中文版本译著相信对于研究萨满信仰是更加有益的。

日本学者池尻登著、敖登挂译的《达斡尔族》③,从民俗学角度去调查解释莫力达瓦达斡尔族自治旗达斡尔族民间信仰和娱乐生活,记录了"鄂博"(即斡包,也有学者写为敖包)是从定居开始按部落和村庄为单位祭祀,以祈求风调雨顺、家畜平安、五谷丰登。对达斡尔人骑马、射箭、摔跤、曲棍球、舞蹈、乐器、"萨克"、"博古"、"塔古"等娱乐生活做了系统的阐述。Al Pollard-Urquhart 著、刘迪南译的《苏尼特右旗的一次敖包祭祀》记录了锡林郭勒盟苏尼特右旗的一次敖包祭祀和那达慕大会的全过程,这篇文章对于当今来说,具有很高的史料价值和学术价值。

敖包祭祀仪式及其变迁方面的研究方面,内蒙古东北部地区始终是早期日本学者调查的重点田野点,近期学者吉田顺一撰写的《近现代

---

① 那木吉拉:《日韩学者敖包研究综述》,中国第七届草原文化百家论坛会议论文,2010 年。
② 〔俄〕班扎罗夫:《黑教或蒙古人的萨满教》(喀山帝国大学事绿 1846 年第 3 卷),〔日〕白鸟库吉译,《萨满教研究》,新时代社,1971 年。
③ 《达斡尔资料集》编委会、全国少数民族古籍整理研究室编:《达斡尔族资料集》第二集,北京:民族出版社,1998 年。

内蒙古东北部地区的变化与敖包》一文在学界比较有影响力,①作者通过长时间的田野调查和史料梳理,对内蒙古东部敖包的历史渊源进行了整理介绍。通过敖包祭祀仪式的田野调查他认为敖包祭祀仪式与内容的变迁与东部地区的社会变革有一定的关系。《鄂博与鄂博祭》是秋叶隆的又一著作。② 作者在呼伦贝尔草原中南部及大兴安岭阿尔山等地做了多次田野调查。并对沈阳皇寺敖包、甘珠尔庙、南屯(巴彦托海镇)、郑家屯、哈伦阿尔善(阿尔山)和海拉尔西屯敖包的形制和结构进行了记录和比较,将敖包类型分为独坐敖包(以皇寺敖包和家族敖包为主)、巴彦呼硕敖包为代表的十字敖包和以郑家屯敖包为代表的一列型敖包。在科尔沁敖包、王爷庙敖包、巴尔虎敖包、达斡尔敖包、鄂温克族自治旗(原索伦旗)的敖包祭祀活动做了广泛的实地调查。考察当中他观察了解各地敖包的地理位置、结构特点、材质需求等,调研记录当地人对于敖包的认识和态度,并且认为敖包与朝鲜人的石碓祭祀有关联,并在此基础上撰写了《鄂博与鄂博祭》,文中多次讨论到喇嘛与敖包之间的关系。

具有军方背景的日本学者增田安次在1935年前后对呼伦贝尔地区进行过调查,记录当时呼伦贝尔伪兴安北省省长凌升主持安本敖包的祭祀仪式情况,详细介绍了敖包的祭祀时间、基本结构、形制构造、所在位置、祭祀主持人、参与人和喇嘛等;其中讲到当时处于半自治状态下的呼伦贝尔官员们依然穿着清时期的八旗官服祭祀敖包。韩国学者孙晋泰认为磊石与敖包在形制构造等方面是相一致的,而且立祀地点都选择在高山之上,往来者对于两者都要祭拜,二者都具有祈福保佑的信仰功能。不仅如此,旗界与村落的边界多是由敖包和磊石来划分勘界的。孙晋泰认为这不是偶然产生的,而是在人类的古代时期就存在

---

① [日]吉田順一「近現代内モンゴル東北地域の変容とオボー」、早稲田大学アジア地域文化エンハンシング研究センター編『アジア地域文化学の構築——21世紀COEプログラム研究集成——』)。
② [日]秋葉隆「鄂博と鄂博祭」、赤松智城、秋葉隆共著『満蒙の民族と宗教』、大阪屋号書店,1941年。

的。敖包与磊石在文化和内涵上存在某些相同性和关联性。① 综上所述,无论是日韩学者还是欧美学者,对于鄂温克族敖包的研究基本没有涉及,或者说将其与蒙古族敖包混为一谈。当然之所以很早就研究内蒙古地区的敖包文化,部分学者都是为日本侵略中国做准备,这是早期民族学产生的原因,在此不赘述。

扎奇斯钦认为:鄂温克族的"敖包树"虽在名称上有少许的不同,但如将树看成是木杆的话,则其基本形制是同一的,②具有链接人神三界的宇宙树特点。这是国内涉及鄂温克族敖包文化较早的论述,而单独研究鄂温克族敖包文化的论文著作目前还没有。但关于敖包的研究却从未停止,首先敖包起源是我们要先研究的问题,从现有的资料很难确定出敖包出现的准确时间,对敖包进行考古研究的成果并不多见。盖山林先生的研究论著就是这种稀有成果之一。他在《蒙古族文物与考古研究》中根据他多年的考古研究工作,提出元朝时期就有祭敖包的推论。他根据1996年在内蒙古自治区四子王旗境内的洪古尔苏木敖包进行调查时发现的元代瓷片等实物为依据,认为这个敖包就建立于元朝时期。③ 他还根据文献资料记载认为"至迟到新石器时代就已有石筑的具有敖包性质的供人类祭祀的建筑了,这类实例甚多,其中辽宁省喀左县东山嘴红山文化祭坛遗址最具有典型意义"。④ 根据郭大顺的论述红山文化的牛河梁古遗址的一个特点就是坟墓和祭坛在一起。⑤ 但当时的坟墓和祭坛有什么样的关系,或者当时的祭坛和现在的敖包是否有关系,需要日后学界进一步详细考证。

历史学界和民俗学界也根据历史记载推论过敖包的起源。根据《史记》记载匈奴人"五月大会龙城,祭祖先、天地、鬼神。秋,马肥,大会蹄林,课校人畜记"。⑥ 颜师古注《汉书》里关于匈奴人习俗的同样记载

---

① [韓]孫晋泰「朝鮮の累石壇と蒙古の鄂博に就て」,『民俗学』第五卷,1933年。
② 扎奇斯钦:《蒙古文化与社会》,台北:台湾商务印书馆,1987年,第113页。
③ 盖山林:《蒙古族文物与考古研究》,沈阳:辽宁人民出版社,1999年。
④ 盖山林:《蒙古族文物与考古研究》,沈阳:辽宁人民出版社,1999年。
⑤ 郭大顺:《红山文化》,北京:文物出版社,2005年。
⑥ 司马迁:《史记》,北京:中华书局,1962年,第2892页。

注解为"蹄者,绕林木而祭也。鲜卑之俗,自古相传,秋天之祭,无林木者尚竖柳枝,众骑驰绕三周乃止,此其遗法。计者,人畜之数"①。《蒙古文化研究丛书——宗教》一书作者根据上述记载推测可能在匈奴时期就有了祭敖包的习俗。另据元朝李志常所著《长春真人西游记》记载,"山下往往有坟墓。及升高陵,又有祀神之迹"。②可见类似于祭敖包的习俗在北方地区远古时期就有且比较普遍。

据《蒙古秘史》记载:"圣主成吉思汗在青年时期被蔑儿乞人追杀时,隐藏在布尔罕山之中,三百蔑儿乞惕人绕三匝未能捕获而离去。成吉思汗幸而脱险,回到布尔罕山说:'将不罕合勒敦山,每朝其码之,每日祈祷之。我子孙之子孙其宜省也。'③所以后来蒙古人将布尔罕圣山视为最大的敖包,现如今蒙古、鄂温克、鄂伦春、达斡尔等民族仍然有祭祀圣山和山神的传统。清时期官方史料中有很多关于敖包的记载,但一般多与政治事件或者勘验地界有关系,单独记载敖包本体的基本没有,《地理志四·黑龙江·肪滨府》:旧设中、俄国界鄂博六。……雍正五年《恰克图约》鄂博止此。《邦交志一·俄罗斯》:时俄人在伊犁属玛呢图一带私设卡伦,阻中国赴勒布什之路,……又于各卡伦外垒立鄂博。④《清会典》所记:蒙古"游牧交界之所,无山无河为志者,垒石为志,谓之敖包"。⑤清末呼伦贝尔索伦八旗佐领敖拉·昌兴在巡查额尔古纳河、格尔必齐河时撰写的长篇叙事诗⑥里面写其本人受咸丰皇帝的委派去巡边勘界,其中很多界标便是敖包,在文中提到了将军敖包,可见立祀将军敖包在清时期的黑龙江北岸地区已有之。

根据 20 世纪初蒙古族学者罗卜桑却丹的记载:"每年春秋之季,在高山、丘陵地带,以树枝、石堆为记号举行祭天仪式。另把湖泊或泉水

---

① 班固:《汉书》,北京:中华书局,1962 年,第 3752 页。
② 李志常著,堂宝海注:《长春真人西游记》,石家庄:河北人民出版社,2001 年,第 38 页。
③ 道润梯步译注:《蒙古秘史(卷二)》,呼和浩特:内蒙古人民出版社,1979 年,第 95 页。赵尔巽等撰:《清史稿》,北京:中华书局,1976 年。
④ 赵尔巽等撰:《清史稿》,北京:中华书局,1976 年。
⑤ 伊桑阿纂修:《大清会典(康熙朝)》,台北:文海出版社,1992 年。
⑥ 内蒙古自治区编辑组、《中国少数民族社会历史调查资料丛刊》修订编辑委员会:《达斡尔族社会历史调查》,北京:民族出版社,2009 年,第 31—39 页。

当做劳斯(lus)祭祀,并禁忌这些地方受到污染。不能随意砍伐或搬运这些地方的山林树木,也不能在这些地方放牧。"①

近些年有学者开始尝试推断敖包的建立年代,并收集和整理了不少相关资料。如刘文锁、王磊在《敖包祭祀的起源》中"利用有关历史文献和民族志资料,分析了敖包的基本形制和祭祀方式的起源,可以看出在其作为蒙古族的一种传统信仰方式出现之前,具有相似性的一种'灵石'信仰的早期形式则在北方草原地区已经出现,可以认为无论从形制上还是从祭祀的形式上,敖包都是这种草原文化传统的延续"。②《蒙古族祭祀》一书里记载:"察哈尔白旗地区有一座称慧斯的敖包,根据传说,起初此敖包为纪念忽必烈的皇后给孩子剪脐带的地点而堆积。"③另据《鄂托克敖包》一书记载,"鄂托克旗境内的宝日套鲁盖敖包,起初是由成吉思汗的二十三代后裔本旗第一贝勒爷善达(人名)于1650—1663年间执政时期堆积并祭祀,称此为鄂托克旗的第一敖包。"④

陶理、汪汾玲认为,"蒙古族的'敖包祭'来源于契丹人高山祭(山)树的仪式。'君树'居中,'臣树'侍列两旁,以像朝班,故成7或13之数。从'祭山仪'到'祭敖包',反映了蒙古族人民崇山、怀祖、尚树的思想。"⑤《绥远通志稿》中称:"所谓鄂博者,即垒碎石或杂柴、牛马骨为堆,位于山岭或大道。蒙俗即以为神祇所忌,彭之甚虔。如遇有疾病、祈福等事,辄为鄂博是求,寻常旅行,每过其侧,亦必跪祷,且垒石其上而后去。"⑥"二十五部落如其境察哈尔牧厂,鄂博句以山为鄂博,以河为鄂博,以垒为鄂博,八旗如其境,卡伦句以山为卡伦,以河为卡伦,以楼望为卡伦,二十五部四喀尔喀如其境围场卡伦句规高以为之卡伦。"⑦从以上史料和论著中可以看出,敖包起源虽然没有明确,祭祀时间不一,但可以确定的是北方民族很早就有了敖包祭祀仪式的历史,而

---

① 罗卜桑却丹:《蒙古风俗鉴》,呼和浩特:内蒙古人民出版社,1981年,第122页。
② 刘文锁、王磊:《敖包祭祀的起源》,《西域研究》2006年第2期。
③ 赛音吉日嘎拉:《蒙古族祭祀》,北京:民族出版社,2001年,第376页。
④ 阿日宾巴雅尔、曹纳木编:《鄂托克敖包》,呼和浩特:内蒙古大学出版社,2001年。
⑤ 陶理、汪汾玲:《敖包新考》,《东北史地》2007年第1期。
⑥ 绥远通志馆编纂:《绥远通志稿》,呼和浩特:内蒙古人民出版社,2007年。
⑦ 〔清〕龚自珍撰:《定盦全集》文集卷上,清光绪二十三年万本书堂刻本,第30页。

且敖包类型也很多样。从匈奴鲜卑到契丹女真，敖包祭祀文化在北方诸民族中不断发展丰富，虽然与蒙古族有关的记载较多，但多与政治勘界有关，清朝文献最为常见。

包海清在《蒙古族敖包祭祀仪式渊源探析》中运用语言学、宗教学、人类学等理论与方法，通过对敖包文化的渊源、社会功能、禁忌、敖包的种类等诸方面进行分析指出："敖包的原型来自先祖的石板墓，是自然崇拜与祖先崇拜相结合的产物；敖包祭祀源于祖先祭祀，是古老的萨满教'万物有灵论'观念的具体表现形式。而佛教的传人使敖包建筑特征、祭祀形式、祭祀礼仪、祈祷词、祭品等都有了许多变化并且都蒙上佛教的色彩，同时促进了新的敖包种类的产生，如喇嘛敖包、寺庙敖包等。"①这是萨满教与藏佛教文化相互融合的结果。朱学渊认为古西域的高车人的祭祀仪式"燃火，拔刀，女巫祝说，似如中国被除，而群队驰马旋绕，百匝乃止。人持一束柳楪，回树之，以奶酪灌焉。妇人以皮裹羊骸，戴之首上紫屈发髻而缀之，有似轩冠"②是敖包祭祀仪式的早期形式，笔者比较同意这一观点，因现在的敖包祭祀也有鲜奶洒祭敖包柳条的习惯。

邢莉认为在当代语境下，虽然敖包祭祀仪式的传统在建构蒙古族的敖包形制和祭祀仪式过程中发生了变迁，但是事物的本质属性与时空环境一起呈现的整体状态还依然存在。当前文化与环境的共生成为关注的焦点，敖包祭祀文化体现的尊重生态的文化精神成为我们创造文明的源泉。③该观点对于挖掘敖包文化，研究其生态价值和精神内涵具有非常重要的学术和实践意义。吴金凤的《蒙古贞敖包的历史与传承》从敖包祭祀的功能性角度来分析说明，敖包祭祀不仅是精神的寄托，也是经贸发展的新方式。在广大蒙古族聚居区敖包会已然成为当地的经济盛会。张曙光的《自愿、自治与平衡——关于白音敖包祭祀组

---

① 包海清：《蒙古族敖包祭祀仪式渊源探析》，《青海民族研究》2009 年第 1 期。
② 朱学渊：《中国北方诸族的源流》，上海：华东师范大学出版社，2010 年，第 85 页。
③ 邢莉：《蒙古族敖包祭祀文化的传承与变迁——以 2006 年 5 月 13 口乌审旗敖包祭祀为个案》，《中央民族大学学报》2009 年第 3 期。

织的考察》①一文的核心观点是敖包祭祀是民众对于传统文化的保护，更是对传统文化再生性空间的保护。

邢莉从传统文化重建和族群认同的角度分析得出："敖包祭祀的重构不仅包含族群的共同记忆以及对族群归属的认知和感情依附，而且更多地体现出乡规民约的重要功能"。② 笔者认为这正是敖包信仰的文化内涵和世俗功能所在。内蒙古民间学者齐全主编的《鄂温克族自治旗非物质文化遗产史录》虽然是一本介绍性的读物，但书中有很多关于鄂温克族、达斡尔族、蒙古族敖包文化的介绍，关于萨满文化介绍也非常翔实，但因研究范围有限，并没有对敖包仪式做深层分析。红梅"通过对敖包祭祀仪式诵经音乐的结构、内容等进行描述和分析，深入探讨流传于蒙古族地区的藏传佛教诵经音乐中包含的蒙古文化因素，阐释敖包作为蒙古族原始宗教信仰之重要载体，在藏传佛教蒙古化过程中的重要地位和作用"。③ 卓娜从诵经音调和音律结合方面说明，敖包祭祀音乐是萨满教与藏传佛教相结合的一种传统民俗文化。甘珠尔庙敖包祭祀仪式中，运用各种藏传佛教乐器和特有的诵经音调，表达了对高山的崇拜，对神灵的祈祷。④ 这两篇文章都没有谈及生产生活方式和萨满信仰是否对敖包祭祀音乐有影响。

敖包形制结构方面的研究是很多学者感兴趣的研究方向，藏族学者拉巴次旦认为"敖包和玛尼堆"的起源与藏族文化、蒙古族文化、华夏文化甚至印度佛教文化都有渊源关系。藏传佛教改变了蒙古族地区敖包的祭祀仪式和内容，尤其是血祭的减少。⑤ 笔者认为在青藏地区的宗教建筑拉则与敖包也具有一定的相似性。有学者认为敖包与维吾尔人的"麻扎文化"有关。在维吾尔麻扎中有一种形制，如新疆叶城县阔

---

① 张曙光：《自愿、自治与平衡——关于白音敖包祭祀组织的考察》，《内蒙古民族大学学报》，2008年3月第2期。
② 邢莉：《当代敖包祭祀的民间组织与传统的建构——以东乌珠穆沁旗白音敖包祭祀为个案》，《民族研究》2009年第5期。
③ 红梅：《蒙古族敖包祭祀诵经音乐中的藏传佛教蒙古化因素——以呼伦贝尔市宝格德乌拉敖包祭祀仪式为个案》，《世界宗教文化》2011年第5期。
④ 卓娜：《黄河之声》2009年第16期。
⑤ 拉巴次旦：《试探"堆尼玛"和"敖包"的起源》，《西藏大学学报》2006年第1期。

克亚尔乡菩萨沟的帕依嘎麻扎,其上面插有树枝、旗帜的石堆,其形制"明显地带有萨满教敖包的性质"。① 可惜学界对于这方面的研究相对匮乏,尤其缺乏两者之间的系统性的比较研究。

色·斯钦巴图的《阿尔泰语民族树木崇拜概略》中提到蒙古族的敖包祭祀与神树崇拜具有关联性,其梳理了神树崇拜的起源及发展变迁路径和演变过程,但作者没有深入探讨神树与敖包之间的关系。常宝军在《蒙古敖包的属性、传说及其形体研究》的论文中对蒙古族敖包的起源和相关的传说进行了分析,他认为敖包最早起源于坟冢,而早期蒙古敖包则具有阶级和政治色彩,蒙古族的鹰敖包和马敖包则是图腾崇拜和纪念性的文化内涵。

敖包文化中伴随着仪式,也会出现诸多禁忌,而往往禁忌大多与女性有着某种关系,与此同时敖包中也不乏专供女性祭祀的敖包类型,关于女性敖包的研究,波·少布认为,"女性敖包是母系氏族社会伙婚制家族向偶婚制家族过渡时期的残余,女性敖包的装饰与祭典过程充分反映了洪荒远古时代的历史实际,它不仅仅是伙婚制度的遗存,同时也是生殖崇拜的象征。"②何日莫奇在自己的论文中提出,"蒙古族的妇女敖包产生于遥远的母系氏族时期。那时,敖包是各种神灵聚集的场所,妇女是祭祀敖包的主要成员和主持祭祀的人。现留存在蒙古民间的妇女敖包、安代、雅都干都是那个时代的遗迹。"③女性敖包的出现是因为在大型的敖包不允许女性参加的情况下,而产生的敖包类型。而女性敖包的功能主要是为了求子繁衍。这两篇文章对于女性敖包的现状和发展变迁都没有翔实的研究,显得稍有遗憾。

随着研究学科的不同介入,有部分学者从美学角度去研究敖包。乌力吉的《敖包文化与蒙古族民间美术》一文认为蒙古族敖包文化的发展过程与民间美术的发展有着千丝万缕的联系,可以说在蒙古族古老的原始敖包民俗文化发展过程中孕育了他们的原始美术活动及色彩意识学,从此蒙古族的原始民间美术诞生了,形成了以原始畜牧业为内涵

---

① 热依拉·达吾提:《维吾尔族麻扎文化研究》,乌鲁木齐:新疆大学出版社,2001年,第48至49页。
② 波·少布:《蒙古族女性敖包的文化内涵》,《内蒙古社会科学》2002年9月第5期。
③ 何日莫奇:《蒙古族妇女敖包探源》,《内蒙古社会科学》2000年第2期。

的草原蒙古族民间美术形式。① 宋小飞在《从蒙古族"敖包文化"看其原始美术特征》一文中的观点是蒙古族在"敖包文化"发展过程中,在人类万物崇拜和朴素的审美意识支配下,孕育创造了人类最原始的美术文化,而蒙古族的"敖包文化"是蒙古族先民独特审美的体现。② 这两篇文章从美学角度研究蒙古敖包文化可谓是开创了新的研究视角。

郝延省的《古代蒙古族祭祀中的体育元素》,以体育教学的视角,通过史料研究证明,蒙古族的祭祀研究与萨满教和那达慕有着必然的关系。每逢重要的政治和军事活动,甚至是祭祀活动,都要开展娱乐活动取悦神灵,正是这种至高无上的神灵崇拜需求,才孕育和催生了多种古代体育元素,如摔跤、登山、沙嘎、射圃、赛马等。这些活动都与祭祀娱神有关,都产生于古老的祭祀活动,后来逐渐地形成了蒙古族的男儿三技。③

阿拉坦宝力格认为,"祭敖包是一种古老信仰,而这种行为本身就是人类适应生态环境的行动战略之一。它不仅象征着人类向自然界请求平安吉祥的心愿,还体现了人类生存和自然环境之间的依附关系。人类通过这一类行为,为自己提供了可持续发展的环境条件,因为他们通过这种行为使子孙后代不断地记忆保护生态环境的技巧,不断加强保护生态环境的意识。"④他从文化人类学和生态人类学的角度对蒙古族的敖包祭祀和那达慕竞技活动进行分析,解释得非常透彻,利用学科交叉视角去研究敖包文化值得其他学者借鉴。

王伟、程恭让两位学者在《敖包祭祀:从民间信仰到民间文化》⑤一文中,通过对呼伦贝尔市鄂温克族自治旗官祭的巴彦呼硕敖包和新巴尔虎旗官祭的莫能宝格达敖包,两个"旗放包"祭祀仪式的调查研究,讨论巴彦呼硕敖包作为鄂温克族的官祭敖包与新巴尔虎蒙古族的官祭敖

---

① 乌力吉:《敖包文化与蒙古族民间美术》,《饰》2009年第2期。
② 宋小飞:《从蒙古族"敖包文化"看其原始美术特征》,《内蒙古民族大学学报》2005年第4期。
③ 郝延省:《古代蒙古族祭祀中的体育元素》,《中国体育科技》2010年第5期。
④ 阿拉坦宝力格:《祭祀游艺的人类学研究——以蒙古族祭敖包为例》,《中国·内蒙古第三届草原文化研讨会论文集》,2006年。
⑤ 王伟、程恭让:《敖包祭祀:从民间信仰到民间文化》,《宗教学研究》2012年第1期。

包在敖包祭祀组织者、主持者及仪式方面进行比较,重点讨论敖包祭祀在今天是如何完成意义演变与价值重构的,旨在说明政府主导的敖包祭祀仪式是具有深刻社会意义和政治意义的。但笔者认为因研究视角的问题两位对于敖包祭祀仪式及象征意义描写过于简单。随后王伟在其博士论文[①]中通过对游牧索伦鄂温克族的氏族敖包祭祀仪式的实证研究,提出在敖包祭祀仪式中可以明显看到萨满教与喇嘛教之间的融合与冲突,而作为敖包的参与者的鄂温克牧民很难分清二者之间的关系,她认为这种现象符合李亦园先生提出的"普化宗教"的概念,即没有明显的宗教教义和严格的宗教组织。

关于敖包与萨满教关系的研究是非常多的,早期鄂温克、达斡尔等民族敖包大多由萨满来主持祭祀。鄂晓楠与额·苏日台的《原生态民俗信仰文化》从民俗学的角度以图片加文字的形式,展现了鄂温克族、鄂伦春族、达斡尔族和蒙古族的民间信仰现状,通过长期的实地调查和资料收集,并且拍摄了大量关于萨满活动的图片,对呼伦贝尔当地的少数民族的传统造型艺术与萨满教的关系做了非常透彻的研究,尤其是关于神树、敖包树与敖包之间的形制关系做了很多的比较介绍。最近几年掀起一股研究萨满仪式活动和萨满敖包的研究热潮,进一步扩充了研究领域丰富了研究视角。如萨敏娜、吴凤玲合著的《达斡尔族斡米南文化的观察与思考》一书中详细介绍了达斡尔族萨满的"斡米南"仪式及敖包祭祀的仪式过程,从仪式结构的角度分析了达斡尔族"斡米南"仪式的特殊性,但对敖包与萨满"斡米南"仪式的关系分析不够,缺乏理论探讨。

嘉木扬·凯朝的《蒙古地区萨满教及克旗祭敖包的特点》一文借助蒙藏文献对阐释萨满教的产生发展以及蒙古敖包文化的内涵、种类以及如何建造敖包、祭祀敖包的礼仪等进行梳理分析,最终得出敖包祭祀文化是萨满教与佛教文化互鉴柔和的结果。樊永贞的《蒙古语"翁滚"称谓考》从语言学、语义学的角度研究分析了"翁滚"一词的宗教内涵,

---

[①] 王伟:《索伦鄂温克宗教信仰:仪式、象征与解释——兼论萨满式文明与中国文化》,首都师范大学博士学位论文,2011年4月。

他认为"翁滚"一词是对蒙古族萨满神偶的专门称呼,后演变成敖包、部落、地名、寺庙等,其神圣性的本意没有改变。崔亚虹等①认为萨满信仰,尤其祭祀仪式和有关的神话传说具有多神崇拜的特性,而且这些传说大多与达斡尔族的渔猎生产及白纳查崇拜有关系,而其中人对于自然的敬畏能够在萨满信仰有关的传说中找到。鄂温克族鄂伦春族的萨满信仰中,对于自然的敬畏在萨满仪式尤其是敖包仪式中都有体现,这与他们所处的自然环境和生计方式不无关系。

丁石庆的《达斡尔语言与社会文化》②关于达斡尔族敖包的介绍比较翔实,从语言学的角度对达斡尔族敖包进行的研究非常有意义。钟进文的《近百年的国外裕固族研究》,介绍了裕固族敖包文化及祭祀的情况。③ 涂建军的《鄂温克族的节日习俗》,简单说明了鄂温克族祭祀敖包的主要日期和仪式内容。④ 艾力提·沙力也夫的《图瓦人今昔漫谈》,介绍了新疆蒙古族图瓦人的敖包信仰文化,认为图瓦蒙古人敖包保留较多传统仪式,且融合藏传佛教的元素,形成图瓦特色的敖包信仰。⑤ 范玉梅在《土族宗教信仰述略》一文中介绍了土族祭祀敖包中带有藏传佛教的色彩,限于篇幅作者并没有深入讨论。⑥ 吴占柱在《黑龙江柯尔克孜族敖包》一文中介绍黑龙江居住的柯尔克孜族与新疆的柯尔克孜族信仰伊斯兰教不同,东迁到黑龙江的柯尔克孜群众的信仰具有萨满信仰的特征,相信万物有灵,有祭祀敖包的传统,且仪式等方面多受蒙古族影响。⑦ 从以上研究现状不难看出,国内学界研究敖包文化学者越来越多,研究各民族敖包文化的著作颇丰。

戴嘉艳在《达斡尔族敖包信仰和祭祀习俗的文化内涵与变迁特点探析》的文章中对与达斡尔族民间信仰息息相关的敖包进行了深入研

---

① 崔亚虹、李福:《达斡尔族的萨满教信仰与神话传说》,《大连民族大学学报》2007年第6期。
② 丁石庆:《达斡尔语言与社会文化》,北京:中央民族大学出版社,1998年。
③ 钟进文:《近百年的国外裕固族研究》,《西北民族学院学报》1997年第2期。
④ 涂建军:《鄂温克族的节日习俗》,《内蒙古民族大学学报》2004年第4期。
⑤ 艾力提·沙力也夫:《图瓦人今昔漫谈》,《新疆地方志》1999年第1期。
⑥ 范玉梅:《土族宗教信仰述略》,《世界宗教研究》1997年第1期。
⑦ 吴占柱:《黑龙江柯尔克孜族敖包》,《黑龙江民族丛刊》2008年第3期。

究,对莫力达瓦达斡尔族自治旗的敖包做了分类,如布特哈八旗敖包、旗敖包、姓氏敖包等。她认为敖包祭祀仪式可以折射出人与人之间情感与精神需求的关系,同时也说明敖包作为萨满信仰的文化形态、文化内涵的不断变迁与社会、自然环境和生产生活方式有关。岳小岭在《斡包节对达斡尔族传统文化的重构》中谈到随着经济的发展,达斡尔族的传统文化的传承也在发生着变化,通过对政府、当地民族文化单位、参与敖包祭祀的普通民众中的角色与态度,得出文化重构是传统文化得以继承、借鉴、创新和整合的重要途径,斡包节的举办不仅是达斡尔族民族文化的恢复更是民族文化自信的一种表现。

  对于鄂温克族进行系统研究始于 1950 年以后,研究内容大多是关注鄂温克族的社会历史发展情况。《内蒙古自治区呼伦贝尔盟鄂温克族自治旗辉索木调查报告》[①]是 20 世纪 50 年代内蒙古少数民族社会历史调查组,在鄂温克族自治旗调查后编写的资料式的调查报告,书中介绍了游牧索伦鄂温克族的宗教信仰情况,难能可贵的是搜集了关于敖包起源的传说故事,并且就萨满仪式及丧葬仪式做了简单的交代,但是受当时的政治及无神论的影响,并没有深入地进行研究。《中国少数民族社会历史调查资料丛刊》修订编辑委员会内蒙古自治区编辑组的《鄂温克族社会历史调查》[②]一书是中国最早系统研究介绍鄂温克族社会历史、文化、生产生活方式、宗教信仰、民间文学的"百科全书"。书中介绍了布特哈地区鄂温克族猎民的萨满及山神白纳查崇拜、使鹿鄂温克的萨满火神崇拜、呼伦贝尔草原游牧鄂温克族萨满信仰与敖包崇拜,较为系统地介绍了敖包文化,但并没对敖包进行系统分类,也没对敖包祭祀仪式进行调查,这是本书比较欠缺的地方。

  隋书金编的《鄂伦春族民间故事选》一书"老猎人求子"的故事中,老猎人两口子为了求子在用野果鲜花代替鹿茸去祭祀白桦树旁边的敖包,后果然应验并成为了英雄。敖包的故事在鄂伦春族民间故事中并

[①] 内蒙古少数民族社会历史调查组编著:《内蒙古自治区呼伦贝尔盟鄂温克族自治旗辉索木调查报告》,1959 年。
[②] 《中国少数民族社会历史调查资料丛刊》修订编辑委员会:《鄂温克族社会历史调查》,北京:民族出版社,2009 年。

不多见，但也从某一方面证明部分鄂伦春人是有敖包崇拜的，且祭祀敖包祈求目的多与周围鄂温克等民族相同都有求子的心理需求。吕光天先生著的《鄂温克民间故事》是以其1954年在内蒙古鄂温克族地区做民族识别工作时收集掌握的材料为基础而编著的，书中收集的故事非常古老，能够反映鄂温克族民间文学的情况，在萨满、神树、敖包及祖先崇拜方面都有涉猎，但对于敖包祭祀仪式没有涉及。

中央民族大学汪丽珍教授多年从事北方满通古斯民族的民间文学和民俗学的研究，她的著作《鄂温克族宗教信仰与文化》[①]详细介绍了鄂温克族的萨满信仰、藏传佛教、东正教等在鄂温克族内部信仰的情况，其中特别介绍到鄂温克族白纳查神树崇拜，以及敖包祭祀、萨满丧葬习俗等，是一本深入了解鄂温克族宗教文化生活的佳作，但稍有遗憾的是在涉及敖包、仙登、萨满敖包方面，没有展开细致深入的描写。鄂温克族具有悠久的历史、丰富的传统文化，其中神话故事尤为绚丽多彩，而且带着浓浓的原生形态。在《鄂温克族神话研究》[②]一书中汪丽珍老师从民间文学的角度，介绍分析了与鄂温克族敖包起源及萨满有关的神话传说，从理论上全面系统地阐释和总结了鄂温克族神话，是第一部系统研究鄂温克族神话的专著。

毅松主编的《达斡尔族：内蒙古莫力达瓦旗哈力村调查》[③]记述了达斡尔族传统聚居村落哈力村的敖包祭祀仪式，以民族志的方式详细地记录了哈力村敖包的地理位置、祭祀敖包的程序、组织者的分工、祭品的选择和制作、祭祀主持人和参与人数等，是少有的关于达斡尔族敖包祭祀的民族志著作，但是缺乏对于敖包文化的内涵性研究及社会意义研究。毅松、涂建军和白兰编写的《达斡尔族鄂温克族鄂伦春族文化研究》中有布特哈总管衙门敖包的记录。"敖包分官方敖包和村敖包，过去布特哈总管衙门的敖包属于官方敖包"[④]，布特哈总管衙门敖包属

---

① 汪立珍：《鄂温克族宗教信仰与文化》，北京：中央民族大学出版社，2002年。
② 汪立珍：《鄂温克族神话研究》，北京：中央民族大学出版社，2006年。
③ 毛艳、毅松主编：《达斡尔族：内蒙古莫力达瓦旗哈力村调查》，昆明：云南大学出版社，2004年。
④ 毅松、涂建军、白兰编：《达斡尔族鄂温克族鄂伦春族文化研究》，内蒙古教育出版社，2007年。

于布特地区鄂温克、达斡尔、鄂伦春族共同祭祀的官祭敖包,这一点是有史料记载的。满都尔图主编的《中国各民族原始宗教资料集成》①可谓是大部头集成,书中关于鄂温克的原始宗教方面重点介绍了萨满教及祖先崇拜多与鄂温克族所处自然环境和生产生活方式有关,但是限于研究目的不同,该著作关于敖包和萨满敖包方面研究得不够透彻深入。

鄂温克族自治旗是笔者最重要的田野点。杜哈热主编的《鄂温克族自治旗概况》,全面系统地介绍了鄂温克族自治旗的地理位置、历史、民族、政治、经济、文化、风物、宗教等方面的情况,书中介绍的巴彦呼硕敖包和呼和庙的历史概况为研究鄂温克族宗教文化提供了参考。沙·东希格编著的《察哈尔正蓝旗敖包文化》②是用蒙古文撰写的著作,非常详实地介绍了蒙古族察哈尔部落的敖包文化,包括探讨敖包的起源,以正蓝旗乌何尔沁敖包、正蓝旗敖包的祭祀仪式、相关禁忌和历史脉络为出发点介绍了锡林郭勒盟察哈尔蒙古敖包祭祀仪式的变迁,是最近几年关于蒙古族敖包的专门著作,期待汉文版的问世。鄂温克族学者萨敏娜研究萨满仪式及敖包祭祀仪式多年,其著作《达斡尔族斡米南文化的观察与思考》一书深入地考察、记录、求解和翻译了我国达斡尔族唯一的自治旗达斡尔族萨满的斡米南仪式,详细地对祭祀萨满敖包仪式进行了解释和分析,其中也有提及达斡尔族萨满及敖包文化与鄂温克、鄂伦春、蒙古族敖包文化的联系与关系,很好地弥补了萨满信仰田野调查成果不多的缺憾。关小云、王宏刚合著的《鄂伦春族萨满文化遗存调查》详细地介绍了鄂伦春族萨满文化的现状及其传承情况,其中对于萨满的丧葬习俗很让人感兴趣,但是对于去世萨满祭祀方面则少有论述。

孛·孟赫达赉、阿敏合著的《呼伦贝尔萨满教与喇嘛教史略》一书按照历史进程的顺序系统地比较研究呼伦贝尔地区萨满教与喇嘛教的

---

① 满都尔图等主编:《中国各民族原始宗教资料集成:鄂伦春族卷 鄂温克族卷 赫哲族卷 达斡尔族卷 锡伯族卷 满族卷 蒙古族卷 藏族卷》,北京:中国社会科学出版社,1999年。
② 沙·东希格编著:《察哈尔正蓝旗敖包文化》,呼和浩特:内蒙古科学技术出版社,2014年。

发展及关系史，内容较全面，史料丰富，具有很大的借鉴意义，但书中对于萨满与喇嘛教的描写中，主要以巴尔虎、布利亚特及额鲁特为主，对于鄂温克族、达斡尔族、鄂伦春族萨满教的方面过于轻描淡写。对于1732年至1949年呼伦贝尔地区在政治文化占主导地位的索伦鄂温克文化及达斡尔文化理解重视不够，这一点有失偏颇不够全面。研究呼伦贝尔的宗教及民间信仰的历史，尤其是敖包祭祀方面如果不提及鄂温克族、鄂伦春族、达斡尔族是极其不全面和片面的做法。该文对于敖包文化尤其是敖包祭祀主体的介绍描写不够，对于喇嘛教与萨满的包容性关系的评价上具有主观人为因素，研究客观性有待考究；对于萨满仪式当中的一些方式称为"故弄玄虚"的表述非常不严谨，不符合宗教学及人类学对于文化及宗教仪式的研究表述。

著名学者那木吉拉先生在其著作《中国阿尔泰语系诸民族神话比较研究》中通过考察阿尔泰语系诸民族神话之间以及阿尔泰语系诸民族与跨语系的相关民族神话之间的关系，通过跨学科比较的方法研究对阿尔泰语系诸民族先民神话及其发展变化的轨迹进行了比较深入的研究，文中涉及很多创世神话、祖先崇拜、岩石、树崇拜等，对于笔者研究鄂温克族敖包的起源及设计的神话传说的研究非常有益，但是涉及敖包的研究介绍相对神话研究方面介绍较少，这与其研究的侧重点有关。作为我国第一部全面系统研究阿尔泰语系民族神话的学术专著，为后世研究阿尔泰语系诸民族的神话及萨满信仰提供了非常好的研究基础和研究视角。

以上国内外研究敖包文化，多以蒙古族为主要研究对象。研究内容多为简单的仪式记录，没有对仪式进行深入的解析。没有将敖包纳入整个社会文化中去研究，关于敖包的发展脉络没有进行系统的研究，对于敖包的类型方面的研究基本没有，尤其是萨满敖包以及家族敖包与游牧社会的联系方面少有研究。比较缺乏敖包起源中口传文学的研究，敖包文化的纵向研究和横向研究方面相对比较薄弱。

三、研究的方法与田野工作

通过上述文献梳理，可以看出关于鄂温克族萨满信仰及敖包祭祀仪式的史料非常少,加之有语言无文字,使得鄂温克族传统的教育方式为口耳相传,因此对于鄂温克族的敖包记录较晚。早期记录大多始于清末民初,如《清实录》《朔方备乘》《黑龙江志稿》《布特哈志略》《呼伦贝尔志略》以及后期的一些日文资料,其中关于鄂温克族敖包的记录是非常少的,虽然只是只言片语但对于研究早期鄂温克族精神文化是非常重要的史料。20世纪50年代后,党的民族政策使得学术机构对鄂温克族的研究越来越多,关于社会历史文化的资料非常多,尤其是宗教文化方面的记录显得弥足珍贵,是我们研究鄂温克族敖包文化重要的文献资料,而且能够为本书写作提供史料的支撑。

因居住地域不同,且较为分散,鄂温克族9个民族乡的乡志和鄂温克族自治旗的旗志,以及内蒙古鄂温克族研究会的资料也非常的重要,是本书重要的材料来源和参考文献。

参与观察是笔者的研究基础和立身之本,从2011年开始,每年参加鄂温克族的敖包祭祀活动,尽可能以当地人身份参与敖包的祭祀活动,与调查对象去购买敖包祭祀所用的哈达、奶食,去邀请萨满,并与萨满一起去挑选供品和祭祀用的牛羊,期间学习到很多知识,对于萨满和当地人的地方性知识和生存智慧深感敬畏,体会到这个民族的伟大。通过与当地人的沟通学习,以获取第一手资料,体验敖包祭祀的每一个过程,记录每一位敖包参与者对于敖包的认识和态度。通过敖包祭祀参与多次的那达慕活动,深有感触敖包祭祀对于鄂温克人物质文化和精神文化的重要性,很多敖包的祝赞词是蒙古文拼写的鄂温克语,这是鄂温克人选择的记录方式。敖包祭祀期间相继走访呼伦贝尔当地的萨满、喇嘛和文化知识分子,及一些大家族中有名望的重要成员,为的是深入地调查了解鄂温克族敖包祭祀文化现状和搜集与敖包文化相关的口传文学资料。

敖包是中国北方少数民族中流行的带有标志性的民俗文化现象,而跨文化比较研究能够很好地帮助厘清鄂温克族敖包起源和发展脉络,更好地去观察思考鄂温克族敖包发展变迁的动因。文化是流动的,通过长时间的交流、交往、交融,鄂温克族敖包融合了萨满教、藏传佛教及蒙古文化的因素,因此跨文化的横向的比较研究,有利于从整体上把握鄂温克族敖包文化。通过田野调查及相关学术成果,进行系统分析,对各地鄂温克族敖包的祭祀情况和地域文化特点进行比较。同时,将鄂温克族敖包祭祀仪式及口传文学与蒙古族、达斡尔和鄂伦春族敖包祭祀文化进行比较,讨论其共生性,挖掘分析鄂温克族敖包祭祀文化和口传文学的独特性。

四、相关概念阐释

(一)白纳恰

白纳恰(painatɕʰa),鄂温克语汉译为山神,也可理解为森林万物之神。在鄂伦春、达斡尔语中白纳恰一词翻译过来也是掌管狩猎的神。时至今日鄂温克族、鄂伦春族、达斡尔族的猎人们仍然信奉山神白纳恰。

(二)敖包树

敖包树(ɔpɔ mɔ 或 painatɕʰa)。生活在大兴安岭东南麓地区的鄂温克人主要为索伦鄂温克人,他们在2003年之前一直从事定居狩猎活动,在鄂温克人居住的村屯附近都有一颗固定祭祀的神树。这样的树称为敖包树。敖包树或是单棵树,或是树下根部堆积石头,在一些山岭之上敖包就是石碓,并没有活树。猎人称敖包树为白纳恰,而普通人则称为敖包树。敖包树的功能是复合多元的,既掌控山林保佑猎人,又保佑当地农牧民风调雨顺,年年丰收,可以说敖包树是狩猎文化与农牧文化相结合的产物,非常具有地域特色。

(三)仙登

仙登或音译为乾登(ɕentəŋ)。鄂温克语索伦方言特指萨满的陵墓,在萨满去世三年后,其后人会在其仙登西北一定距离建立仙登敖包,仙登广泛存在于游牧鄂温克人当中,莫日格勒鄂温克语方言称仙登为酷热吉(kʰurtɕ)。

仙登拉仁(ɕentəŋlarən)是鄂温克语汉译仙登祭祀仪式的称呼。

罗赛(lɔs),蒙古语指龙,鄂温克语称龙为沐渡日(mutur),罗赛敖包是游牧鄂温克人专门祭祀龙王可称掌管风水的敖包。

宁嘎仁(ning gaa ren),鄂温克族萨满祭祀仪式的名称,特指祭祀神灵迎神的仪式。

敖包塔黑仁(ɔpɔ tʰaxirən),鄂温克语汉译为敖包祭祀仪式。

敖包瑟格仁(ɔpɔ səkərən),鄂温克语汉译为对敖包立祀仪式的敬语称呼。

敖包伊禄仁(ɔpɔ ilurən),鄂温克语汉译对敖包立祀仪式的日常称呼。

(四)敖包文化圈

本书指代的敖包文化圈,是指东起黑龙江大兴安岭地区,中间经过蒙古高原,西至哈萨克草原东部边陲,北部到贝加尔湖为中心的西伯利亚的泰加林地带,西南抵青藏高原,东南至朝鲜半岛,以北纬40°为基线,成椭圆形的文化圈,或者说更像半月形的文化带。在这个虚拟的文化带中,北纬50°以北为泰加林或者说苔原畜牧型生计类型区,主要饲养驯鹿,该地区以驯鹿鄂温克人、蒙古国的查腾人、俄罗斯驯鹿图瓦人为主,他们大多崇拜神树、怪石和岩画,信仰萨满教。依次纬度南移,大兴安岭及阿尔泰山和同纬度的亚洲温带阔叶林地带,这里的民族以骑马狩猎为主,主要民族为鄂伦春族、部分鄂温克族和图瓦人,鄂伦春族鄂温克族作为同源民族共同信仰山神白纳恰神树,图瓦人也信仰山神。

东起草甸型的呼伦贝尔草原经过温带蒙古草原,中间经过戈壁进入天山腹地的盆地草原,这地区是以信仰藏传佛教的蒙古牧民为主,居住蒙古包,还有游牧鄂温克人,这里是敖包文化圈的核心地带,敖包无论从类型还是形制都非常多样。天山北麓的哈萨克和部分柯尔克孜人则信仰伊斯兰教,但在游牧哈萨克人中仍有萨满信仰的遗存,如火崇拜及神树山体崇拜。

文化圈的西南端是从事高原畜牧业的藏族和部分被称为高原蒙古的德都蒙古人,他们信仰带有藏传佛教色彩的敖包,而青藏高原的藏人则信奉神山,玛尼堆随处可见,在卫藏地区具有地标性和多重功能的石碓拉则非常普遍。在黄河中游及东北平原与大兴安岭交界地带是农牧业交融的地方,这里的达斡尔族、相当部分的蒙古族从事农业生产,他们笃信山神和敖包,而北方稻作文化的杰出代表朝鲜族则在这里繁衍生息,虽然信仰天主教居多但是朝鲜半岛的石坛信仰依然在民间存在。

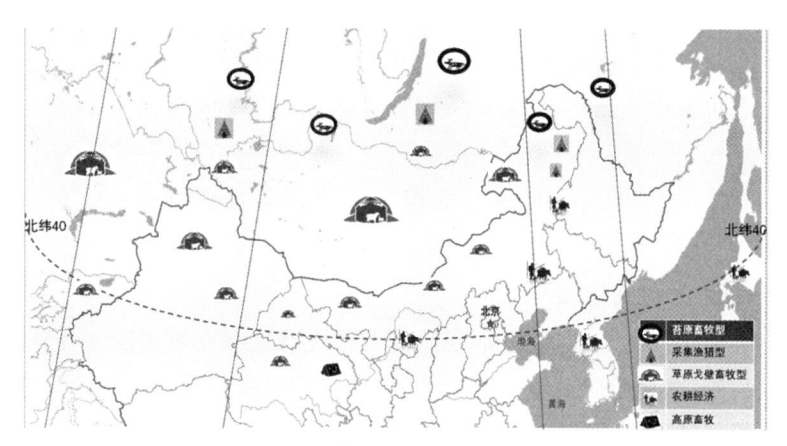

敖包文化圈

在研究敖包文化圈的时候，民族学中的经济文化类型或者生计方式的研究，有助于我们更好地去理解敖包文化圈的概念。经济文化类型，是前苏联著名民族学家托尔斯托夫、列文和切博克萨洛夫在20世纪50年代提出的民族学科学概念之一。基本定义为"居住在相似的自然地理条件之下，并有近似的社会发展水平的各民族在历史上形成的经济和文化特点的综合体"。①

随着我国民族学的研究深入，前辈学人们发现苏联学者的论断过分强调物质文化的作用，相对缺乏对同一个经济文化类型的立体结构的认识，特别是明显忽略了精神文化的作用。而精神文化之中的社会组织形式及各种典章制度、意识形态（包括行为准则、道德规范、宗教信仰和思想观念等），显然有利于我们对任何经济文化的整体性认识和把握好认知角度。因此林耀华等学者对于经济文化类型的定义做了符合中国特色的表述，即"经济文化类型是指居住在相似的生态环境之下，并操持相同生计方式的各民族在历史上形成的具有共同经济和文化特点的综合体"。② 长城以北的森林大漠向来是游牧民族进入中国历史的舞台，而阿尔泰语系诸民族大多从事与其生产环境相适应的生计方

---

① 林耀华：《民族学通论》，北京：中央民族大学出版社，1997年，第80页。
② 林耀华：《民族学通论》，北京：中央民族大学出版社，1997年，第80页。

式,在生存面前人类首先需要适应环境,并尝试通过神灵信仰与自然维持某种平衡。在特定的场域之中,游牧民需要尊重生存环境,人与人、人与土地、人与自然、人与动植物建立一种有机的平衡关系,并且在适应的基础上去改变环境。精神世界中敖包信仰则变得尤为重要,作为神圣的媒介很好地平衡了人类与自然的关系,无论是有机的结合还是可持续发展的观点,生计方式无疑为敖包文化的发展延续,提供了功能性或者说需求性的可能。

第一章
鄂温克族敖包祭祀的起源及类型研究

第一节　鄂温克族概况及核心田野点介绍

一、鄂温克族起源及其分布情况

鄂温克(Evenki),俄语为 Эвенки,是鄂温克族的自称,汉语翻译为"住在大山林中的人们"。历史上,由于居住地域的关系,鄂温克人对大兴安岭一带的大山林,包括外兴安岭至石勒喀河、勒拿河至贝加尔湖周边等地域统称"额格都乌热"或"额格登"(鄂温克语意"大山")。居住在阿荣旗扎兰屯的鄂温克族认为:"鄂温克"的意思是"下山的人们"或"住在南山坡的人们",这是针对鄂伦春汉译山岭上的人的对应解释。上述两种解释都说明鄂温克人是在东北亚地区的驯鹿狩猎民族。鄂温克族是我国22个十万以下人口较少民族之一,2021年我国鄂温克族人口普查统计为34617人,主要分布在内蒙古呼伦贝尔市鄂温克族自治旗、莫力达瓦达斡尔族自治旗、陈巴尔虎旗、阿荣旗、扎兰屯市、鄂伦春自治旗、根河市、黑龙江省讷河市、嫩江县以及新疆维吾尔自治区塔城市。鄂温克族内部因狩猎迁徙及戍边等因素的影响分成了索伦、喀穆尼堪(通古斯)、使鹿鄂温克三个部分,其中索伦鄂温克人口最多,占总人口的95%,主要分布在鄂温克族自治旗、扎兰屯市、阿荣旗、莫力达瓦达斡尔族自治旗、鄂伦春自治旗、黑龙江及新疆塔城。喀穆尼堪鄂温克(又称通古斯鄂温克或莫日格勒鄂温克),这部分人内部自称鄂温迪贝即鄂温克人,主要生活在陈巴尔虎旗鄂温克民族苏木和鄂温克族自治旗锡尼河东苏木。使鹿鄂温克人主要居住在根河市敖鲁古雅鄂温克民族乡。

三部分的鄂温克人在语言上有方言差别,曾被外人视为不同的民族。"索伦""特格""喀穆尼堪""使鹿俄伦春""通古斯""洪阔热""雅库特"等名称都是由他称而来,这三个部族对外都自称"鄂温克"。1957年,根据三部分鄂温克人的意愿,统一民族名称为鄂温克族。生活在鄂温克族自治旗和陈巴尔虎旗的鄂温克人主要从事牧业生产。生活在大兴安岭南麓地区扎兰屯市、阿荣旗和莫力达瓦达斡尔族自治旗的鄂温克人2003年之前从事狩猎生产和牛马养殖,禁猎之后转产现在以半牧半农为主,生活在根河敖鲁古雅鄂温克民族乡的鄂温克人以饲养驯鹿为生,黑龙江省和新疆的鄂温克族以农业生产为主。现在居住在新疆塔城的鄂温克族是清朝中后期从呼伦贝尔地区戍边到伊犁索伦营的后代,该地区鄂温克族很多改报了达斡尔族和锡伯族,只有最后72个人坚称自己是鄂温克人。通过资料查阅和田野调查现在新疆鄂温克族主要有白依格尔哈拉、杜拉尔哈拉和萨玛吉尔哈拉,2018年8月18号新疆白依格勒哈拉家族代表回到莫力达瓦达斡尔族自治旗巴彦鄂温克民族乡巴彦街村,参加白依格勒家族敖包祭祀和续家谱仪式,寻根认祖。

作为跨界民族,除了中国外,鄂温克族主要分布在俄罗斯的远东及西伯利亚地区,北起北极圈苔原冻土带,南抵勒拿河外兴安岭的阿穆尔河(黑龙江)的泰佳林地区,东起白令海峡远东腹地经勘察加半岛以贝加尔湖为中心,西至叶尼塞河及其支流的通古斯卡河,鄂温克人活动面积为760多万平方公里。其中以萨哈雅库特共和国及克拉斯诺亚尔边疆区人口为最集中,其余分布于贝加尔湖地区及阿穆尔州、赤塔州和堪察加半岛。根据2012年俄罗斯人口普查,全俄鄂温克族为37843人。俄罗斯鄂温克人与埃文人关系密切是同源民族,因民族识别而成为不同的民族。俄罗斯鄂温克人内部因生计方式的不同分养马的鄂温克人称为牧林千(mɔrintcʰen)和使鹿的鄂温克人称为奥荣千(oroqen)。俄罗斯鄂温克族最初信仰萨满教,经过前苏联时期的"社会主义改造"及文化大清洗运动后鄂温克人普遍信仰了东正教。蒙古国也有鄂温克族的分布,多以喀穆尼堪鄂温克人为主,少部分索伦鄂温克人主要分布在肯特省、库苏古尔省,较少部分居住在东方省。因蒙古国资料有限,且官方人口普查较混乱，20世纪80年代初鄂温克族约有5000人，1995年统计为约1000人，但到2010年的统计只有537人，因此很难获得确切数据。

鄂温克语属阿尔泰语系通古斯·满语族的通古斯语支，鄂温克语与鄂伦春语相近，方言差别小，沟通交流无碍。中国的鄂温克语分为三大方言，分别为布特哈方言、莫日格勒方言、敖鲁古雅方言，其中布特哈方言又称索伦方言，布特哈方言内部又可分为几种亚方言如雅鲁、阿荣、格尼、诺敏、嘎布卡、伊敏、辉、特尼河和甘河等方言。莫日格勒方言内部分为宝尔吉、纳米亚特、喀穆尼堪①三种亚方言。相比索伦方言，俄罗斯鄂温克语与敖鲁古雅方言及莫日格勒方言更为接近。生活在布特哈地区的鄂温克人除本民族语言外，还兼通鄂伦春语、达斡尔语和汉语，少部分也能听讲蒙古语。而生活在呼伦贝尔牧区的游牧鄂温克人除本民族语言外大多选择蒙古语教育，因此蒙古语、达斡尔语兼通。历史上鄂温克人还兼通满语满文、俄语、日语，作为"翻译民族"的鄂温克人在其生存的民族文化多元的呼伦贝尔，可以做到见什么人说什么话。鄂温克族普遍信仰萨满教，万物有灵的观念及自然崇拜在当地根深蒂固，萨满教的活态传承处于恢复阶段，生活在呼伦贝尔草原的鄂温克族在信仰萨满教的同时还兼信藏传佛教，也有少数布特哈地区的鄂温克人受达斡尔族和汉族的影响，信奉黄狐仙等北方民间信仰。

关于民族起源的历史传说，阿荣旗的索伦鄂温克人说："在很早以前，有很多人住在黑龙江发源地附近，一个叫'来墨尔根'的是这群人的酋长。一开始他们是靠吃'藓苔'(kiewit'ə)维持生活，不久'来墨尔根'发明了弓箭，并且用来狩猎。人们用火烧肉吃，并没有铁锅。后来，因为人口增多，黑龙江上游附近猎物减少，'来墨尔根'就骑着枣红马，到了黑龙江北岸，他在山上发现一匹巨马，马上坐着一个巨人，马和人都是一只眼睛，巨人跟他要烟袋给他敬烟，'来墨尔根'刚想给他，不知为什么？自己的马惊跑起来！方向是往回跑，那个巨人就追他，他的马跑得快，过了江，来到南岸，'来墨尔根'对巨人说：'你有能力来比一比'，

---

① 喀穆尼堪语归属学术界仍有争议，本书暂将其归入鄂温克语亚方言。

那人没过来。'来墨尔根'回到部落后,就对人们说:去江那边打猎有困难,还是到别处去吧。部落的人,有的不同意,'来墨尔根'说愿意跟我走的,头朝西南方向睡。第二天他领着一部分愿意跟他走的人,往黑龙江的西南方向去了。从山上下来依河而居的就是今天的鄂温克人,生活在山林中的就称为鄂伦春人。"鄂温克人的萨满每逢跳神之前,先要说些关于民族根源的事:"我们是从西路基鲁河的发源地出发,顺着'西沃哈特'山后的影子,经过黑龙江,我们祖先的根子是在'撮罗子'里。有人说:鄂温克人很早以前,即未到黑龙江之前,就在现在鄂温克人住的地方。原来这个地方是'高丽人',后来满洲人曾把高丽人撵跑,建立过金朝,也曾又回到黑龙江去,那儿有个国家不让他们去,又返回来。有人说,在过去一次大的事变之前,人们都住在一起,是个小国家,也有自己的文字,事变之后,分散了,被别人起了不少名字。名称不同,但说'鄂温克'是大家都知道的。"①

陈巴尔虎旗的莫日格勒鄂温克人关于民族起源地的传说,其主题和内容更加明确具体:"传说很早以前,'喀穆尼堪'鄂温克人的祖先是居住在黑龙江流域。根据'那妹塔'氏族萨满的叙述,鄂温克人的故乡是在瑷珲泉水的那边,阿穆尔海的旁边,阿尔巴金城的周围,石勒喀河的旁边,在西沃哈达的周围,他们的故乡曾是上述各地区。"②在民间的许多传说中,流传着鄂温克族的领袖人物根特木耳的故事。人们说根特木耳是他们祖先的酋长,并且说根特木耳曾是清初布特哈正红旗阿尔拉阿巴的一个章京。当时,他们生活在森林中,靠养殖驯鹿猎取野兽和采集过活。所用生产工具是弓箭、地箭、绳套,而以弓箭与地箭为主,百发百中。绳套主要猎取狍子。后来,沙俄侵略鄂温克族地区,他们奋起反抗侵略者,拒绝向沙俄纳贡,根特木耳率领部分鄂温克人离开原住地,曾到过额尔古纳河、根河和海拉尔河一带,并参加清军对俄作战。但驯鹿在大兴安岭南麓地区,缺少苔藓而无法生存,加之清朝地方官员

---

① 内蒙古自治区编辑组《中国少数民族社会历史调查资料丛刊》修订编辑委员会:《鄂温克族社会历史调查》,北京:民族出版社,2009年,第7页。
② 内蒙古自治区编辑组《中国少数民族社会历史调查资料丛刊》修订编辑委员会:《鄂温克族社会历史调查》,北京:民族出版社,2009年,第219页。

在处理根特木耳的具体问题上不公正,引起根特木耳不满,便与清朝对立起来,发生了冲突。根特木耳又率领一部分鄂温克人,渡过额尔古纳河,到了俄国占领地区。"传说在原来的地方剩下一部分人,其中有的离开了原住地向北移动,一面打一面移动(有的被清朝骗下了山,下山的就是"索伦"鄂温克人。剩下留在山里居住的一部分人就是鄂伦春人,这些人都是根特木耳部落的人,因为战争而分散了)"。① 以上两则传说中故事结构和英雄人物非常相近,根特木耳在鄂温克、鄂伦春及达斡尔族中都有传说,但莫日格勒鄂温克人关于根特木耳的传说最多也最为集中,根据这里涉及的资料,大致分析民族起源都在黑龙江北岸的石勒喀河、吉雅河及贝加尔湖地区,实际上莫日格勒鄂温克人清朝史料称为喀穆尼堪人索伦别部,而喀穆尼堪中也包含着使鹿喀穆尼堪人。

我国使鹿鄂温克人关于民族起源及迁徙的传说也非常有特点。"据鄂温克的老人说:'我们鄂温克人的故乡是在雅库特州的列拿河(俄罗斯雅库特共和国)一带,是三百多年前从列拿河搬到额尔古纳河的。'从老人们讲的一些列拿河时代鄂温克人的生活和故事中帮助我们了解到鄂温克人早期的生活情况。鄂温克人把自己的故乡描写得非常美丽,说列拿河宽得连啄木鸟想飞过去都不可能!在鄂温克人(祖先)来源的传说中,说列拿河一带有个'拉玛'湖,八个大河流都注入该湖,据说湖里长着许多美丽的水草,水上漂着许多荷花,在湖旁看,离太阳似乎是很近,太阳似乎是在湖边升起的,那里气候很暖,但一过湖就冷了,湖周围山很高,鄂温克人的祖先和人类都是从'拉玛'湖高山上起源的"。② 拉玛在鄂温克语中有大海大湖的意思,很多鄂温克人认为拉玛湖就是贝加尔湖。

学术界关于鄂温克族起源问题讨论得非常早,目前国内存在两种学说:第一种以吕光天、吴守贵为代表的贝加尔湖学说,第二种为以乌云达赉、乌热尔图为代表的乌苏里江学说。对于鄂温克族起源问题的

---

① 内蒙古自治区编辑组《中国少数民族社会历史调查资料丛刊》修订编辑委员会:《鄂温克族社会历史调查》,北京:民族出版社,2009年,第219页。
② 内蒙古自治区编辑组《中国少数民族社会历史调查资料丛刊》修订编辑委员会:《鄂温克族社会历史调查》,北京:民族出版社,2009年,第130页。

第一章　鄂温克族敖包祭祀的起源及类型研究

讨论最早是在民族大调查开始的,因参与主持鄂温克族社会历史调查,通过调查访谈整理后,吕光天先生在20世纪60年代提出了鄂温克族起源于贝加尔湖的观点。他与秋浦先生研究鄂温克族历史文化多年,在关于鄂温克族起源的问题上他是贝加尔湖起源学说的代表。吴守贵先生虽然不是研究机构的学者,但作为鄂温克本族人对于鄂温克族的研究非常专业,且通晓鄂温克语,在其著作中利用鄂温克人的传说和萨满唱词为依据认为鄂温克人起源于贝加尔湖周围的广大地区。

吕光天先生在《鄂温克族简史简志合编》一书中系统阐述鄂温克族起源于贝加尔湖的学术观点,之后在《鄂温克族简史》中利用考古学、民族学、语言学、鄂温克族民间传说等角度详细阐释自己的观点。书中记载:"在色楞格河左岸上班斯克村对面的佛凡诺夫山上发掘出一个人体骨骼,其衣服上戴有数十个闪闪发光的贝壳制的圆环,圆环所在位置与鄂温克人胸前所戴串珠以及萨满巫师的法衣上缀饰的贝壳圆环位置完全一样。此外,还发现死者的一些白玉制的大圆环,与17—18世纪鄂温克人古代服装上的圆环毫无差别。"因此得出结论现代鄂温克人与古代居住在贝加尔湖地区的居民有一定的亲缘关系。

第二个则是使鹿鄂温克人关于拉玛湖的起源传说,吕光天先生通过鄂温克族人关于对拉玛湖自然环境的表述后,推断贝加尔湖就是鄂温克族传说中的拉玛湖。以此为依据推断鄂温克人起源于贝加尔湖周围地区,并逐渐向周围迁徙发展,形成了今天的居住格局。除此以外,吕光天认为《北史·室韦传》中记载,北室韦位于我国大兴安岭北麓,绕纥吐山而居,以"射猎为务,食肉衣皮"。[1] 这样与16世纪前后鄂温克族的居住地域相吻合。吕先生还认为,隋唐时活动在贝加尔湖东北地区的"鞠部"也应该是鄂温克族的先民。《文献通考》有载:"鞠国在拔野古东北五百里六日行其国有树无草但有地苔无羊马家畜鹿如中国牛马使鹿牵车可胜三四人人衣鹿皮食地苔其国俗聚木为屋尊卑共居其中。"[2]根据地理对应考证,史书所提的"鞠国"就位于贝加尔湖东北五

---

[1] [唐]李延寿:《北史》卷九十四列传第八十二,清武英殿刻本,第1375页。
[2] [唐]杜佑:《通典》卷二百边防十六,清武英殿刻本,第2141页。

百里的鄂沃迪河流域,这个地方至今仍是鄂温克族的聚居地。从居住方式上考证,鞠国的"聚木为屋",北室韦的"用桦皮盖屋",同鄂温克族传统民居"仙人柱"相一致,从而说明鞠部和北室韦与鄂温克族具有先民的关系。

乌热尔图先生是乌云达赉先生兴凯湖学说的坚定支持者,观点可谓一脉相承。乌云达赉从语言学、神话学、地名学等方面利用学科交叉的研究方法,进行横向与纵向的比较,在20世纪90年代经过气候学及实地考证,他认为鄂温克人口中的"拉玛湖"应该是位于中俄界河乌苏里江源头的兴凯湖,那里才是鄂温克族的历史起源地。

经乌云达赉考证,早期鄂温克人是以"沃沮"汉语音译的称呼,最早出现于汉代典籍(有些汉文史料中书写为"安居"),沃沮族群的起源地在乌苏里江上游被称为萨玛吉尔矿泉的地方,这里是鄂温克古老的萨玛吉尔氏族的祖籍,而"沃沮"的鄂温克语原意就是"翻花的矿泉"。现今的鄂温克人都是沃沮的后裔,"鄂温克"这一族称的原初含义,也是"居住在萨玛吉尔矿泉的人们"。关于鄂温克族群的历史迁徙,乌云达赉的研究结论是"通过横贯亚洲北部的天然历史通道进行的四个阶段":一是从故地兴凯湖沿岸及乌苏里江流域等地通过长白山北麓通道到达第二松花江西岸地区;二是从第二松花江西岸地区通过洮儿河、哈拉哈河通道进入呼伦贝尔;三是横渡贝加尔湖,顺安加拉叶尼塞河通道西达叶尼塞河中下游流域,一部分人到了鄂毕河下游东岸,北抵北极地区;四是在贝加尔湖西岸分岔,顺勒拿河而下,至阿尔丹河口又分岔,一路东达鄂霍次克海海岸,另一路抵北冰洋岸边。古沃沮人顺着这几条大通道,将鄂温克族起源地、发祥地的文明传播到了整个亚洲北部。① 这一学说也得到了一些俄罗斯鄂温克族学者的支持。

在笔者的田野调查中,发现很多的萨满在做祭祀仪式的时候,在讲到民族起源地时,都会提到黑龙江及贝加尔湖"阿穆尔河畔②有祖籍,雅鲁河畔有神座,海拉尔呼伦贝尔为住地"。无论是索伦鄂温克、莫日

---

① 乌云达赉:《鄂温克族的起源》,呼和浩特:内蒙古大学出版社,1998年,第26页。
② 鄂温克人称黑龙江为阿穆尔河。

格勒鄂温克人还是使鹿鄂温克人,他们大多乐于接受自己的祖先来源于外兴安岭及贝加尔湖地区。鄂温克族有语言无文字,关于民族起源迁徙的口述历史,相比于后期的文字书写的历史更加接近历史本源,更加符合鄂温克族人对于本民族的历史观和民族情感。抛开国家主义不说,现存的鄂温克族口述历史中从来没有关于兴凯湖和乌苏里江的任何传说,哪怕是只言片语,甚至信息高速化的今天,很多鄂温克族老人都不知道乌苏里江与兴凯湖的确切位置,从某种角度上说,并没有相关的历史记忆。目前来讲,从民族学及考古学方面,没有确切让人信服的证据表明鄂温克人起源于兴凯湖。兴凯湖乌苏里江和锡霍特山脉至今仍然没有鄂温克人居住,只有满—通古斯语族的满语支的赫哲族(俄罗斯称那乃人)和乌德盖人居住该地,当然他们原住民的身份是被世界所公认的,而鄂温克族则没有,甚至无任何提及。乌云达赉先生通过汉文史料集语言学的分析为研究鄂温克族起源提供科学新颖的视角,但对于民族的起源历史应该尊重遵从鄂温克族群体的自我阐释和解释权。

在千百年的发展变迁中,鄂温克人的萨满始终是民族历史宗教文化方面最有发言权和拥有最权威话语权的人,这是鄂温克人赋予萨满在本族群社会中的地位使然。而无论是索伦鄂温克、莫日格勒鄂温克及使鹿鄂温克的萨满唱词都将自己民族的起源地标为贝加尔湖及黑龙江中上游。在明末清初鄂温克人一直居住在外兴安岭、贝加尔湖和勒拿河流域,清政府通过三次战争征服了索伦鄂温克人和索伦别部之称的喀穆尼堪人,后将鄂温克、达斡尔和鄂伦春族一同南迁至嫩江及大小兴安岭地区。使鹿鄂温克人与俄罗斯鄂温克的关系因为驯鹿和通婚因素交流不断,中俄勘界之后政治疆域的变化使得两地鄂温克族中断了联系。作为根特木耳的后代莫日格勒的鄂温克人,在中俄定界之前四季游走于贝加尔湖及额尔古纳河两岸,甚至在康熙年间有过冬根河流域的记载,直到今天中俄两地的鄂温克族亲属关系和沟通联络都未中断。

吕光天先生所说的贝加尔湖地区时至今日还生活着很多鄂温克族,他们或是使鹿游猎或是养马畜牧,当地大多数地名来自鄂温克语,鄂温克人作为该地区的原住民是得到俄罗斯政府承认的。除布利亚特人外,鄂温克人在当地少数民族中人口比例很大。正如鄂伦春族的传说一样,他们同鄂温克、特格人(使鹿鄂温克)原来是一个民族都来自贝加尔湖及黑龙江北岸,而关于乌苏里江兴凯湖却毫不知情。因此说鄂温克族起源于贝加尔湖地区的说法在鄂温克族具有广泛的群众基础和支持者。对于民族历史的挖掘与建构不应该单靠汉文史籍文献,这是不严谨的学术态度,对于少数民族来说也是不负责任的,应该尊重鄂温克族自己的意愿,并且尊重客观历史,对于无文字民族来说很多历史是神话化的,而神话也是历史化的。通过神话或者传说的分析,是可以对历史进行补充的,尤其是传说中的地名,对于鄂温克族的族源研究非常重要。相信鄂温克族历史起源问题还会争执很久,从客观上有利于鄂温克文化的挖掘与传承,不应该简单机械地一锤定音去轻易下论断。

二、核心田野点鄂温克族自治旗概况

鄂温克族自治旗成立于 1958 年,清时期为呼伦贝尔索伦八旗辖地,民国时期为索伦旗,新中国成立后是内蒙古自治区三个少数民族自治旗之一;位于呼伦贝尔草原的东南部,大兴安岭西麓地区,全旗总面积 19111 平方千米,草原面积 11900 平方公里,林地面积 6462 平方公里。境内主要河流为伊敏河、海拉尔河、辉河,水资源相当丰富,鄂温克族自治旗是呼伦贝尔市四个传统牧业旗之一。丰富的自然资源和优美的森林草原造就了鄂温克族历史悠久的敖包文化。鄂温克族自治旗政府所在地为巴彦托海镇,四个鄂温克族苏木分别为辉苏木、伊敏苏木、巴彦查岗苏木和锡尼河东苏木。一个民族乡为巴彦塔拉达斡尔民族乡。其他苏木乡镇分别为大雁镇、红花尔基镇、伊敏河镇和锡尼河西苏木。全旗现有敖包 200 多座,其中鄂温克族敖包约占三分之二,被外界称为敖包相会的地方,是典型的敖包文化之乡。

鄂温克族自治旗以鄂温克族为主体,汉族占多数的自治旗,共有 25 个民族,是多民族聚居区,总人口 14.4 万。其中鄂温克族 11193 人,占总人口的 7.8%;达斡尔族 14239 人,占总人口的 9.9%;蒙古族 27809 人,占总人口的 19.3%。在 2014 年中央民族工作会议暨国务院第六次全国民族团结进步表彰大会上被授予"全国民族团结进步模范集体"。

第二节 鄂温克族敖包祭祀的起源

一、敖包起源的相关传说

萨满信仰，是人类宗教信仰最初的形态，是人类在远古时期对抗自然适应周围环境而产生的精神结晶。鄂温克人生活的东北亚地区是广袤的泰加林和一望无际的温带草原，严酷的自然环境使得人类祖先需要主动认知世间万物和解释自然现象，以获得精神和生存需求。人类在自然环境下的渺小促使自己主动或被动地去了解所生存的世界，对于世间万物的敬畏产生了原始的萨满信仰。敖包则是万物有灵信仰的衍生物。在整个东北亚地区很多游牧狩猎民族都有萨满信仰，蒙古、达斡尔、鄂温克等民族都有巨石、神树和敖包信仰，尽管形制各异，但精神诉求的内核与信仰本质是一致的。因此从中亚经蒙古高原到大兴安岭都有敖包信仰的存在，这种民间信仰文化圈，笔者将其称为敖包信仰文化圈。和周围其他狩猎游牧民族一样，鄂温克族的生产生活方式决定了自然是其一切生活的来源，是其必须依赖的生产资料，因此猎人们非常懂得敬畏自然并学会与之和谐相处，在狩猎游牧的过程中，遇到奇石怪树要敬酒献肉。对于自然万物的敬畏与崇拜，不断地创造丰富了鄂温克人的萨满信仰文化。在漫长的历史长河中，鄂温克人关于萨满及敖包的口传文学不断地以神话、传说、故事、史诗和萨满唱词等形式被流传下来，敖包则以萨满文化的符号形式被后世所铭记。

在鄂温克族诸多的民间口传文学中可以听到一些关于敖包起源的传说。"在古代的时候，鄂温克人居住的猎民夏营地有一个女人委屈而死，因为心里的一肚子怨气，死后始终阴魂不散，不愿离开自己的夏营地，因为有了怨气所以经常回来吓人，闹得鄂温克人非常害怕。而后人们请来了非常厉害的大萨满，做法将女鬼抓住，并将她投入到燃烧通红的篝火之中。人们在篝火面前祈祷，女鬼我们已经杀了鹿和狍子，把您当成额尼赫①，法力高强的萨满已经为你做了升天法式，您的灵魂在酒

---

① 鄂温克语汉译为大姨、大姑、大伯母的意思。

足饭饱之后,消除委屈,忘记冤屈,顺着燃烧的烈火升入天空,变成黑夜里的繁星吧。我们会把您的白骨放在选自阳坡的石头堆底下,祭拜供奉。祈祷您不再祸害我们,保佑我们像森林一样丰茂,子孙兴旺。就这样女鬼升天了,但偶尔还会生气作怪,所以从那以后,只要鄂温克猎人路过这个石碓都放石头,以压住女鬼的灵魂,日积月累石碓就变成了敖包,在敖包的顶上长出了黑桦树。因此人们每当在高山峻岭之上时都有立敖包,敬酒献肉,生怕被神灵惩罚。"①从以上传说中可知敖包信仰很早就存在于鄂温克族社会中,敖包信仰与火神崇拜是鄂温克族萨满文化中重要的信仰元素。同样也可以看出萨满教对于敖包信仰和口传文学的影响是非常明显的。

《鄂温克族社会历史调查》"鄂温克族自治旗辉苏木调查"部分,记录了当地鄂温克人对于敖包起源的传说。"从前有一个夏天夜里,一个坐着骡子轿车的女子,出现于村庄,她哭哭啼啼地大闹不休,并招来暴风骤雨,使得整个村庄人心惶惶,不得安宁。到了冬天,人们打冰洞取水的时候,洞口就出现一个披头散发的女人,吓得人们丢弃水桶慌忙跑回,同时,也闹起大风大雪,人们不得安宁。因而村里请了9位喇嘛来念经,喇嘛凭借法力捉住了这个作怪的妖女,并把她的头压在石头及土堆下面。人们深恐其日后抬头再来作怪,故经过这里时都要运上一块石头,以增加分量。如此时间久了,便形成敖包。但仍恐日后为患,因而又定期祭祀,祈求给予风调雨顺,四季平安。"②可以看出辉苏木关于敖包起源的故事与前文敖包起源的故事,在故事起因和故事结构方面有很多相似之处,也可以说是一脉相承。

辉苏木的传说非常具有地域特色,与深处在森林里的鄂温克族从事完全不同的生产方式。辉苏木位于呼伦贝尔草原的深处,鄂温友人从事着传统草原畜牧业,与周围的蒙古族比邻而居近300年,两个兄弟民族在文化和信仰方面相互影响借鉴交融。辉苏木的鄂温克人是

---

① 访谈人:其木格;访谈地点:内蒙古阿荣旗维古奇猎民村山碥农牧场;访谈时间:2017年6月22日。
② 《中国少数民族社会历史调查资料丛刊》修订编辑委员会编:《鄂温克族社会历史调查》,北京:民族出版社,2009年,第431页。

第一章　鄂温克族敖包祭祀的起源及类型研究

1732年从布特哈地区屯垦戍边到呼伦贝尔的鄂温克族士兵的后代。回到故事本身来看，降服女妖的不再是林区鄂温克族传说中的萨满了，而是9位藏传佛教的喇嘛，这与游牧鄂温克人周围民族信仰喇嘛教不无关系。降妖的手段不再是萨满教所推崇的火刑，而是通过喇嘛念经施咒来降妖除魔。因此，可以推敲辉苏木的故事与林区鄂温克传说故事发生了因地因时的变异，也就是经历了本地化的过程。鄂温克族猎人因戍边来到草原后，传说中融入了周围喇嘛教的元素，从另一个侧面可以说明，喇嘛教思想在当地已经得到了鄂温克人的逐步认可，因此才出现在鄂温克族的敖包传说之中。

两个传说中敖包的起因、内容、结果几个方面从故事类型学及母体来看非常相似，属于一个类型，而且敖包都是用来镇压住恶魔灵魂的。鄂温克族的萨满仙登就是萨满去世若干年后，后人将遗骨收好，用干净的石头堆积于其上的，所以家族萨满在去世后，后代才会立仙登和仙登敖包以示纪念，从萨满和祖先崇拜两方面去祭拜已逝萨满，祈求萨满祖先不要生气动怒，并保护自己家族的子孙后代平安繁衍。

索伦鄂温克族除一部分生活在呼伦贝尔草原外，绝大部分生活在大兴安岭及嫩江流域，逐水而居，早期从事着狩猎活动。清朝时期该地区属布特哈八旗，八旗鄂温克人因骁勇善战、能骑善射而成为清朝时期最倚重的骑兵部队。有清一代曾先后远征新疆、西藏、青海、四川、台湾及缅甸等地，为国家主权和领土完整作出了巨大的贡献。

大兴安岭地区的鄂温克族长期从事单一的狩猎生产活动，因此其敖包传说具有原始宗教的某些特点，同时也具有狩猎文化的信仰形式。"在布特哈地区雅鲁河、阿伦河流域流传着这样的故事，据说在鄂温克人还使用弓箭的时候，人们都要一起围猎，有一天部落的首领率领全部落的男女老少去围猎，人们把大山围了起来，准备围剿猎物时，首领看天色已晚，就决定第二天起早行动。晚上，人们在斜仁柱里边的篝火旁，首领让猎人们判断围猎后到底能得到多少猎物。火堆旁的优秀猎手们谁也不敢估计，此时来了一位白胡子老人说，我们明天的打围能得到狍子XX只，马鹿XX只，野猪XX头，把具体的数量都和大家说了。听完老人的讲话后首领命令大家记住老人的话，明天打围结束后核对猎物统计一下。第二天打围结束后,人们将各自的猎物放到首领面前,一核对数量正好和白胡子老人说得一模一样。这时老人坐在大树下边,首领带着猎物去问白胡子老人,你是怎么知道围猎猎物的总数呢?没等首领说完话,老人就消失在大树下了。于是人们开始找白胡子老人,可是怎么也没找到。于是酋长和老猎人们认为,白胡子老人是山神白那恰,是森林万物的主人。于是首领在白胡子老人落座的大树下用火炭刻画了老人的画像,并将围猎而来的动物头,献祭给山神白那恰。从那以后,鄂温克人都相信山神的存在,并一直好酒好肉地祭祀它,祈求狩猎平安,并且赐予更多的猎物。"[①]这一传说类型相对比较古老。

相同的故事传说,在鄂伦春族的口传文学中也存在,与鄂温克族稍有不同的是,鄂伦春族白纳恰的形象更加具体。笔者认为该传说与前则传说相比,产生更为久远,更加符合鄂温克族的传统文化。从地形上看布特哈地区北依大兴安岭原始森林,面朝松嫩平原,是典型的农牧林缓冲区,这里适合狩猎和游牧,肥沃的黑土地又适合温带农业的发展,因此是鄂温克、鄂伦春、达斡尔、蒙古、满汉等多民族相互交错杂居、民族文化相互交往交融的地区。阿荣旗查巴奇猎民村西北的敖包树又被猎人们称为白纳恰。与游牧鄂温克人的石碓柳条敖包不同,查巴奇的敖包树是一颗几百年树龄的老榆树。每当重大节日活动的时候,人们都会来祭拜老榆树祈求风调雨顺,从事简单农业的鄂温克人也会来求雨避旱,鄂温克猎人们在猎归或者出猎前都会来祭拜敖包树,祈求猎业丰收。20世纪50年代前这里的敖包祭祀活动都由萨满来主持,因此很多与敖包有关的口传文学被萨满和他的信徒们完整地传承了下来,而且透过传说故事可以追溯古人的精神世界和信仰状态,同时也可以证实敖包信仰在鄂温克族社会中早已存在。

二、鄂温克族敖包祭祀与自然环境

人类学在对初民社会的研究中,经常会提到环境决定论(environmental

[①] 故事讲述人:其木格;讲述时间:2017年6月22日;讲述地点:内蒙古阿荣旗维古奇猎民村山垴农牧场。

determinism),即人地关系的一种理论认知。认为人类的身心特征、民族特性、社会组织、文化发展、宗教信仰和人文现象等都会受到自然环境,特别是气候条件的影响。按照传说和史料的记载,鄂温克族的祖先始终生活在外兴安岭、黑龙江上游和贝加尔湖之间的广大地区。历史上远东西伯利亚地区是鄂温克人的栖息故土,鄂温克人在原始森林中繁衍生息数千年,寒温带针叶林的严酷气候条件和丰富的动植物资源等自然环境决定了鄂温克族的游猎及饲养驯鹿的生计方式。史籍为证,居住地域靠近外兴安岭地区及勒拿河地区的鄂温克人主要从事驯鹿饲养,而明清交际,额尔古纳河右岸及黑龙江北岸地区的索伦鄂温克人,部分喀穆尼堪鄂温克人已经从事狩猎及简单的牧马业了。延续千年的生计方式及相对固定的居住环境,使得人们在艰苦寒冷的寒温带需要精神寄托,瞬息万变的自然环境,闪电、雷、雨、月食、彩虹等自然现象,都需要萨满用其自身的朴素认识论去解释。

1640年前后满清通过武力征服索伦部,以索伦鄂温克人为主体的包括达斡尔、鄂伦春、陈巴尔虎等部落,被迫内迁嫩江流域及其中上游的大小兴安岭浅山区,并于雍正年间按照满洲八旗制度建立布特哈八旗,索伦鄂温克人平时进山狩猎,战时出兵打仗。自《尼布楚条约》签订后因为清政府与沙俄的边界勘定,使得鄂温克族因为政治疆域因素而成为了跨界民族。但边界的勘定并没有能够阻止沙俄的东扩以及喀尔喀蒙古王公贵族蚕食呼伦贝尔草原的企图。

1732年雍正帝下令从布特哈八旗抽调3000名官兵驻防呼伦贝尔,一部分鄂温克人离开森林进入呼伦贝尔草原,开启了戍边游牧的生活。自此造就了"索伦骁勇闻天下"的英名和索伦马的威名。众所周知东北亚地区是萨满文化圈,森林与草原为萨满文化起源和传承提供了得天独厚的自然环境,在鄂温克族生活的大兴安岭既有森林文化,又与农耕文化接触,骑马狩猎的生活使得他们坚持萨满信仰,依赖于自然的生产生活方式,使得猎人们更加相信大自然的力量以及万物有灵式的神灵崇拜,人们相信所有的狩猎采集的收获都是山神白纳恰给予的,因此要敬畏自然,敬畏神树、岩石,甚至是一草一木。生活在呼伦贝尔草原的鄂温克人不仅保留了自己民族的狩猎文化,与此同时还吸收了周围巴尔虎蒙古族的游牧文化，在此基础上创造了独具鄂温克族特色的草原游牧文化。

在历经 280 多年的游牧岁月中，鄂温克人在遇到重大事件、旱灾雪灾的时候甚至牛羊丢失的时候都会请萨满来进行祈祷和占卜，逢凶化吉是萨满给予游牧人最直接的帮助。所以说游牧鄂温克人敬畏山神的同时，也会敬畏水神，在繁重的游牧生产中，人们需要更多的劳动力，因此祈祷敖包保佑自己的家族人丁像柳叶一样繁茂，像鹅卵石一样坚固。生态环境所致，草原不会像森林那样有很多的树，在河边的枝繁叶茂的生命力顽强的柳树自然成为人们的首选，在北方民族的萨满信仰中柳树象征着母性繁育，而圆润坚硬的石头象征着男性的阳刚，其实在古代鲜卑、契丹、女真至近代的满族关于柳树与石头相并的神话传说非常普遍，下文会有所提及。

三、鄂温克族敖包祭祀与社会环境

人类学家博厄斯说过，"任何一个民族的文化只能理解为历史的产物，其特性决定于各民族的社会环境和地理环境"。[1] 人们对于敖包的祭祀首先源于本身生存的需要和对于自然的依赖与敬畏。在北方民族漫长的狩猎与游牧的发展进程中，敖包始终是世俗链接宗教的纽带。著名历史学家翦伯赞说过，呼伦贝尔是中国历史幽静的后院。历史上匈奴、鲜卑、蒙古等民族相继从这里梳妆打扮，戎马挥刀奔向中国的历史舞台。纵观中国历史可以说呼伦贝尔作为北方狩猎游牧民族的摇篮，为敖包祭祀文化的发展创造了社会人文环境，千百年来这片沃土几易其主，但牧马人对于敖包的信仰却被流传至今。从早期红山文化祭坛，到匈奴、鲜卑的绕林木而祭，再到契丹女真的祭山射柳的习俗，都是以宗教祭祀为主，直到清朝时期祭祀敖包也从未停止。反而敖包文化在当时的社会环境的影响下越发丰富，尤其是敖包在地域勘界方面成为具有实际世俗功能的标的物，在清朝各类史料中频繁出现，如"阿巴哈依图鄂博，为库伦以东第六十三国界鄂博，原案施氏中俄国际约注所译，雍正五年鄂

---

[1]［美］博厄斯：《原始艺术》，上海：上海文艺出版社，1989 年，第 8 页。

博单云额尔古讷河之右岸,正对海拉尔河口,中间阿巴哈依图岭之凸出处设立第六十三鄂博。"① 这是清朝时期介绍中俄边界呼伦贝尔段边界敖包的记录,非常明显看出敖包当时已具备划分地域边界的功能。因此无论是民间还是政治需要,敖包在呼伦贝尔地区是非常具有社会基础的,而且社会环境和政治环境又促进了敖包祭祀仪式的发展。

从生态人类学的角度讲,"一个族群的文化特质和文化精神离不开文化与环境之间存在着互动的功能及内在的因果关系,人以生态环境为生存条件,促进文明的演进;环境通过文化创造满足人的欲求,影响文化形貌和文化性格的形成,使得不同的族群具有不同的文化特征和文化品格"。② 清朝时期虽然在蒙古地区推行"兴黄教、安众蒙古"的政策,但是当时的呼伦贝尔并不属于内外蒙古的范畴,而是属于黑龙江将军下辖,且当时的呼伦贝尔地区无论是索伦八旗还是布特哈八旗,都以信仰萨满教的鄂温克、达斡尔、鄂伦春和陈巴尔虎人为主,萨满教在民间一直处于主导地位,加之布特哈八旗和索伦八旗的上层官员都是信奉萨满的,客观上对萨满信仰起到了一定的保护作用。

乾隆至清末,清政府陆续在呼伦贝尔牧区建立了数座黄庙,信众有所变化,喇嘛教开始逐渐在旗民信仰中占据一席之地,虽然喇嘛参加官祭敖包祭祀仪式,但与萨满教相比始终处于相对平衡状态。这与当时社会上层推崇的文化不无关系,满清一直在呼伦贝尔地区推行国语骑射,学满语练习骑射被认为是呼伦贝尔八旗戍边之外的首要任务,当时的观念无论是语言上、文化上都学习满族,而不是相对处于弱势的蒙古族。索伦八旗的喇嘛,都由外蒙古迁徙而来的新巴尔虎蒙古人和新疆迁来的额鲁特蒙古人充当,为的是防止索伦鄂温克人和达斡尔人出家当喇嘛而减少兵员。在200多年的时间里,掌握呼伦贝尔地区实际领导权的索伦鄂温克人和达斡尔人一直将满族文化作为自己学习推行的目标去做,因满人的萨满信仰与鄂温克等民族相似,因此在文化上就更有亲缘性了。不同于一些现代宗教具有很强的排他性,以萨满信仰为

---

① 刘锦藻撰:《清续文献通考》,第5729页。
② 邢莉、邢旗:《内蒙古区域游牧文化的变迁》,北京:中国社会科学出版社,2013年,第168页。

本源的敖包文化本身就具有非常强的包容性和多元吸收性。因此清朝伊始很多官祭敖包就由喇嘛来祭祀,萨满与喇嘛的关系并非像人说的那么紧张,而喇嘛在呼伦贝尔地区的传播发展也是自身妥协本地化的一个过程。当然从仪式方面来看,喇嘛的加入丰富和发展了敖包祭祀仪式,萨满信仰与喇嘛教的相互吸收促进了各自的发展,这样和谐共生的宗教关系持续至今。

清末民初的呼伦贝尔当地政府,非常重视敖包祭祀仪式,呼伦贝尔副都统会亲自主持祭祀几大官祭敖包,尤其是安本敖包、巴彦呼硕敖包、宝格达乌拉敖包以及呼伦和贝尔两湖的敖包,必须由官方主祭。而且给各旗发文,要求分配给各旗的供品必须按时上交,必须派代表参加,否则将受到处罚。可见当时敖包祭祀在社会各个阶层是非常受重视的。

呼伦贝尔地区的上层将祭祀敖包列入必要工作来做。呼伦贝尔地区三大官祭敖包中巴彦呼硕敖包、宝格达乌拉敖包都是各旗旗长主祭,而安本敖包则由时任呼伦贝尔副都统带领各旗旗长主祭。现在看来祭祀敖包不仅可以增强社会凝聚力,还可以宣誓政府在当地的权威和领导权,这样更加有利于呼伦贝尔地区的社会稳定和民族团结。

第三节 鄂温克族敖包的类型

从敖包信仰的形式和精神内核来看,敖包是初民社会精神信仰的产物,是人类先祖与自然环境谋求和谐的一种文化现象。无论是从森林到草原,从农村到牧区各地的鄂温克族敖包的结构和形制都大同小异,敖包本身的功能是相一致的。敖包祭祀者、敖包的祭祀仪式、方式也是相似的,可以说敖包是鄂温克族为了适应生存环境谋求自身发展所产生的信仰形态。随着地域和空间的差异,产生不同的祭祀形式,作为萨满教的一部分,敖包是渔猎游牧文化和核心精神力量,是渔猎游牧社会宗教发展的缩影。因此在研究敖包文化的同时,有必要依据敖包的形制和特点对敖包进行系统的分类。

鄂温克族敖包按照结构和形制可以分为森林敖包和草原敖包,依照地域划分即林区和牧区敖包。两个地区的敖包形制的特征主要为：一种为生活在大兴安岭的狩猎鄂温克人的岩石、敖包树和白纳恰崇拜。第二种是呼伦贝尔草原游牧鄂温克人的以柳条和石碓为主结构形制的敖包。游牧鄂温克人敖包文化，内部细分为两种亚文化，分别为莫日格勒鄂温克人敖包祭祀文化和索伦鄂温克人敖包祭祀文化，两个群体的敖包祭祀仪式都有地域和部落性特点，关于敖包起源的传说也不尽相同。按照祭祀主体来区分，敖包类型又可以分为民间敖包和官祭敖包，顾名思义民间敖包又称为民祭敖包，主要是家族或者民间自发的形式祭拜的敖包，如哈拉音敖包、嘎查敖包、罗赛敖包、仙登敖包、达瓦音敖包等。官祭敖包，主要是祭祀主体或者说组织者为苏木、旗、市一级政府机构，从策划、出资到举行敖包会都以官方为核心主导。当然我们在对鄂温克族敖包进行分类及类型学分析的时候，不是简单的线性分析，而是按照居住地域和生产生活方式来进行的，将碎片化的敖包文化类型进行清晰合理的归类，以便分析，这样有助于我们深入地了解研究鄂温克族敖包文化。寻根问底，敖包文化的产生与发展是不能脱离其自然与社会土壤的，否则就会失去其本身的生命力。

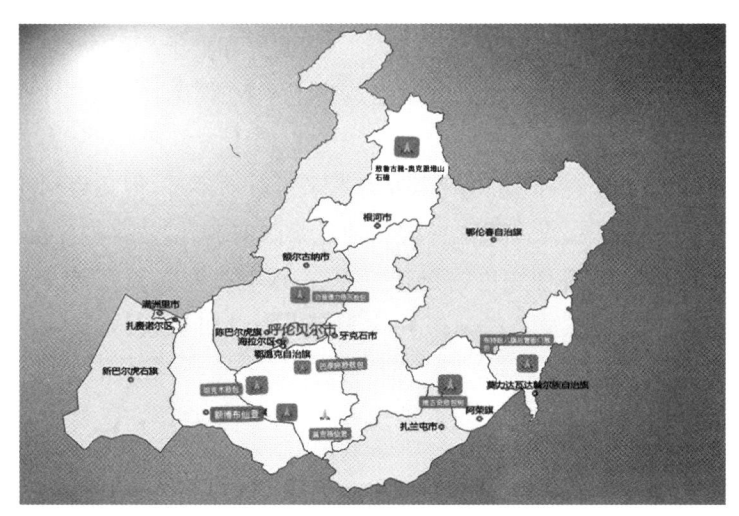

图 1-1　本书敖包祭祀仪式的田野点分布图①

---

① 田野点分布图制作人乌日乌特，参照呼伦贝尔市地图。

一、民祭敖包

民祭敖包或民间敖包,是指按照敖包祭祀主体、敖包祭祀的组织者和敖包的性质来界定的,主要是指民间以个人、家族、村集体的名义自发组织祭祀的敖包,不具备政府主导和官办组织的敖包,如敖包树、嘎查敖包、艾勒敖包、家族敖包、萨满敖包、罗赛敖包、达瓦敖包等都属于民间敖包。民间敖包因为地域和形制的不同还进一步划分为森林地区和牧区的敖包,每年的祭祀时间都选择在农历的五月至六月之间,祭祀供品为民众参与者自发提供或每年轮流提供。

(一)敖鲁古雅神树

敖鲁古雅鄂温克人是我国唯一饲养驯鹿的部族,在鄂温克族三个部落中人口最少,但保持着鄂温克族传统的生产生活方式最久。因此敖鲁古雅鄂温克人又被称为使鹿鄂温克人。使鹿鄂温克人全部居住在内蒙古根河市敖鲁古雅鄂温克民族乡。随着2003年的生态移民,现已搬迁到根河市附近的新敖乡,很多鄂温克人在从事传统驯鹿业外还从事民族旅游业,当地的鄂温克人早期除驯鹿外狩猎是主要的生计方式。

位于敖鲁古雅乡的原始部落旅游点是鄂温克猎人古格军所建,内部建有斜仁柱和木刻楞房子,散养了一些驯鹿和狍子。据说建立之初,敖鲁古雅的老人玛利亚索为旅游点选择了一颗神树,以此来保佑大家。这棵神树是落叶松,而且是一颗母子树,主树干为母树,子树从下而上顺势环抱母树。看着非常神奇,外人看来是普通不过,但在玛利亚索和其他敖鲁古雅鄂温克人眼里神树是神灵聚居的地方,是有神灵存在的。神树的树枝上被各种颜色的布条装饰着,还有一些鄂温克猎民专用的消灾辟邪用松枝薰草。往来祭拜的人有的系红布条,有的倒酒放置钱币,为的是祈福消灾。

位于根河最北部的奥克里堆山 əˈxəitu(鄂温克语:积雪的石峰),海拔1524米,是大兴安岭北段最高峰,远观奥克里堆山顶部是白雪,像火山形制,与日本的富士山有几分相似,只是奥克里堆山被郁郁葱葱的灌木所包围着。有学者认为奥克里堆山就是史书中的北魏大鲜卑山。2018年9月,在当地鄂温克猎民向导的带领下笔者攀登了这座鄂温克猎人心中的神山。奥克里堆山早期是一座死火山，上边的火山口在几十年前是一座天池。后随着气候变暖而干涸。在山顶见到很多敖包形制的小石碓，据说是过去往返路过的猎民堆立的。据当地鄂温克人何勇介绍，有一位猎民在打猎当中，在奥克里堆山拾到一个奇怪的鹿角，因此认为奥克里堆山是有灵性的，从那以后每当猎民狩猎寻找驯鹿经过此地的时候，都会在此添置石块敬畏山神。日积月累就堆积了几十个小石碓。当问及石碓是否是敖包的时候当地人则矢口否认，认为使鹿鄂温克人不存在敖包信仰。

在使鹿鄂温克人的心中，山林是他们的家，驯鹿是自己的伙伴，大森林中的树木怪石都是有灵魂存在的，自己和他们都是森林的一部分，因此必须敬畏森林中的万物。鄂温克族猎人有崇拜岩画的传统，1974年鄂温克猎人为向导，带着国内的考古专家和民族学者，分别查勘了鄂温克人所崇拜的两处岩画，一处是"交唠格道"（tɕɔlək tɔ），使鹿鄂温克语方言，意为石砬子，位于额尔古纳河上游分支的交唠格道小河畔的岩石上。岩石上的岩画内容为驯鹿、驼鹿及简单任务和图像符号，基本描绘的是人类的狩猎场景，具有祖先崇拜的特点，但因年久风化很多图案已经很难看清了。

图 1-2　敖鲁古雅奥克里堆山的石碓①

---

① 拍摄人：何勇；拍摄时间：2012 年，8 月 3 日；拍摄地点：根河市奥克里堆山。

据当地鄂温克族老人讲："这一处地域是我们鄂温克人传统的狩猎场之一。这里有的岩画不仅我父亲知道,而且我祖父在世时也知道。过去我们鄂温克人来这里打猎时,把这石头和岩画作为狩猎神供奉和祭祀。"①据鄂温克人自己说,如果猎民在岩画附近狩猎,必须来岩画磕头跪拜进献供品,否则就会得不到猎物,因为没有跪拜就是对山神的大不敬。很多猎人从两面岩画的夹缝中爬过去,以求沾得好运气,祈求猎业丰收。还有猎人会把子弹放在岩画附近,认为狩猎时会百发百中。类似的民间信仰在新疆博尔塔拉河河源地的阿敦乔鲁岩画附近也有,"牧民们垒立了几座石堆;其附近的'母亲石'是近年来愈益受到牧民崇祀的'圣所',在这块被描绘成象征妇人或者女阴的巨石之旁,因为不断的祭祀而正在形成一座敖包。"②从上述的祭祀形态和岩画情况,我们可推断,岩画崇拜是人类社会非常古老的信仰形式。假设敖包信仰是岩画、奇石、敖包树、敖包柳条石碓这样一个线性发展过程的话,那么敖包信仰的根源,则是人类精神信仰的山林意象,具体说,岩画崇拜就是其中之一。

(二) 敖包树

文明的发展始终离不开其赖以生存的自然环境,神树或是石碓承载的万物有灵的信仰观念,是周围的森林环境所赋予其神性的结果。古今中外,很多民族都将树作为崇拜的对象,在萨满文化等其他的原生信仰中,树木被看成是具有生命意识的神灵,因为树木由地而生,向上能连接天地,而且树是随着地域和季节的不同,可以不断地枯萎再生,犹如生命轮回一般。古代的中原地区就有以木为社神的记载,《淮南子·齐俗训》中就有"夏后氏其社用松,周人之礼其社用栗"的记载,《白虎通·社稷》引《尚书·遗篇》云:"大社唯松,东社唯柏,南社唯梓,西社唯栗,北社唯槐"。时至今日对树的崇拜及其神话的案例比比皆是,如鄂伦春族祭祀神树白纳恰,或是白桦树、黑桦树、松树等,并把神树比喻为山神的化身,西南民族有很多村寨神树,如云南元江县的哈尼族很多村落都祭祀神树,台湾的原住民认为自己的民族起源于一棵神树。生

---

① 鄂晓楠、鄂·苏日台:《原生态民俗信仰文化》,呼和浩特:内蒙古大学出版社,2006年,第32—33页。
② 刘文锁、王磊:《敖包祭祀的起源》,《西域研究》2006年第2期,第86—87页。

活于白山黑水之间的满族,一直有祭祀柳树的传统,所以说神树崇拜在世界范围内是非常普遍的,尤其在东亚文化圈中,神树崇拜是广泛存在的民间信仰形式。

  大兴安岭东南麓地区的鄂温克人因生活在富饶的森林深处,从事着定居狩猎和马牛饲养的生活。依河而居,主要为今天的雅鲁河、音河、济沁河、阿伦河、格尼河、诺敏河、甘河、托欣河、绰尔河与讷莫尔河上游地区。清朝时期这地区属于布特哈八旗,清政府按照鄂温克人狩猎的特点在八旗治下分设了八个阿巴①。现在大兴安岭地区的扎兰屯市、阿荣旗、莫力达瓦达斡尔族自治旗和鄂伦春自治旗仍然生活着1.3万鄂温克人。作为猎民的后代他们始终认为,神灵的居所应该在高山之上,应在岩石、高大参天的古树之中,神树是神灵的象征,是神灵的化身。尤其是在禁猎之前,狩猎活动往往离不开山神白纳恰的庇护,而猎民对此深信不疑,且每次行猎前后都要祭祀神树,祭祀时"找来干香松(其味同敬神的香一样香)点燃,随身有酒的话,也用手指蘸酒取出来,向白那恰神弹三下,将食物和肉供上,而后磕头,为首跪拜的人叫"塔坦达"。在一个狩猎组中,年纪最大的、德高望重、狩猎经验足的被选为塔坦达。他向白那恰祷告:"咯!白那恰啊,我们是你的子孙,向你磕头呢。求白那恰保佑我们这些人平安吧,牲口没毛病,人也没毛病。求你赐给我们一些野兽吧。我们家中的老人和孩子们都饿着肚子等着我们拿肉回去给他们吃呢。看在老老少少的情分上,赐给我一些野兽充饥吧!"②而后磕头,然后出发狩猎而去。

  大兴安岭南麓的敖包树具有民间信仰的地域性特点,猎民们将白纳恰神树与敖包有机结合,一颗神树下边放置石块,就形成了敖包石碓和白纳恰神树的有机结合,事实上这样的做法并没有遭到反对,而是普遍存在于半农半猎的鄂温克族地区。在布特哈地区五个鄂温克族聚居

---

① 布特哈:满语汉译为打牲即狩猎之意,布特哈八旗是清政府在嫩江流域大兴安岭东南麓地区,以鄂温克、鄂伦春和达斡尔族为主,按照满洲八旗制度建立的军政合一的机构。阿巴:满语汉译为狩猎场或围场。
② 鄂温克族著名民族学者何秀芝老人的个人笔记。收集时间:2016年7月20日,收集地点:鄂伦春自治旗阿里河镇。

的猎民村①,都有敖包树,或是一棵或是几棵,有的是归某个家族所有,有的则是归某个猎民村共同所有,还有一些在山里面的达瓦敖包只有曾经的猎人祭祀,禁猎后采山货的人会零星祭祀。诺敏河流域的杜克塔尔村的鄂温克人的敖包树是一棵白桦,在村西北几公里处。2016年杜克塔尔村所在的杜拉尔民族乡又在村附近新建了敖包,请了牧区达斡尔族萨满来主持祭祀活动,敖包形制与牧区的鄂温克敖包一致,因此很多鄂温克人认为还是敖包树属于自己,新建的敖包是草地②的敖包。阿伦河流域的查巴奇猎民村的敖包树是一棵老榆树,据说是鄂温克人从黑龙江北岸迁到此地后祭祀的敖包树,据此推算该敖包树已近400年。敖包树夏天枝繁叶茂非常粗壮,直径目测可达60公分,敖包树底部早先是堆砌的石头,后当地乡政府在石碓基础上进一步加固,每年祭祀的时候敖包树的树枝上都是各色的布条,以红色为最多。在萨满文化中,篝火是红色、天空是蓝色、大地是黄色、植物是绿色代表着生命,而白色则是纯洁的象征,鄂温克人有崇拜彩虹的传统,彩虹代表着吉祥,是人们对于美好生活的向往,因此敖包树上的各色布条象征着风雨之后的彩虹。

每逢雨水不勤时,鄂温克族人都会举行"敖包"求雨。他们所祭的"敖包"与蒙古族的"敖包"不同,是一棵大树。现在查巴奇村的东北,离村约1华里处有一棵大树,在树枝上挂着红布条,这树就是求雨的"敖包"。传说这棵"敖包"树上有神,过去有个汉人砍了这棵树的枝子,修补了勒勒车,结果这人上山去打柴回来被车压断了骨头。他回来后买了点心、酒等东西祭了这棵树以后才治好了。每逢祭"敖包"时,全村的人拿出一头牛或一头猪来献祭"敖包"。祭完"敖包"后人们互相泼水,特别是对寡妇泼水泼得厉害,他们认为这样龙王爷就会下雨了,③大地就会生机盎然,人们丰衣足食。

---

① 五个猎民村分别为:扎兰屯市萨玛街猎民村、阿荣旗查巴奇猎民村、莫力达瓦达斡尔族自治旗杜克塔尔村、阿荣旗马河猎民村、阿荣旗维古奇猎民村。
② 布特哈地区的鄂温克人称呼伦贝尔草原为"草地"。
③ 《中国少数民族社会历史调查资料丛刊》修订编辑委员会编:《鄂温克族社会历史调查》,北京:民族出版社,2009年,第98页。

图 1-3 维古奇猎民村玛胤敖包树

音河流域的维古奇猎民村是鄂温克族聚居村落,悠久的狩猎生活使得这里的敖包祭祀文化非常浓厚。猎民村现有四棵敖包树,其中历史最悠久的是维古奇敖包山上的玛胤敖包树,已有百年的历史,是当地鄂温克猎人从雅鲁河流域游猎到此地后立祀的,敖包树的树种为黑桦树。维古奇猎民村鄂温克人共祭该敖包树,该敖包树在雅鲁河音河流域的鄂温克人心中非常重要。2016 年瑟宾节①祭祀时参与人数达 300 人。鄂温克人认为西为大,因此敖包树一般都在村的西北。玛胤敖包树早期没有石碓,2016 年瑟宾节维古奇猎民村的额格都·杜拉尔家族成员出资修缮敖包,在敖包树下堆立了石头,修建了供祭祀人员行走的栈道,并且在敖包山下新立了带有简介的木制敖包碑。

《鄂温克地名考》一书中,有关于维古奇猎民村玛胤敖包树祭祀的记载:"维古奇敖包位于村西北的山头之上,敖包是以一颗百年老桦树的根为基,堆积石块而立。'敖包'鄂温克语是堆积之意。鄂温克人的敖包是以一棵大树为中心,堆积石块而成。鄂温克族过去每个氏族都有自己的敖包。干旱年头,鄂温克人要举行敖包求雨。每逢祭敖包时,全村人拿出一头牛或一只羊来献祭敖包,称作'敖包塔黑仁'(ɔpə tʰaxirən)。举行'敖包塔黑仁'仪式时,人们要在敖包树上挂上红布条,

---

① 瑟宾节,瑟宾:鄂温克语娱乐之意。每年的阳历 6 月 18 日是鄂温克族的瑟宾节。

参加祭祀仪式的每个人都要往敖包上添几块石头,以示崇敬之意。在祭祀之前,在敖包树下正南方向置一木桌,把献祭宰杀的牛头或猪头煮熟后,与烟、酒、果品等摆放在供桌上供奉神灵。而后由氏族或村中德高望重的长者主持祭祀仪式进行祈祷。祭完敖包后人们互相泼水,特别是给寡妇泼得厉害,认为这样龙王爷高兴就会下雨。"①鄂温克族祭敖包时互相泼水的习俗与云南少数民族的泼水节内容也非常相似。

关于敖包的记载中,早期的敖包都是石碓和放置木头,这是敖包非常古老的形制,《绥远通志稿》中记载:"所谓鄂博者,即垒碎石或杂柴,牛马骨为堆,位于山岭或大道。蒙俗即以为神所忌,敬之甚虔。如遇疾病,祈福有事,辄为鄂博是求,寻常旅行,每过其侧,亦必跪祷,且垒石其上而去。"②大兴安岭林区的敖包与上述史料描写完全一致。音河流域的鄂温克人在 2003 年之前一直以狩猎为主,在猎民村西北的博克图大岭上也有敖包,当地鄂温克猎人称为博克特敖包(博克特 pʊktʰ,鄂温克语"孤山")。该敖包清朝时期就有了,是猎人和采集山货人供奉的敖包,因山路位于大岭上,因此是往返骑马赶勒勒车的人必须经过的地方,所以敖包是石头和树木堆砌起来的。因为禁猎和封山育林,现在已经很少有人祭祀该敖包了。

功能学派认为人类社会中宗教活动和行为规范,都是具有一定社会功能的。博克特达瓦敖包,在鄂温克猎人的心里也是具有保佑狩猎平安、祈求采摘丰收的功能的。当地人对于山神的敬畏与崇拜,是敖包本身满足人类精神需求的价值所在。维古奇的鄂温克人属于雅鲁流域的鄂温克人,该流域有几大姓氏,如杜拉尔、达特、何音、柯尔特伊尔、依格吉尔、哈赫尔、布勒吉尔、白依尔等姓氏,其中维古奇猎民村杜拉尔家族就有自己的黑桦树树种的敖包树,位于该村西北部特格德猎民夏营地,当地称为山垴农牧场。

(三)仙登敖包

仙登:鄂温克语萨满陵墓之意,仙登敖包(ɕentəŋ ɔpɔ),即萨满敖包。仙登敖包主要存在于鄂温克族自治旗境内,少部分在陈巴尔虎旗

---

① 内蒙古自治区鄂温克族研究会、黑龙江省鄂温克族研究会编:《鄂温克地名考》,北京:民族出版社,2007 年,第 304 页。
② 王挺栋、李可达:《绥远通志稿》,呼和浩特:内蒙古人民出版社,2007 年,第 181 页。

境内，大兴安岭地区的鄂温克族并没有仙登敖包的存在。2016 年至 2018 年，笔者实地调查参与了鄂温克族自治旗 10 座鄂温克族仙登敖包的祭祀活动。据内蒙古鄂温克族研究会统计，鄂温克族自治旗鄂温克人的敖包有 100 多座，哈拉敖包、罗赛敖包和仙登敖包占多数，其余为嘎查和苏木敖包。

鄂温克族自治旗很多地名都与萨满敖包有关，如辉苏木完工陶海嘎查有个地名为萨满加格达，汉译为萨满樟子松林的意思。还有地名为仙登乃，萨满陵墓和萨满吉勒嘎萨满山谷的地名。地名是人类活动的遗迹体现，同时也证明这里的萨满文化曾经非常的活跃。国内外研究敖包文化的学者，大多认为敖包祭祀产生于坟冢的崇拜，例如，鄂温克族在萨满去世后，会在一定时间内专门在其安葬的地方，设立敖包以供后人祭拜。仙登敖包的形制与普通敖包一致，结构都是石碓和柳条相结合的。柳条枝系绑各色哈达。敖包前左右为两个旗杆，旗杆以内为敖包领地，妇女不得进入。当然索伦鄂温克一些家族的仙登不全是石头堆，比如伊敏地区柯尔特伊尔家族的莫吉格仙登就是一座樟子松的棺木，去世的萨满在棺木中，这种棺木形制的仙登在伊敏地区有分布。在鄂温克族自治旗辉苏木很多仙登的形制则是上文提到的石碓。因为采取的丧葬方式不同而产生不同的形制，石碓形制的仙登，主要是因为萨满采用了风葬，所以待萨满遗骨风干后，在原有的地方将遗骨拾起来放进红布包裹好，在原地挖坑放入，然后再用熏洁后的石头盖好，下文仙登敖包立祀仪式个案中会有详细介绍。

鄂温克族每个家族的萨满敖包基本上是在指定的区域内，萨满去世后，萨满敖包基本选址在已故老萨满的敖包附近，或者家族活动的区域内。萨满敖包所在区域被认为是神圣不可侵犯的，不得随意进入，即使外人对萨满敖包附近的牧场享有国家承认的草场许可，也不得随意进入敖包领地内。游牧社会的约定俗成和对于萨满的禁忌始终左右着鄂温克人的宗教心理。有人说仙登祭祀是祖先崇拜的遗俗之一，是因为游牧鄂温克人认为本家族的萨满去世后，法力会比活着的时候更加厉害，因此必须在其去世后，按照已故萨满遗嘱，在指定地点立祀萨满敖包。否则萨满作为祖先会怪罪家族的子孙后代的。而祭祀仙登及仙登敖包要按照固定的程序和指定的萨满或者家族的男性老人来执行,要严格遵守敖包的各项禁忌,这样才能保佑萨满家族的子孙后代繁衍兴盛。

(四)哈拉音敖包

鄂温克族姓氏很多,清朝在鄂温克族地区没有建立八旗制度之前,姓氏是鄂温克氏族社会的基本结构。索伦鄂温克语称姓氏为哈拉,姓氏下边还有分支,而这种分支系在鄂温克语中称为莫洪。布特哈八旗建立后,要求索伦鄂温克人不同姓氏之间不能混居,所以很长时间内是单独姓氏居住在一个地区,因此很多地名是以鄂温克族姓氏命名的,如杜拉尔鄂温克民族乡是以杜拉尔姓氏命名的,阿荣旗那克塔镇,就是以鄂温克族那克塔氏命名的地名。这种居住格局直到八旗解体后,才被打破。在这种影响下,游牧社会的鄂温克人的每个家族都有自己的萨满敖包和共同的游牧地,例如,辉苏木哈克木敖包就是由额格都·何音家族主持祭祀,海日汗敖包则是辉苏木杜拉尔·雅勒哈万家族主持祭祀,这样的情况在鄂温克族中非常普遍,因此说家族敖包既是每个家族的祖先神,也是维护家族成员内部团结的重要桥梁,更是鄂温克族独特的姓氏宗族文化的体现。

20世纪60年代之前,游牧鄂温克人的家族敖包是由家族长和家族萨满来祭祀的。祭祀的主持人每年都会更换,在家族的男性长辈中产生。祭祀日期选择在农历的五月份前后,与祭祀相关的费用由家族的成员分担,主要是家族内部的小家庭依据各自的经济能力来分担,都是自愿的。祭祀敖包期间会举行摔跤、骑马、射箭等比赛。像杜拉尔、涂格顿等大的氏族内部有很多哈拉音敖包以及哈拉分支莫洪敖包。如杜拉尔哈拉下边有8个分支莫洪,据统计其中鄂温克族自治旗杜拉尔哈拉的雅勒哈瓦莫洪的所属敖包就有6座,当地人还会称这些敖包为哈拉音敖包而不是莫洪敖包,原因是很多人认为自己分支的人口变多了后,自然可以称为单独的哈拉了。在鄂温克族社会中,无论是什么敖包,人们都会选择风水较好的地方,哈拉音敖包也不例外。都是依山傍水选择高地安建,具体地点由家族的萨满选定。"文革"后,因大部分萨满去世,因此家族敖包祭祀都由男性家族成员主持,喇嘛也会参与家族敖包的祭祀活动。在游牧鄂温克人的社会中，家族敖包是维护家族团结、强化氏族观念、平衡社会关系的重要纽带，是鄂温克族社会中重要的精神支柱。

图1-4　1938年查干陶勒盖敖包（海日汗敖包）①

（五）罗赛敖包

人类历史上一直有祭河的传统，尤其在初民社会有河神、水神、泉水神、温泉神，甚至还有井水神，大到黄河长江、埃及的尼罗河、伊拉克的幼发拉底河、印度的恒河、东南亚的湄公河，小到农耕社会各种河在古代都是被神化的，以至于在古老的祭河活动中出现过人祭。关于河水的禁忌也是纷繁多样，如13世纪的成吉思汗时代蒙古大扎撒（法律）上明确规定不允许在河水里洗衣服，这都是游牧民对于滋养草原河水的敬畏之心而产生的禁忌，甚至上升到法律层面去约束众人。

在呼伦贝尔地区很早就有祭祀河神、湖神为主的罗赛敖包的记载，其中以官方祭祀的为最多。主要是1912年至1931年期间呼伦贝尔副

---

① 上牧瀬三郎：《索伦族的社会》（日文版），株式会社生活社，1940年，第1—6页。

都统衙门来主持呼伦和贝尔两湖的祭祀仪式。祭祀呼伦湖时,请新巴尔虎左旗甘珠尔庙的喇嘛提前一周绕呼伦湖一周念诵甘珠尔经,祭祀呼伦湖附近的哈布查盖图敖包,摆立供桌供品,并规定呼伦贝尔都统下属内八旗索伦与外八旗新巴尔虎八旗的供品数量。当时的祭祀词由官员草拟,文笔押韵且很具有文学性:"呼伦和贝尔两个达赉(大湖)地处于我属地中央,汇集了许多河流和吉祥荣贵,波浪滔滔,无边无际,云雾缭绕。我们八旗民众备受江湖之神灵的保佑而家家户户富裕殷实,人人过着快乐的日子。谨趁这次祭祀,大家同心祈祷,愿崇拜的山水之神今后更加保佑我们年年风调雨顺,解除灾害,赐予我们幸福和美满的生活。"[1]1930年农历六月初三,呼伦贝尔都统衙门还祭祀了贝尔湖,各旗代表依例参加,都统衙门发文对祭祀所需物品准备缺项而影响祭祀活动的将受到严惩。虽然两湖祭祀为官祭行为,但是民间祭祀罗赛敖包活动大多为萨满主持,但官祭罗赛敖包时则为喇嘛,可以说明喇嘛在呼伦贝尔地区的宗教活动是得到官方认可的。

内蒙古莫力达瓦达斡尔族自治旗的达斡尔族早先都有祭祀河神的传承,村里的德高望重的老年女性带一只公鸡到附近的大河边,先将鸡杀死,将带毛的鸡皮挂在插好的三角架上,待鸡肉煮熟后,由主祭人致祭词,祈求降雨除旱,然后参加者共餐鸡肉,并持水桶或脸盆互相泼水,以求降雨,相同的仪式在同属当地的鄂温克族中也有存在。

所谓一方水土养育一方人,从事狩猎和游牧的鄂温克人大多居住在河流附近,所以鄂温克人的部落大多以河流为单位划分。一条河流居住的人就是一个部落,从语言学角度来说,一条河流一种方言是纵向流动扩展的。对于游牧人来说河流如同草原一般是自己的衣食父母。因此才有游牧民逐水草而居的习惯。鄂温克人居住的地区属于温带大陆性气候,属于半湿润半干旱地带,因此雨水不好就会干旱,所以水对于牧民和牲畜来说是生命之源。牧民能否丰收,能否牛羊肥壮,大多取决于自然的雨水。因此不论是鄂温克族的牧民还是农民对于水的崇拜

---

[1] 朝·都古尔扎布主编:《额尔钦巴图生平》,海拉尔:内蒙古文化出版社,2005年,第170页。

敬畏也会体现在敖包祭祀文化上。

罗赛敖包蒙古语汉译为龙王敖包,大兴安岭地区的鄂温克人将罗赛敖包称为沐渡日敖包。罗赛敖包是主管雨水的敖包,每个鄂温克族聚居区都有罗赛敖包,基本每个鄂温克族的氏族都有自己的罗赛敖包。草原牧民的生活与自然雨水存在着某种因果关系,雨水好,牛羊繁衍,游牧人就会有稳定的食物来源和剩余价值,为了使这种依附关系得以稳定延续,牧民们就会祈求龙神保佑草原风调雨顺。通常罗赛敖包祭祀日期为农历的五月初五,即端午节。虽然罗赛敖包与其他敖包形制无异,但祭祀仪式却有很多独特性。

(六) 将军敖包

清朝前期,鄂温克族作为狩猎民族精于骑射,骁勇善战,因而被编入布特哈八旗和索伦八旗,清朝近三百年的时间,鄂温克族南征北战,戍边新疆,屯垦伊犁建立索伦营。先后涌现了博穆博果尔、博尔本察、海兰察、卜奎、穆图善、富登阿、明兴、沙晋等名将,获得巴图鲁称号的索伦勇士更是不计其数。鄂温克族是一个崇拜英雄的民族,某个家族涌现了英雄后代都会为其歌功颂德,为了纪念自己英雄祖先的战功和功德而设立敖包以示纪念。

同样鄂尔多斯地区的蒙古族有祭祀将军敖包的传统,陕西省榆林市北部的"真金敖包相传是木华黎之墓"[①]。木华黎作为蒙古名将为成吉思汗立下了汗马功劳,所以木华黎将军的后代部族为其立祀了敖包,据说京肯敖包就是木华黎的将军敖包。清朝时期达斡尔族文学家敖拉·昌兴在奉命巡查边界时也提及过中俄边界上的将军敖包,可见将军敖包不是鄂温克族独有的敖包类型。

鄂温克族自治旗存有将军敖包四座。一、贺普列将军敖包位于伊敏苏木,现由伊敏苏木额格都·杜拉尔家族祭祀。

> 传说将军敖包的主人为贺普列将军,1759年出生于伊敏河畔,额都格杜拉尔氏人,1778年从军,征战南北,身先士卒,

---

① 鲍音:《敖包述略·北方民族文化》,《昭乌达蒙族师专学报》,1991年增刊。

图 1-5 贺普列将军敖包①

立下赫赫战功。1799 年因重伤由 400 名清兵护送从新疆返回伊敏家乡。同年因伤势过重而去世，享年 40 岁。1799 年皇帝特使巴勒登道日基活佛到呼伦贝尔巴尔虎两翼巡视，从东、西巴尔虎返回途中在完工托海路经辉河口，搭建帐篷休息一夜，后沿辉河巡视至伊敏，听到贺普列的英雄业绩，责令时任索伦正红旗佐领斯日切布（额都格·杜拉尔氏人）牵头，于 1801 年修建了纪念鄂温克族英雄的贺普列敖包。②

该敖包位于伊敏苏木毕鲁图嘎查南端，水草丰美、风景秀丽的伊敏河右岸。在绿草青青地势较高的河畔上，用石头垒起的敖包上面，竖立着枝叶繁茂的绿树，树枝上挂满了象征着吉祥、虔诚、崇敬的五颜六色的哈达。人们怀着崇敬的心情，每年都来这里祭拜敖包，以示永远缅怀英雄祖先的丰功伟绩和人们祈求四季平安幸福安康的美好愿望。据了解当地鄂温克人将章京和将军在鄂温克语里很容易叫混淆，所以有些章京敖包也被后人称为将军敖包。二、麻仁布敖包又称卓德仁敖包，位

---

① 拍摄人：乌日乌特；拍摄时间：2018 年 7 月 2 日；拍摄地点：鄂温克族自治旗伊敏苏木毕鲁图嘎查。
② 材料来源：鄂温克族自治旗文联主席苏伦高娃提供，提供人为将军敖包祭祀家族成员。

于鄂温克族自治旗辉苏木,具有一百多年历史了。三、哲斡敖包在巴彦托海镇附近的西博山上,现已无人祭祀。四、高依仁高斯敖包,这是清时期兑希尼佐领立祀的敖包,有一百多年历史了。

(七) 嘎查敖包

嘎查:蒙古语汉译为村,鄂温克语村为乌力楞或嘎辛,嘎查敖包即村敖包。新中国成立后延续之前的政治传统,尊重民族区域自治,在内蒙古自治区范围内保留了原有的盟旗制度,因此在牧区的村庄都称为嘎查。在没有划分草场之前游牧社会因为生产方式流动性大等因素,社会关系比较松散。90 年代牧区划分草场后,牧民从游牧改为定居轮牧,嘎查这一村民基层自治组织作用瞬间凸显。早期的嘎查敖包牧民因为游牧而参与度不高,定居后参与嘎查敖包祭祀的越来越多,嘎查范围的草场属于集体所有,为了祈祷风调雨顺,村民自发去祭祀共同的嘎查敖包,以提升嘎查村民内部的身份认同,加强内部团结。近些年在牧区,嘎查之间草场纠纷越来越多,从社区研究的角度看越来越多人通过嘎查敖包的祭祀去解决草场纠纷,某种情况下是一致对外。所以嘎查敖包的祭祀活动,对于呼伦贝尔游牧社会的重要性不亚于氏族敖包。因地域的不同,有些地方的嘎查敖包只归属一个嘎查所有;有的嘎查因人口增多,而划分出新的嘎查;因为家族血缘关系或者姻亲关系的原因,存在着三个嘎查共同祭祀一个敖包的情况。

鄂温克族自治旗最为著名的嘎查敖包为呼迪日敖包,位于伊敏苏木南约 40 公里,在红花尔基镇西 6 公里处。呼迪日(xʊtir:),鄂温克语,碱泡子敖包之意,因敖包两侧各有一个碱泡子而得名。传说,这两湖之间常有一匹绿色马出没,被认为是匹宝马、神马,清时期海拉尔福盛公一位汉人用石头砌成一个大院捕捉这匹绿马,但始终未能成功。这里被称作是风水宝地,所以清代索伦右翼正红旗杜鲁基尔·额格都古·杜拉尔氏族竖立敖包供奉祭祀,至今已有两百多年。因人口不断增多,原属于红花尔基嘎查,分出的吉登猎民嘎查,附近的毕鲁图嘎查也参与祭祀,因此三个嘎查共同祭祀该敖包,原由萨满主持祭祀,现在为喇嘛主持祭祀。参加人数众多,均为鄂温克族。

图 1-6 1931 年的呼迪日敖包①

图 1-7 嘎查敖包·呼迪日敖包祭祀仪式②

(八) 达瓦音敖包

达瓦音敖包,达瓦(tawajin ɔpɔ),鄂温克语,汉译为山岭敖包,主要是过去鄂温克族猎民牧民尤其是搞运输的商人在山势高大陡峭的山岭上修建的敖包,这种敖包主要是为了保护往返经过的人和车马的安全。时至今日在鄂温克族聚居和必经的山岭上都还有达瓦敖包的存在。比较出名的位于呼伦贝尔市博克图镇北的博克图达瓦敖包,是当年布特

---

① 拍摄人:林格伦;拍摄时间:1931 年;拍摄地点:鄂温克族自治旗伊敏苏木红花尔基嘎查。
② 拍摄人:黎霞;拍摄时间:2018 年 6 月;拍摄地点:鄂温克族自治旗伊敏苏木红花尔基嘎查。

哈地区鄂温克族猎民前往甘珠尔庙会交换商品的必经之路,敖包具体立祀时间已无从考证。虽然交通工具由马车变为汽车,但人们每次路过敖包都会自觉地去敬献酒、肉、牛奶和添置石块。莫力达瓦达斡尔族自治旗杜拉尔鄂温克民族乡与阿荣旗得力其尔鄂温克民族乡两乡之间的大岭上有一座达瓦音敖包,当地称为"阿萨勒"敖包。① 阿萨勒鄂温克语为"妇女",传说大岭上有一个妇女在此搭建斜仁柱居住,后来路过的鄂温克猎民称此敖包为阿萨勒达瓦音敖包。阿萨勒敖包底下石头上面全是树木,都是当地的猎民和采野菜木耳蘑菇的人放置的。每年都会有人用公鸡祭拜该敖包。

在牧区也有一个比较出名的敖包,名为贺力嘎森敖包,"贺力嘎森"是鄂温克语,是"马鬃、牛尾等的粗长毛"的统称。位于鄂温克族自治旗巴彦嵯岗苏木扎格达木丹嘎查附近的山丘上,贺力嘎森敖包属非祭祀性质的独座圆堆形敖包。贺力嘎森敖包材质是石头敖包,由于敖包设立的路段坡度较陡,上下难行,赶集往来的牧民拔下一撮马鬃牛尾,系在敖包树上,以此来求得山神保佑、旅途安全。

图 1-8 博克图达瓦音敖包(祭祀人维古奇猎民杜伟军)②

---

① 讲述人:敖志远;讲述时间:2019 年 3 月 7 日;讲述地点:北京市中央民族大学。
② 拍摄人:乌日乌特;拍摄时间:2012 年 8 月;拍摄地点:内蒙古牙克石市博克图大岭。

贺力嘎森敖包始建于民国初期,没有固定的祭祀人员、祭祀方式。敖包禁止大声喧哗及污染。贺力嘎森敖包的建立与当时的经济社会发展息息相关,受客观条件限制,清朝至民国初期,从大兴安岭布特哈地区来往甘珠尔庙会的运输主要使用牛、马车,道路条件和自然环境直接影响运输进度,因此,来往运输者堆砌敖包祈求平安。1953年受到历史因素影响,敖包中断祭祀,随着时代的变迁,牛、马车逐渐退出历史舞台,贺力嘎森敖包失去原有意义,再未恢复祭祀,偶尔冬季来回转场的牧民们路过时还会停车下马,来敖包前洒酒献奶祭祀。

(九)阿日昌敖包

阿日昌敖包(arʹtɕʰan ɔpə),水是生命之源,所谓靠山祭山、靠水祭水,鄂温克族狩猎游牧的生计方式决定了他们对于土地及大自然的依赖性,森林和草原对于依靠自然而获取生产资料的鄂温克人来说便是衣食父母。人类没有理由不去敬畏自然,以至于在人类社会的各个阶段,都有很多与河流水源泉水有关的禁忌。人类的古埃及文明、两河文明、印度文明、华夏文明无一不是因水因河流而起源,人们认为河流是生生不息的,永无停止的,河流可以灌溉农田解决人畜饮水,孕育生命,当它泛滥发洪水时,人类就会认为是河神或者某种与之有关的神灵的惩罚。

关于河流的古代神话比比皆是,在出现灾难时,受害的人们往往会将自身群体的行为与河流自然现象联系起来,并且通过某种方式来完成对于河流和水神的娱神仪式。而后吸取经验的人们很容易创造出一些神话或者故事以达到某种目的。鄂温克族信仰万物有灵,关于水的敖包除了罗赛敖包外,还有泉水敖包,如阿日昌敖包。阿日昌(arʹtɕʰan)是有药效的泉水、温泉之意。喝泉水可以治病健体,因此鄂温克人认为泉水是有灵气的,源于大地的精华,可以去除人间污秽,是大自然给予人的灵丹妙药。鄂温克族中最有代表性的阿日昌敖包是维纳阿日昌敖包。在鄂温克族自治旗维纳河林场冷泉附近,紧靠万能泉西北侧小土包上,传说曾长有一棵榆树,在树根下洞穴群中栖居着许多小蛇虫,无毒而能治各种皮肤病,群众十分信仰崇拜,并当作敖包来供

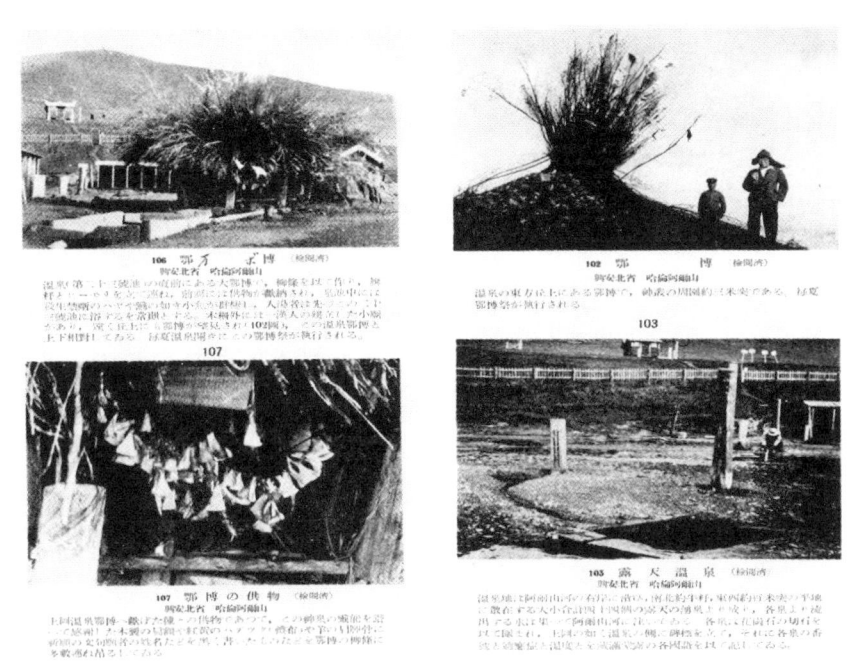

图1-9　当时由索伦八旗与新巴尔虎镶蓝旗共同祭祀的哈伦阿尔善（阿尔山温泉）①

奉祭祀，称其为阿日昌敖包，含有圣泉敖包之意。在"文化大革命"中，造反派破四旧、立四新，把树砍掉，把蛇都杀尽灭绝。"文化大革命"之后，鄂温克族信众们自发地在龙图赫山上，竖立了敖包供奉祭祀，复称其为阿日昌敖包。

（十）塔日干敖包

塔日干敖包，鄂温克语塔日干（$t^harkan\ ɔpɔ$）汉译为农田或庄稼。在鄂温克族自治旗有一处敖包为塔日干敖包。位于扎格德木丹村东北，扎格德木丹河东侧。鄂温克语，庄稼敖包之意。村民曾在此种糜子，为了年年获得丰收，牧民们在此竖立了敖包以祭祀供奉。传说1732年索伦鄂温克人从布特哈地区来到呼伦贝尔草原，首先停留在鄂温克族自治旗巴彦查岗苏木的扎如木台屯牧守边。为了解决口粮问题，清政府曾经派人在该地区开荒种地，甚至还安排新疆伊犁地区的维

---

① 赤松智城、秋叶隆：《满蒙の民族と宗教》，东京：大阪屋号书店，1941年，附图第103—107页。

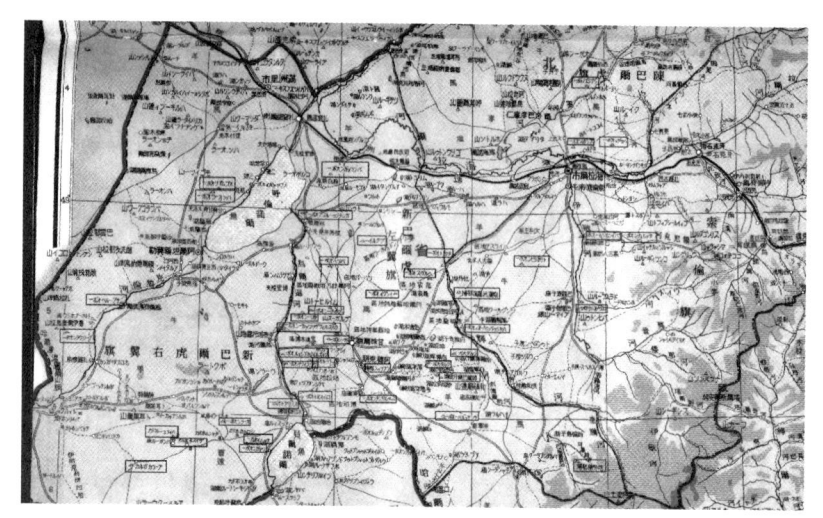

图1-10 框内为日伪时期的索伦旗周边(鄂温克族自治旗)地图中的敖包

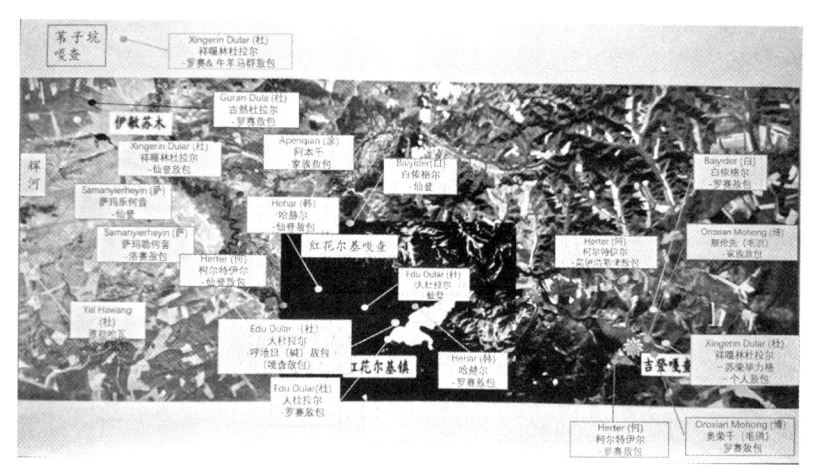

图1-11 鄂温克族自治旗伊敏苏木部分鄂温克族敖包分布图①

吾尔族塔兰奇人来教授种地。由于呼伦贝尔地区属于高寒地区,加之当地的鄂温克人不谙农事,仍以牧业为主,农业生产基本停滞至今,因此塔日干敖包也少有祭祀,偶有当地的鄂温克族和达斡尔族老人去祭祀。其实在呼伦贝尔大兴安岭南麓地区适宜农业生产,黑土地为主的

---

① 图片制作人:洪翌宁;提供时间,2017年6月。

松嫩平原是北大仓里的大粮仓,当地的鄂温克族向兄弟民族达斡尔族学习了农业生产。嫩江边的鄂温克人清末民初就已经开始农业生产了,所以当地的敖包,除了祈祷狩猎丰收外,主要是求雨祈祷风调雨顺,也具有塔日干敖包的性质。但是布特哈地区并没有专门掌祀农业的塔日干敖包。

二、官祭敖包

官祭敖包顾名思义,是指由某一行政区域内的官方主导、出资、组织、主祭的敖包,它具有行政性质且历史久远,官祭敖包的类型囊括了旗敖包、安本敖包、盟敖包、苏木敖包、梅英敖包等。现有的资料并不能查到有关鄂温克族官祭敖包祭祀最早起于何时,到目前为止缺乏相关的定论。但翻看清朝史料可以得知,鄂温克人的官祭敖包是起始于从黑龙江北岸南迁大兴安岭嫩江,按满洲制建立布特哈八旗以后产生的。同鄂温克族有关最早的官祭敖包是位于莫力达瓦达斡尔族自治旗的原清时期布特哈八旗总管衙门的敖包,1691年建立。另一座官祭敖包便是鄂温克族自治旗巴彦呼硕敖包,1734年建立。最后一座便是位于陈巴尔虎旗的安本敖包,曾经对游牧鄂温克人具有非常重要的意义,如今是牧业四旗共祭。后两座敖包都是索伦鄂温克人从布特哈地区戍边到呼伦贝尔后所建的。官祭敖包与鄂温克族的迁徙戍边历史息息相关,可以说是鄂温克族历史的见证者。

(一) 苏木敖包

鄂温克族自从进入呼伦贝尔草原后,清时期的八旗制度一直延续到清末民初,当时索伦八旗中各旗都有旗敖包,八旗解体盟旗制度自然顺延,很多旗敖包变成了苏木敖包被延续下来。基本上每一个鄂温克族为主体的苏木都有苏木敖包,呼伦贝尔牧区的巴尔虎蒙古族、达斡尔族也不例外都有自己的苏木敖包,尤其是新巴尔虎两旗为最多。很多苏木敖包年代非常久远,清末民初很多苏木敖包由八旗官府主祭,现在的苏木敖包也是政府负责和主持祭祀。早期鄂温克族的苏木敖包都请萨满来主持祭祀活动,由于喇嘛教在呼伦贝尔草原的兴起,得到清政府的大力推介,因此作为官祭敖包的苏木敖包也大多由喇嘛主持祭祀了。

现在的各鄂温克族苏木的敖包都由喇嘛来主持祭祀,只有陈巴尔虎旗的敖包是由萨满和喇嘛先后主持祭祀的,莫力达瓦达斡尔族自治旗杜拉尔鄂温克民族乡的乡敖包则是萨满来祭祀。随着国家宗教政策的改革,敖包祭祀活动已经成为各地鄂温克苏木重要的民俗活动了,牧民们都会来苏木敖包祭祀,以祈求国泰民安、风调雨顺、农牧业丰收。

(二)胡硕敖包

胡硕敖包。胡硕(xɔɕʊ),蒙古语对于旗县行政单位的称呼,"旗",鄂温克语借助满语称为古斯(kʊs)。胡硕敖包顾名思义就是旗敖包之意,属于旗县级的官祭敖包。如现在的布特哈八旗总管敖包和巴彦呼硕敖包都是旗祭敖包。斗转星移,随着时间推延,索伦八旗解体,鄂温克族自治旗的成立,使得原属索伦八旗的左翼达斯贡敖包和右翼哲布勒敖包的祭祀情况发生了根本变化,右翼的官祭敖包只剩下巴彦呼硕敖包。布特哈八旗总管衙门敖包也变成了莫力达瓦达斡尔族自治旗的旗敖包,性质与之前完全变了。

巴彦呼硕敖包是鄂温克族自治旗的旗敖包,风雨沧桑近300年,巴彦呼硕敖包的香火依然不断,敖包也比原来的大了很多。巴彦呼硕敖包还沿袭着传统敖包修建的形式修建,1个主敖包纯铜黄顶,12个子敖包,当地石材供桌,无不透出古老的敖包祭祀文化。距敖包山南侧500米处,光远寺建于清乾隆四十九年(公元1784年),1792年供奉达赖喇嘛袈裟,清嘉庆七年(公元1802年)嘉庆皇帝赐名"光远寺",毁于1917年战乱。[①]

另一个具有旗敖包性质的是额格都·奥荣敖包,位于鄂温克族自治旗境内。据说,在春夏阳光明媚时,登额格都·奥荣山上望去,西能看到新巴尔虎右旗宝格德乌拉山,东能见到锡尼河地区巴音罕乌拉山,因此被认为是风水极好的神圣之山。因此,索伦右翼正黄旗第一佐杜拉尔·雅勒哈瓦氏在山上竖立敖包供奉祭祀。实际上从清代开始,索伦右翼正黄、正红二旗,东西两辉和伊敏三苏木都共同祭祀该敖包。清

[①] 齐全主编:《鄂温克族自治旗非物质文化遗产名录》,海拉尔:内蒙古文化出版社,2014年,第195页。

图 1-12 巴彦呼硕敖包①

末民初八旗解体现在由杜拉尔·雅勒哈瓦氏族供奉。

达斯宏古斯敖包,位于鄂温克族自治旗巴彦托海镇马蹄坑嘎查东北侧山顶,海拔 900 米。早期的敖包组合数量为九座,现在为十三座,早期的祭祀为萨满,现今每年不一,有时请喇嘛,有时请萨满主持祭祀。早期的祭祀类型为酒祭、奶祭,现在为酒祭,参加者为政府官员和牧民。早期除了男儿三艺的那达慕外还会有牲畜交易的集市,如今集市早已不在,但那达慕还会举行。

清雍正十年(公元 1732 年),达斯宏(tashoo):满语左翼,古斯(kus):满语行政名称"旗"的意思。索伦左翼旗(胡吉尔托海即现今"巴彦托海",莫和尔图,特尼河苏木)鄂温克、达斡尔、陈巴尔虎旗民,驻防呼伦贝尔后,为祈求风调雨顺、五畜兴旺、国泰民安,选此风水宝地,于嘉庆八年(公元 1803 年)农历五月初十建立本达斯宏卦斯敖包,故每年五月初十祭祀,当地人世代祭祀。早期禁忌主要是不允许妇女参加,现在不是那么严格了。1938 年侵华日军在敖包周围建立军事设施后,祭祀活动被迫中断。60 年后,1998 年在巴彦托海镇、巴彦塔拉达斡尔

---

① 拍摄人:乌日乌特;拍摄时间:2018 年 6 月 18 日;拍摄地点:鄂温克族自治旗巴彦呼硕敖包。

民族乡、巴彦嵯岗苏木人民政府和鄂温克族、达斡尔族牧民的共同努力下,于当年的农历五月初十恢复祭祀。祭文中写道:为弘扬民族传统美德,发扬优秀文化遗产,继承先辈们奋斗不止、自强不息的民族精神,特立碑明鉴,与山河共存、日月同辉。愿各族人民的生活平安幸福,事业繁荣昌盛。早期祭祀组织者为贡格布,现在祭祀人为达斡尔族牧民那木扎布、明子、安德拉等人。

图 1-13 布特哈八旗总管衙门敖包①

鄂温克族官祭敖包除了以上,还有布特哈八旗总管衙门敖包位于莫力达瓦达斡尔族自治旗所在地尼尔基镇北山,高度约 2 米,周长近 10 米,为"清康熙三十年(1691 年)设布特哈总管衙门后设立的官祭敖包,也称为总管衙门敖包",为鄂温克、达斡尔、鄂伦春族共祭的官祭敖包。清末民初八旗解体后再无祭祀,20 世纪 1978 年开始恢复祭祀,2001 年因尼尔基水利枢纽将莫力达瓦旗敖包与布特哈总管衙门敖包合并,并举行了敖包迁址祭祀仪式。早期的祭敖包,"公祭之制,向由总管、副管均祭。总管祭者曰衙门敖包,在宜卧奇后屯之北约五里许山顶之敖包。副管祭者曰旗敖包,在尼尔基屯东山头之敖包。其祭制仍用

---

① 拍摄人:敖志远;拍摄时间:2016 年 8 月;拍摄地点:莫力达瓦达斡尔族自治旗民族园。

牛、猪、羊等牲，每年春秋两季祭祀之。祭时总管率领官兵全体进场烧香，读祝文。内容以天地、山川、神祇为主，所祷之词与民祭同……，其秋季祭则感谢神灵之保佑、风调雨顺、五谷丰登、人畜平安，仍祈加惠施恩，免除一切灾害为主要祭词，祷肉署内分配。旗敖包的祭法与衙门敖包同。公祭有游艺会举行射箭、赛马、角力或舞蹈等活动。"[1]以上描述中可以得知当时的官祭敖包祭祀场面还是很隆重的。在鄂温克族自治旗巴彦查岗苏木阿拉坦敖希特嘎查境内，位于海拉尔区哈克乡西南约5公里处，也有一个曾经的官祭敖包——古斯尼敖包，即旗敖包。1949年之前祭祀，"文革"期间终止，现今偶尔有鄂温克人去祭祀。总之在鄂温克族群众心中最重要的旗敖包为巴彦呼硕敖包，其次为布特哈总管衙门敖包。

（三）安本敖包

安本敖包，安本（ampən）满语鄂温克语大臣、引申为都统之意即都统衙门敖包。清雍正年间，索伦八旗兵丁驻守呼伦贝尔不久，在呼伦贝尔城即现在海拉尔区北3公里海拉尔河与伊敏河交汇处，原呼伦贝尔索伦八旗左右翼政府旗民公祭敖包，现在也是呼伦贝尔牧业四期每年轮流祭祀的敖包。据记载清伊始至民国安本敖包，每年都由呼伦贝尔副都统亲自主持祭祀仪式。

关于安本敖包的祭祀过程在《呼伦贝尔志略》中有较为详细的提及："在海拉尔河北山上，每三年举行大祭（即为挑缺年期）一次……，次日由副都统率属向鄂博行跪拜礼，喇嘛排立案侧，诵吹如前，众官依次席地坐，以器贮肉与饭，双手举器，绕过额者数次，而后啖之，一若受神俊者然。"[2]1919年陈巴尔虎旗从索伦八旗独立出来成为单独一旗的时候，用八十一匹成年马又说是六十八匹白马将安本敖包换为本旗可单独祭祀。1923年安本敖包除了属于呼伦贝尔副都统衙门外，还确切地成为了陈巴尔虎旗的旗敖包，陈巴尔虎人称安本敖包为图布乌力吉图敖包。当然，鄂温克族、达斡尔族、鄂伦春族、新巴尔虎蒙古人、额鲁特蒙古人都祭祀该敖包。

---

[1] 达斡尔资料集编委会、全国少数民族古籍整理研究会编：《达斡尔资料集》第二集，北京：民族出版社，1998年，第228页。
[2] 程廷恒、张家璠编纂：《呼伦贝尔志略》，海拉尔：内蒙古文化出版社，2003年，第213页。

敖包，或鄂博，在蒙古语里是"堆子"的意思。到蒙古地区，在稍微能够眺望很远的地方，大都堆起石块或土，并在上面插上柳树的枝，那就是敖包。敖包通常呈金字塔型、由小石块堆积而成，但根据地方不同，有的在土堆上插枯枝，最近有的也使用砖。要成为一个大型敖包的话，一圈有十三个敖包，中央的大敖包由十二个小敖包围绕。

据说敖包起源于蒙古人的自然崇拜，各部落大都有一个敖包。这相当于我国的镇守神社，蒙古人对此非常敬畏。而且，敖包作为草原的灯塔也是游子的标记，同时也是各部落间的分界线。在一望无际的蒙古原野间远行的旅人沿着一个敖包走向另一个敖包，骑马经过敖包附近的旅人一定会下马，向着敖包祈求旅行平安。1932年日本学者增田安次记录了安本敖包祭祀时的场景：

> 敖包祭祀在每年阳春五月时分举行。到了当日，领地内的蒙古人会将自己的帐篷放到货车上，带上家畜，聚集到有敖包的地方。而且，只有这一天如同被遗忘般，孤零零立于旷野之中的敖包会被装扮上写有藏文或蒙古文经文的五颜六色的旗子，祭祀牛羊，伴随乐音由喇嘛僧人供上经文，旗的领袖代替全体人民向天神地祇祈愿人民幸福、家畜平安。在祭祀当天，作为助兴节目，蒙古少年骑上没有马鞍的马在大草原上展开意气风发的骑马竞赛，此外还有蒙古传统的相扑以及大型的马市。照片是今年五月末在海拉尔郊外，由兴安北省省长凌升司祭下举行的敖包祭祀。①

传说"安本敖包"的"翁滚"（ɔŋkon）即主神，是牧童哈提亥的灵魂。哈提亥是给安本放羊的羊倌，有一天他在海拉尔河附近的草原上放羊的时候太困了就睡着了，等醒来的时候一只羊都没了，哈提亥赶紧骑马寻找丢失的羊群，等他发现时，羊已经全部被狼群咬死了。哈提亥随后感觉自己辜负了羊的主人，同时也怕安本怪罪，于是就自杀以死谢罪了。

---

① 增田安次：《满洲建国满洲上海大事变》（日文），神户：日出新闻社编，1932年。

第一章 鄂温克族敖包祭祀的起源及类型研究

图 1-14 1931 年伪兴安北省省长凌升①

图 1-15 安本敖包②

---

① 增田安次:《满洲建国满洲上海大事变》(日文),神户:日出新闻社编,1932 年,第 105 页。
② 增田安次:《满洲建国满洲上海大事变》(日文),神户:日出新闻社编,1932 年,第 105 页。

图1-16 安本敖包祭祀民众①

图1-17 摔跤比赛②

---

① 增田安次:《满洲建国满洲上海大事变》(日文),神户:日出新闻社编,1932年,第106页。
② 增田安次:《满洲建国满洲上海大事变》(日文),神户:日出新闻社编,1932年,第106页。

第一章　鄂温克族敖包祭祀的起源及类型研究

图 1-18　安本敖包①

安本知道缘由,认为哈提亥的行为虽然不对,但是勇敢地面对过错不惜自杀的行为是非常感人的。于是安本立祀敖包将哈提亥当作神灵供奉起来,以保佑呼伦贝尔草原人畜平安。因此每年祭祀官员百姓都来隆重祭祀。特别是陈巴尔虎的萨满对安本敖包祭祀时,祭祀词有着其特有的怒气怨念和悔恨悲伤,"一直从云缝中看着太阳,一直从云缝中看着天神,你的三十只白羊还在吗?你那挺拔灰白的狼还在吗?让顶珠闪光超群,让惊呼声响起。"可以从萨满唱词感知到人们对敖包翁滚的敬畏是显而易见的。

(四) 梅英敖包

1732 年索伦鄂温克人从布特哈地区抽调到呼伦贝尔草原屯垦戍边时,是以八旗士兵的身份出征的,索伦八旗的士兵当时对外主要负责中俄边界的巡护,防止俄人越界,对内在呼伦贝尔与外蒙古哈拉哈河一线设立卡伦,防止随便越界放牧。骑兵们经常成建制的定期巡逻,因此在军营附近会建立敖包,这种敖包便是梅英敖包。梅英(majin ɔpɔ),鄂温克语汉译为人的某一"部分"后引申为军队。个别地区的人称梅英敖包为卡伦敖包,由军队祭祀。据鄂温克族自治旗当地老人传说,梅英敖

---

① 图片提供人:乌日古木勒,呼伦贝尔日报社蒙古文编辑。

包可以保护士兵及军营平安,同时也是划分驻防地区的地标。鄂温克族自治旗巴彦查岗树木莫和尔图村东南3公里处,有一处梅英敖包,即为清代军营所供奉祭祀的敖包。随着索伦八旗制的解体,索伦鄂温克人由披甲带弓的八旗军人转变为普通牧民,骑射生活退出历史舞台,也不用再守边巡查,梅英敖包自然也就失去了其功能,现已不再祭祀梅英敖包,但作为鄂温克族敖包文化的符号,被后人所铭记。

(五) 地域、地标、地界型敖包

地域敖包是指没有明确归属的敖包,该类型的敖包因为其边界地标功能属性强,而被人所熟知。这种敖包在鄂温克族地区比较普遍,因此很多不了解历史的人以为这些是无主的敖包,其实不然,地域敖包不像其他类型的敖包宗教功能明显,又不像家族及官祭敖包祭祀那样频繁,且少有集体性的祭祀。相对而言,因为历史及社会原因,当地人逐渐地消磨了这类敖包的历史记忆。然而,在清时期地标、地域、地界敖包作为盟旗甚至是中俄之间的勘界分界标志而被强化,具有强烈的属地划分的作用。如清文献记载:"二十五年是部扎萨克蕴多尔济旗与科布多之扎哈沁争界志锐等奏,所争一为巴尔噜克鄂博,一为鞬吉尔图鄂博,一为田德克库与喀拉占和硕界线。"①这段记录当时敖包是勘界划分的主要标志,充分地体现了地标性的功能。这样的地界型敖包在整个清朝政治疆域的划分记载中非常普遍。在过去戍边巡边的过程中,敖包是非常重要的地标据点,它不仅具有神性也具有政治性和国家属性。

以下史料中敖包所具有的功能意义更加凸显:"每年或每3年由布特哈和呼伦贝尔等地派佐领或骁骑校带领若干士兵巡逻外兴安岭地区。当时在外兴安岭山区筑有作为巡逻目标的敖包,分每年巡逻的敖包和三年巡逻一次的敖包,根据调查组征集的用满文绘制的巡逻线路图,3年一巡逻的敖包有精奇里江(今结雅河)上源及其支流西勒木迪河上源的两个敖包,牛满河(今称布利亚河或毕拉河)上源的敖包;属于每年一巡逻的有精奇里江上游音嘎力格达河和吉鲁河之间的敖包,精

---

① 赵尔巽撰:《清史稿》,1928年,第5769页。

奇里江支流音肯河岸的敖包,牛满河支流乌热木丹河岸的敖包等。据达斡尔族民间传说,每次领队出巡者从总管或副都统衙门领取专用的牌子,到巡逻目的地后,将其挂在敖包顶的小庙上,并将上一次出巡者挂的牌子取回来,交给总管或副都统衙门,以证实已到达巡逻的目的地。"①在当时的历史及政治环境下,敖包除了作为民间信仰影响着鄂温克人的精神世界,与此同时还与我们的国防息息相关,对于巡边守界的鄂温克人来说更是一种责任。

(六) 历史上存在过的寺庙与商号敖包

1. 寺庙敖包

寺庙敖包最早存在于蒙古族社会中,很多蒙古族地区的藏传寺庙都有本寺专门的祭祀敖包。清政府对于蒙古地区的宗教政策直接决定了这一地区喇嘛庙的数量和规模。清时期在内蒙古地区大兴黄教,呼伦贝尔至东北沦陷时期寺庙达到43座,1952年新中国宗教改革时期,呼伦贝尔还有20多座喇嘛庙,很多寺庙都有专属的寺庙敖包。祭祀敖包也是当时喇嘛庙夏季最重要的活动。在鄂温克族自治旗所在地巴彦托海镇有两座寺庙,分别是光远寺和广慧寺,其中光远寺曾经有过敖包,建于现在的巴彦呼硕敖包南侧,清末至民国初年一直有祭祀活动,两座寺庙曾经是巴彦托海镇的中心,巴彦托海镇就是以寺庙而围建的城镇。1931年,藏传佛教的领袖班禅确吉尼玛曾于两寺庙坐堂念经,听经的官员牧民人山人海。1945年,该寺庙曾被战火毁伤,"文革"前后被拆毁。两座寺庙都在1802年由清嘉庆皇帝亲笔题词立匾,光远寺曾经安放六世达赖的袈裟,同时最重要的是供奉乾隆朝著名的武将大臣海兰察。光远寺的敖包称为喀尔必敖包。随着战乱和"文革"的破坏,两座寺庙及敖包均已被毁,敖包祭祀活动也停止了,虽然广慧寺得到重建,但属于寺庙的敖包并没有得到重建。

2. 大利敖包

大利敖包,位于鄂温克族自治旗巴彦塔拉达斡尔民族乡的巴彦诺

---

① 内蒙古自治区编辑组、《中国少数民族社会历史调查资料丛刊》修订编辑委员会:《达斡尔族社会历史调查》,北京:民族出版社,2009年,第31页。

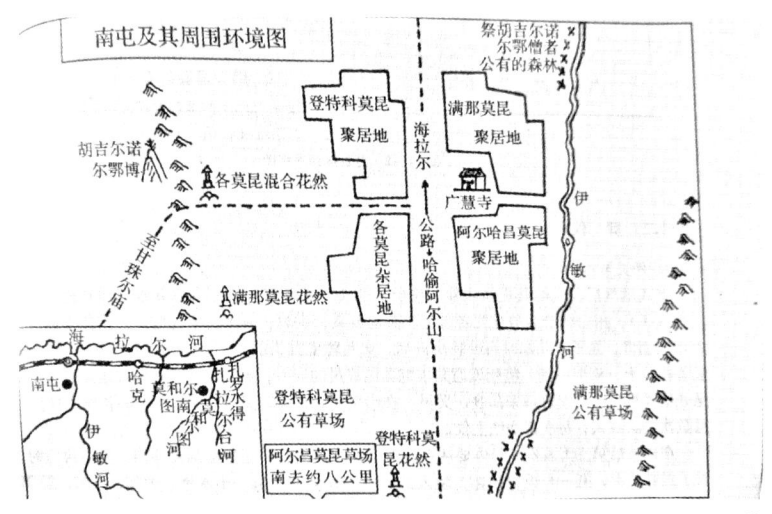

图 1-19　巴彦托海(南屯)广慧寺庙草图(选自达斡尔族社会历史调查)①

日嘎查境内,位于大利萨林(萨林:鄂温克语为牧畜定居点之意)南侧辉河小岛屿上,是圆形的独座敖包,早期的祭祀方式为牲祭,由喇嘛来参与祭祀。清朝时期索伦右翼正黄旗三佐鄂温克人达斡尔人与大利商号汉人共祭的敖包。传说,清末民初山西河北等地的商号因为得到政府的许可而在呼伦贝尔地区专与旗民通商。比较出名的有福盛公、瑞福昌、金大来、大利商号等,其中福盛公主要服务于鄂温克族自治旗东南部的伊敏河两岸,而大利商号则服务于巴彦托海镇至辉河地区。当时大利商号为了讨好鄂温克人和官员,借助敖包会买卖商品,就在辉河湿地建立了敖包,商号还得到当时索伦官员的支持,在辉河旁边获得一片草场放牧,每年的敖包祭品均由大利商号出,当然在敖包会上,牧民会在大利商号买很多东西,因此牧民将该敖包称为大利敖包。现在百岁老人们还记着当时的敖包会场景,以及大利商号曾经克扣牧民财物的事情。随着时代变革,大利商号早已不在,但敖包遗址还在,只有零星的牧民会去祭拜,却也少有知道敖包的来龙去脉。如今大利敖包、塔日干敖包、梅英敖包、地域地界敖包都因时代的变迁而失去了信仰和勘

---

① 内蒙古自治区编辑组、《中国少数民族社会历史调查资料丛刊》修订编辑委员会:《达斡尔族社会历史调查》,呼和浩特:内蒙古人民出版社,1985年,第219页。

图 1-20　光远寺敖包①

界以外的世俗功能,仅以曾经的文化符号,而保留在少数人的记忆里,后人如果想了解也只能去翻阅史书来了解了。

小结

通过敖包起源的梳理,从口传文学的角度去了解鄂温克族敖包产生的自然环境和社会环境。因为居住地域的差异,鄂温克族敖包可分为森林敖包树类型和草原的石碓柳条结构型敖包,但无论是森林还是草原,鄂温克族敖包的形制大同小异,说明是一脉相承的。又因祭祀主体的不同鄂温克族敖包主要分为官祭敖包和民祭敖包两种,民祭敖包对于鄂温克族的家族意义重大,官祭敖包对于鄂温克族民族和国家意义重大,这是敖包文化与鄂温克族文化水乳交融的基本特性。

---

① 拍摄人:林格伦;拍摄时间:1931 年;拍摄地点:鄂温克族自治旗巴彦呼硕山下。

第二章
鄂温克族敖包祭祀仪式研究

宗教与民间信仰的共同性特征是仪式的例行性和重复性,"我们对宗教的关注很大程度上便集中到对仪式的分析上。仪式支持着宗教传统中有关宇宙秩序的基本教义。反复的吟唱和音乐上重复的曲调也在强化一个宗教所欲传达的主要信息。仪式是每次都要按标准礼节举行的阶段性事件,因为参与者要从事接近神圣之物的危险行动,为此,他们自己必须处在转化和神圣的状态。进入仪式状态的过程是一种'神圣化'的过程。转入纯粹仪式是很多宗教实践(不管是萨满的着迷,还是僧侣的涂油)的常见状态,即身份变换的一个方面。"[①]因此无论是民间信仰还是现代宗教的仪式,都是我们理解研究人类社会的精神世界的重要途径,而通过研究鄂温克族敖包的祭祀仪式有助于我们了解鄂温克族的宗教信仰的象征意义与社会价值。

第一节 鄂温克族敖包立祀仪式过程

一、选址与日期

从早期的史料上看,最原始的敖包类型及敖包选址都在高山或者地势的高处,而敖包的祭祀大多蕴含着对高大山体的崇拜。根据考古发现,"在西辽河地区的红山文化(距今6000—5000年前),夏家店下层、上层文化(距今4200—2500年前)遗址出土多处筑建于山顶或台地

---

① 庄孔韶:《人类学通论》第三版,北京:中国人民大学出版社,2016年,第249页。

上的三重结构圆锥形祭坛。多数学者认为是祭祀天苍的场所,与"天圆"宇宙观有关。这些原始祭坛无论在外在形制特征,还是在祭祀功能、目的上与后世的敖包和敖包祭祀存在诸多的相似之处,应视为敖包的雏形或原始形态。"①从物理形状上看敖包的确有金字塔形制特点,类似山峰的感觉。

现在北方民族的敖包,尤其是鄂温克族的敖包都是选择在当地高山之上,据当地萨满解释:神灵都居住在高山之上,而高山也是距离天神最近的地方,敖包则是神灵居住的地方。的确,"红山文化时期的'祭坛'也筑建于沿河流的山梁、土坡之上。这种建址上的'高'所体现的是'高山祭天'的原始理念。古人云:'天在山中','山大神大'。在萨满教的宇宙理念中,高山峻岭不仅是阳间最大的物体,离天界最近的'擎天柱',而且也是萨满教巫师通天的天梯和众神所降附的神位。萨满巫师们既可以通过高山上升到天界与天神沟通,也可以把天界诸神邀请到'宇宙山'上来,聆听他们的教诲。因此,高山筑敖包的目的是接近天界,与天神便于沟通,反映出萨满教特有的天地宇宙观念:'天'是萨满教最高的至上神,萨满则是天界与人界之间的使者"。② 鄂温克族的敖包选址依然遵循着以上的选择,无论是传统的敖包还是新立祀的敖包都是选择在高山峻岭之上,附近必有河流或湖泊,最明显的就是巴彦呼硕敖包。鄂温克族敖包立祀的日期,主要是选择在水草丰美的夏季,农历五月到七月初。

萨满信仰是很看重风水的,在林区选择敖包树或者立祀敖包,都是由萨满选择周围地势较高的山顶或者山梁大岭上,猎人们认为这是山神白纳恰等神灵居住的地方,也是天地两界的临界点,高山是人与天的阶梯,这是萨满信仰三界之中的天界与地界的衔接点。所以敖包理所应当立祀于这样的地方。具体说要山的阳面南北东西通透,一览众山小的地势,位置需醒目,葱郁的植被,附近要有河流活水或者湖泡泉水。在牧区立祀敖包也需要请萨满看日子,人们准备羊去请萨满,如果是立

---

① 王其格:《祭坛与敖包起源》,《赤峰学院学报》2009 年第 期,第 9 页。
② 王其格:《敖包祭祀与萨满文化》,《内蒙古民族大学学报(社会科学版)》2013 年第 6 期,第 16 页。

普通敖包则需要血祭，如果是罗赛敖包则需要奶祭。萨满做宁嘎仁的仪式后会确定日子，然后继续通过仪式按照神灵的启示告知众人敖包选址的地点，一旦确定，没有重大事件原则上不得更改，而敖包确立后作为某一地域的主人，需要得到信众们的祭拜。藏传佛教介入后，喇嘛开始参与敖包的选址，但在鄂温克社会比较少。立祀敖包的日子与祭祀日期差不多，基本都是每年农历的五月份至六月底之前。

二、立祀人

敖包立祀人有很多种，早期的类似的祭祀仪式如匈奴时代可能是单于或者鲜卑之后的可汗或部落首领。清朝时期至民国的呼伦贝尔地区则是副都统或者各旗旗长立祀。现今按照社会身份的不同可以是自然人，也可以是政府或者代表政府的官员，从宗教信仰身份上来说可以是萨满，有些则是喇嘛。从现有资料和访谈的结果来看，鄂温克族敖包中仙登敖包、氏族敖包、罗赛敖包是由家族萨满主持立祀的，据传说巴彦呼硕敖包、安本敖包也是由萨满立祀的。"文革"后萨满教衰退，只有仙登敖包是严格地由萨满来立祀，而其他类型的敖包则大多请喇嘛来立祀，如寺庙的敖包则必须是喇嘛来立祀。当然除宗教因素外普通人立祀敖包请萨满还是喇嘛主要取决于立祀敖包主人的意愿。

三、立祀材料准备

立祀敖包需要准备很多材料，主要为敖包基础的石头、春末夏初的柳条、敖包主杆，以及用于固定敖包主杆和柳条的正方形四柱桄杆。以游牧鄂温克族为例，敖包最中间底部则需要宝瓶，宝瓶内则是金银财宝和五谷杂粮。敖包材料的选择是非常有讲究的，按照敖包的不同要准备不同的供品，如仙登敖包、氏族敖包等需要准备献祭羊，按照条件也可以是牛，煮的肉不能放盐；准备供神灵骑乘的马，鄂温克语称为温古毛仁（oŋk mərən）即神马；准备除黑色以外的五种颜色的彩色布条，仙登敖包祭祀要准备没有经文的哈达，因为带有经文的属于藏传佛教，萨满信仰是不允许的；其他敖包可以用带有经文的哈达、经幡、风马旗；要准备各种奶食品，主要为牛奶和没有放盐的奶茶，准备奶酒和红酒，要准备9支油灯,9种水果和饼干,所有敖包底部都要准备装有五谷杂粮金银的宝瓶。《中华全国风俗志·卷九》便有关于宝瓶的记载:"鄂博随在皆有,或一屯供之,或数屯子供之,亦有一家私有者。石山多垒石为之,沙漠中以柳条为之,其形圆,其顶尖,颜立方角蒙经旗,其上下则埋哈达一方、粮食五种、银数钱。每年必一祭,其祭之先,宰牛羊,请喇嘛念经。附近居民皆礼拜之,分其俊余而食之。罢,争以角力,胜者有贵宾,由主祭者颁之。平时望见鄂博,必下马膜拜。"[①]罗赛敖包则准备哈达、白食、水果、饼干、奶酒等,不能杀生见血,因此不用准备牛羊等祭品,但要准备温古马。

图2-1 准备屠宰祭祀的羯羊[②]

颜师古注《汉书》里关于匈奴人习俗的同样记载注解为"蹛者,绕林木而祭也。鲜卑之俗,自古相传,秋天之祭,无林木者尚竖柳枝,众骑驰

---

① 胡朴安:《中华全国风俗志·卷九》七十九则,长沙:岳麓书社出版社,2013年,第685页。
② 拍摄人:乌日乌特;拍摄时间:2018年7月12日;拍摄地点:鄂温克族自治旗完工陶海嘎查。

绕三周乃止,此其遗法。计者,人畜之数"。① 史籍中明确地记载柳树是祭祀仪式中必须有的要素。然后回到宗教人类学来看就没那么简单了,石头和柳树在整个仪式中具有象征意义,是一种象征符号,绝不能用简单的地方性知识去机械性地解读它。在古代民族中有很多关于岩石、山峰、神树的崇拜,这些传说大多是关于人类起源和民族起源的类型,洪水母题较多,树多为女性或女阴形象。

神树在萨满信仰中更是人神的中介,在萨满世界观链接三界的天柱。满族关于石头和柳树崇拜神话传说有很多,如:

> "在古代的时候洪水泛滥时,世上一切生灵都被淹没了,一切生命都停止了,只剩下一块石头,叫乌克伸,和一棵柳树,叫佛多妈妈,没有被淹没。于是它们两个便从两处相互喷火,这样水就渐渐没有了。后来,它们不知道为什么又打起来,被阿布卡赫赫(即天女)看见,她调解说:你们不要再打了,可以结为夫妻。这块石头乌克伸和柳树佛多妈妈便生了四男四女。这四男四女又互相结为夫妻,生儿育女。后来四女都同自己的丈夫反目,把丈夫杀死,带着儿女们向北边去了,就是现在的黑龙江下游,成为达斡尔、鄂温克等民族的祖先。后来石头乌克伸和柳树佛多妈妈结婚……孕育了满族。"②

从故事类型学和母题来分析,洪水起源是主要的故事导火索,石头代表着阳刚男性,在鄂温克族敖包中,所选用的石头必须是阳面太阳能晒到的光洁石头,越圆滑越好,而敖包所用的柳树,其柳叶形似女性阴部继而代表着女性和繁殖都是人格化的。石头柳树代表着两性之间的交融与对抗,犹如远古时期父权制与母权制斗争的反映,而石头与柳树的结合,则代表阴阳结合繁衍后代,这是神话给予人类起源及两性关系最美好的解释。本故事中不仅解释了满族的起源还交代了周围的鄂温

---

① 班固:《汉书》,北京:中华书局,1962年,第3752页。
② 宋和平:《满族萨满神歌译注》,北京:社会科学出版社,1993年,第27页。

克族的起源,说明两个民族在早期或许有过某种亲密关系,这种亲密关系反映在神话当中。所以说洪水起源这一类型的故事结构脉络既具有普适性特点,又具有民族性和地域特征。再来看一则关于岩石崇拜与祭柳的传说:

> "人类始祖母佛赫妈妈是长白山柳树演变而来,始祖父乌申阔玛发是由北海中支撑天下之天顶的一根石柱演变而来。在战胜恶魔的战争中,女始祖佛赫居主导地位。她使四对子女为夫妇,并教授夫妇之方法,使人类不断持续下来。另外,她还将天上的新鲜黏土和柳树分给他们,让他们按自己的模样继续生产更多的生命。"①

神话传说中无论是石头、树还是泥土,都代表着繁殖与生命力,泥土代表着大地是世间万物的生长的根基,树木具有生殖崇拜的深层含义。时至今日在鄂温克族的家族敖包祭祀活动中,仍然保留着围绕敖包三圈的仪式,而且萨满会用皮绳围绕家族成员来统计人口的增减、氏族牲畜的繁殖情况。

国内的学者根据匈奴"绕林木而祭"一天林木者、尚竖柳枝、众骑驰绕三周乃止"的祭祀方式,认为匈奴人、鲜卑人有祭祀树木的传统与女真、满族的祭祀习俗相似。② 古代契丹人也有祭林习俗。《辽史》卷二《太祖本纪》载:辽太祖耶律阿保机"九月丙申朔,次古回鹘城,勒石纪功,拜日于林"。勒石纪功和拜日与林很可能就是祭祀神树或者敖包,而林则指敖包上的柳树,由此可见北方民族祭"林"绕林的传统是很早就存在于游牧社会中的,且延传千年,不断地发展变化。民国材料中曾记载到东北少数民族清明祭祖时,会有坟冢上插柳枝祭拜的习俗。如今祭祀材料中,柳树是游牧鄂温克人、游牧达斡尔人和蒙古族敖包祭祀仪式上必选的材料。《金枝》中论述树神时说过,"过去人们把每株树看

---

① 《满语大辞典》,第507页。
② 张碧波、董国尧:《中国古代北方民族文化史(上)》,哈尔滨:黑龙江人民出版社,2001年,第337页。

图 2-2　准备祭祀用的蓝色无经文哈达①

作是活的有意识的生命,现在则看作仅仅是无生命无行动能力的物体,是一种可以在树木中自由来去,具有占有或支配树木权力的超自然的生命在一定时间内的寄居住所。这种超自然的生命已不再是树神,而成了森林之神。"②的确,无论是敖包树还是柳树,鄂温克人已经赋予其神性在场或者神圣人格,而且人们认为神树就是神灵的化身,并对此深信不疑。所以祭祀神树是因为它可以造福人类、风调雨顺、六畜兴旺、狩猎丰收、人丁兴旺,这一切都是人类赋予敖包之于人类社会的功能价值,也折射出人们之于敖包的基本心理需求。

祭祀材料中敖包主杆也称为神杆,鄂温克语称为高勒毛(kɔl mə)。在萨满教的三界神明结构体系之中,神树、敖包神杆是连接天界的阶梯,敖包的四方木架为哈希格(xaɕik),是维护敖包的坚固城墙,是敖包神域的核心所在。在鄂温克族祭祀仪式尤其是罗赛敖包、由喇嘛主持的敖包祭祀中必不可少的祭祀材料为风马旗,风马旗上的图案有所差异,有的是藏传佛教的六字箴言经文,有的是马、虎、鱼等图案。对于风马旗的图案,有人解读为风马中的五种动物分别象征着人类的五种组成部分,鹏鸟(也可译为凤凰)象征生命力、虎象征身体、龙象征繁荣、马象征灵魂、狮象征威武。还有人认为五种动物分别代表了五行,风马中

---

① 拍摄人:乌日乌特;拍摄时间:2018 年 7 月 21 日;拍摄地点:鄂温克族自治旗巴彦托海镇。
② 弗雷泽:《金枝》,赵阳译,西安:陕西师范大学出版社,2010 年,第 220 页。

的雄狮（藏族称为雪狮）象征"土"，龙象征"水"，鹏鸟象征"火"，虎象征"风"。风马中央的最主要图案是那匹腾飞的骏马，认为是象征土、水、火、风依附的对象。

　　风马具有深奥的含义，以五种动物象征五大元素，再由五大元素组成世间万物，而风马本身象征着生命的本源。喇嘛教传入后，对风马也进行了本地化意向改造，主要是在风马上面印制了喇嘛教密宗的"六字真言"等秘咒，使风马又增添了非凡的法力。现今人们对风马的原始意义不大了解，而仅仅把风马看作是福运的象征，即放风马是为了祈求自己的福运[①]以及保护牲畜平安。在鄂温克族祭祀敖包的过程中人们都会在敖包主杆上绑系风马旗，可以看出喇嘛教的元素与萨满信仰的敖包祭祀有机地结合，人们并不介意宗教的差异，而是心底里对于美好的向往，将两者有机融合为一体，希望发挥更好的作用。

四、祭祀时间的选择

　　鄂温克族与生活在呼伦贝尔草原的达斡尔族、蒙古族一样，都是每年春夏之交的农历五六月份祭祀敖包。这一时期，天气变暖牧草返青，牧民已经接完羔，算是一年中最清闲的一段时间。每年祭祀敖包的日期是固定的，临时变动比较小，偶尔更改基本都是前后相差几天，也是因为一些特殊原因，如春季干旱提前祭祀敖包求雨，延后的可能就是与其他生产活动相冲突，还有就是萨满请神看的日期与原先有变，遵从萨满神灵的指示。

　　其实我国汉文史料关于不同时期的北方民族的祭祀仪式中都有记载，尤其是关于柳树的选择与祭柳等频繁出现于各时期的诸文献中，如《史记·匈奴列传》中如下记述了匈奴人的祭祀："五月，大会龙城，祭其先、天地、鬼神、秋，马肥，大会蹛林，课校人畜计，匈奴秋社八月中会祭处，蹛者绕也言绕林木而祭也，鲜卑之俗，自古相传，秋天之祭无林木者，尚竖柳枝，众骑驰绕三周乃止，此其遗法计者人畜之数蹛音带。"[②]上述资

---

① 孛·孟和达赉、阿敏：《呼伦贝尔萨满教与喇嘛教史略》，北京：民族出版社，2013年，第514页。
② 杜佑：《通典》武英殿刻本，卷一百九十四边防十，第2077页。

料可以看出祭祀的仪式基本上是农历的五月份,现在的内蒙古草原的蒙古族、鄂温克族、达斡尔族在立祀敖包和祭祀敖包的时间也都是选择在农历五月份。

《内外蒙古考察日记》中记录每年大型的敖包祭祀选择在"每年四月中大祭"。① 东海女真则有元日则拜日相庆,重午则射柳祭天的习俗。《大金国志》中关于金人习俗方面也有记载如"元旦则拜日相庆,重五则射柳祭天……,皇帝回辇至幄次,更衣,行射柳、击球之戏,亦辽俗也,金因尚之。凡重五日拜天礼毕"。② 由上文可见古代类似敖包的祭祀仪式以及近代的敖包祭祀仪式的时节都不是完全一致的,都是因地而异的。

五、牲祭

鄂温克族敖包祭祀因敖包性质不同,祭祀的物品也不同,除罗赛敖包外,大部分敖包都选择牲祭,向神灵献祭牛羊等。早在春秋战国时期就有关于牲祭的记载,藉以"牺牲"一词出现"今殷民乃攘窃神祇之牺牷牲用,以容将食,无灾。自来而取曰攘。色纯曰牺。体完曰牷。牛羊豕曰牲。器实曰用。盗天地宗庙牲用,相容行食之"。③ 古代的北方民族亦是如此,如契丹人在祭祀时"天神地祇位于木叶山,东乡;中立君树,前植群树,以像朝班;又偶植二树,以为神门。皇帝、皇后至,夷离毕具礼仪。牲用赭白马、玄牛、赤白羊,皆牡。仆臣曰旗鼓拽剌,杀牲,体割,悬之君树。太巫以酒酹牲"。④ 契丹人在祭祀过程用白马、牛、羊来祭祀木叶山山神,祭祀过程中也有巫的参与即萨满神职人员主持。古代游牧民族大多为牲马祭祀,现今的鄂温克族敖包祭祀过程没有用马牲祭的,只有牛和纯白色的羊,而马作为献祭神乘骑的神马而被选用。太巫以酒酹牲,则是指萨满将酒洒在祭祀牛羊身上,这与现在鄂温克敖包

---

① 马鹤天:《内外蒙古考察日记》,新亚细亚学会,民国二十一年,南天书局1987年1月影印,第24页。
② 《满洲源流考》,《四库全书》第228页。
③ [汉]孔文国:《尚书》卷六,四部丛刊景宋本,第61页。
④ 脱脱:《辽史》卷四十九志第十八,清乾隆武英殿刻本,第225页。

图 2-3　按照活羊身形摆放好羊肉①

祭祀仪式中将鲜奶倒在白羊头上是一致的,白色的酒、奶以及白色的羊都代表着纯洁。

　　成吉思汗时期曾经用 99 匹白马祭祀长生天,并选定一匹神马被称为"温都根查干",即"溜圆白骏"。现在鄂尔多斯成吉思汗陵的查干苏鲁克大典(春祭大典)上每年都会有白马、白马乳去祭祀长生天。蒙古族中的一些地区依然保持着一些盛大敖包祭祀是用公牛、黑色公山羊、公马的血来献祭敖包喷在石碓上的习俗,而且用献祭动物的皮绳来缠绕敖包三圈。因此不论是史料记载,还是北方民族现有的祭祀仪式我们都能够看到,牲祭依然是敖包祭祀仪式主要的祭品选择,这种仪式显然不是藏传佛教而是萨满教的遗存,这与古代的血祭具有很大的渊源关系。

六、鄂温克族敖包的结构

　　从上文交代,我们可以看出游牧鄂温克人的敖包与达斡尔族及蒙古族的敖包的基本结构是一致的,主要材料为石头、宝瓶、柳条、主杆和

---

① 拍摄人:乌日乌特;拍摄时间:2018 年 7 月 12 日;拍摄地点:鄂温克族自治旗巴彦托海镇。

四柱桄杆，结构则是底座石头、中间最底部为宝瓶，上边为主杆，然后是柳条，外侧为四柱桄杆。在林区的很多鄂温克敖包只有石碓，可以推测这是敖包信仰最初的形态。细化说明：敖包上主杆鄂温克语为高勒毛，柱子有黄色的铜顶，铜顶鄂温克语为"满齐格热"，条件差一些的人家会用黄色油漆代替，可以说在鄂温克游牧社会有无黄铜顶是家族经济实力和社会地位的一定反映。黄铜顶下边的桄杆自上而下依次悬挂象征太阳、月亮和星星的模块，然后从上至下在主杆上系蓝白红黄绿色哈达，蓝色代表蓝天即天神，白色代表白云纯洁，红色代表太阳，黄色代表月亮，绿色代表大地。有的萨满则认为红色代表的是火神。柳条因为生长于河边代表枝繁叶茂隐喻繁殖、石头代表着阳刚，外侧的四柱桄杆鄂温克语"哈希格"，是由四种材质木头制作而成，有的刷红漆有的刷蓝漆。

从数量看很多敖包是独座敖包，如仙登敖包、风水敖包、家族敖包，还有数量为七、九、十、十三型的敖包，这一类型的敖包通常为大家族敖包或是嘎查、苏木或是旗敖包。而这些数字，绝不是单纯的结构性的存在，而是有着深刻寓意的，中国古人认为数字九与久谐音，且九在单数中代表极致，皇帝要穿九龙袍，造九龙壁，利用九与久的谐音来表达天下永久的祈愿。《汉书》记载："禹收九牧之金师古曰九牧九州岛岛之牧也铸九鼎象九州岛岛皆尝鬺亨上帝鬼神服虔曰以享祀上帝也师古曰鬺亨一也鬺亨煮而祀也。"①因此九鼎、九洲更成为国家天下权利的象征。《黄帝内经素问》讲到"天地之至数，始于一终于九焉。九奇数也故天地之数斯为极矣。一者天，二者地，三者人，因而三之，三三者九"，②因此有学者认为祭祀敖包的环绕三圈，即是代表着天地人的三界。当然清朝时期蒙古各部向朝廷进贡八匹白马一匹白骆驼称为"九白之贡"，也就是说易经中提到的单数象征着天和阳性，双数象征着地和阴性，在天数中九最大为极，因此中国历史上很多帝王把自己的皇权与九链接在一起，如九天、九州，九重天等词汇，九天谓中央八方也按照为帝王的住所，典故即来源于此。据《蒙古风俗鉴》关于十三形制敖包的记载："阿

---

① ［汉］班固：《汉书》卷二十五上，清乾隆武英殿刻本，302页。
② ［唐］王冰：《黄帝内经素问》重广补注黄帝内经素问卷第六，四部丛刊景明翻北宋本，第82页。

尔基、布尔基皇帝时、唐王李世民皇帝时代,立十三个敖包,原因是为国家十三位英雄祭敖包。"①在佛教教义中十三是吉利数字,代表着功德圆满,佛教传入中国为十三宗和十三经,布达拉宫十三层,生肖、月份中十三代表新的开始,万象更新,连中国帝王腰带玉枚数也是十三,这是中国帝王独享的数字,象征着一种权利和尊贵。然而在当地访谈时问道敖包文化中数字十三的寓意时当地人都不了解。

第二节 鄂温克族敖包的祭祀仪式

一、民祭敖包的祭祀仪式

鄂温克族敖包祭祀仪式因为敖包性质和种类不同也会有所不同,通过敖包祭祀仪式的描写可以很直观地了解鄂温克族的精神信仰世界,而每种敖包都被鄂温克人通过神话传说赋予神性和祭祀的正当性。民祭敖包因其类型多样分布广泛而普遍存在于各地鄂温克族中,在先后几十次,历时四年的实地调研后。笔者通过参与体验,近距离地观察记录了鄂温克族自治旗伊敏苏木、辉苏木以及阿荣旗音河达斡尔鄂温克民族乡维古奇猎民村的民祭敖包的祭祀活动。对敖包祭祀的主持者和参与人、不同敖包的祭祀仪式及其所蕴含的象征意义进行了研究分析。为的是了解鄂温克人是如何通过仪式来表达传递某种精神意愿的过程,以及最终想达到的多重社会目的。在主流文化的强势介入下,鄂温克族的传统信仰文化,是如何完成价值转变和意义重构的。作为信仰的象征标的,敖包是怎样完成从神圣秩序到世俗秩序的有机转换的,这是我们在敖包祭祀仪式中需要观察和提炼的,也是值得我们反思的。

(一)白纳恰和敖包树——维古奇猎民敖包祭祀仪式

维古奇猎民村位于内蒙古阿荣旗音河达斡尔鄂温克民族乡的最北部的原始林区。2018年6月14日,维古奇猎民村额格都·杜拉尔·苏热家族举行了本哈拉的敖包树祭祀仪式。祭祀地点在维古奇猎民村

---

① 罗布桑却丹:《蒙古风俗鉴》,赵景阳译,沈阳:辽宁民族出版社,1988年,第141页。

北的山垴农牧场,禁猎前此处是鄂温克族猎民的夏营地。敖包树于1984年建立,立祀人是雅鲁河音河流域著名的猎手杜拉尔·洛霍。当地的鄂温克、鄂伦春族猎民普遍信仰萨满,更是对山神白纳恰虔诚不疑。"认为一切野兽都是'白纳恰'养的家畜。所以找一个很粗的树,在树上绘上一老人,用野兽献祭'白纳恰'。他们在行猎中看见高山、深沟、岩石和怪树就认为是'白纳恰'住的地方。"①

对于当地的鄂温克族猎民来说祭祀敖包树是每年非常重要的活动。"敖包是堆积起来的,有着无数个小山洞,使'白纳恰'能收住下无数个神灵,同它一起行善积德,降福施富。来这里祈福的人们在敖包上再插上树枝,一句话敖包就是缩小的石砬子和森林。经过敖包的每个人都要祭拜,骑马的人必须下马,坐勒勒车的人务必下车,有的添石头,有的插树枝,带酒的洒酒,带肉的要供肉,然后磕头。"②祭祀敖包神树不仅是保佑猎民平安丰收,禁猎转产之后,更是鄂温克人祭祀求雨的唯一场所。维古奇鄂温克族猎民于2003年禁猎,是呼伦贝尔地区最晚缴枪禁猎的猎民村,可以说什么时候禁的猎,什么时候才停止祭祀白纳恰的。禁猎前每次猎人出猎前或者狩猎归来都要祭祀白纳恰敖包树。塔坦达带领出猎的人,来到敖包树下祈求山神保佑猎人们出猎平安,满载而归,然后倒酒放动物的头肉来祭祀叩拜。祭祀敖包的前一天,在山垴农牧场拜访了今年敖包树祭祀的组织人杜伟军,他年轻时当过兵是部队里的神枪手,也是当地有名的猎手。禁猎后杜伟军同两位兄长继承了家庭农场,禁猎政策使得农场得到了相关扶持,现在收益不错,创建了自己的面粉品牌,2017年杜伟军获得了中国十佳农民称号。这对于禁猎转产的鄂温克族猎民来说获得这么大的荣誉是来之不易的,因此和家人商议,由家族出钱再次举行敖包树祭祀活动。杜伟军讲到过去狩猎时,祭祀敖包树要各家自愿分担供品,由家族的男性长辈主持祭祀,过去存在过专门为了祭祀敖包树而去打猎取肉的习俗。

---

① 《中国少数民族社会历史调查资料丛刊》修订编辑委员会编:《鄂温克族社会历史调查》,北京:民族出版社,2009年,第96页。
② 根据鄂温克族著名民族学者何秀芝老人访谈整理。访谈时间:2016年7月20日;访谈地点:鄂伦春自治旗阿里河镇。

第二章 鄂温克族敖包祭祀仪式研究

敖包树祭祀仪式：

准备阶段，祭祀前一个月，杜伟军邀请猎民村和家族的老人商议敖包树祭祀需要做的准备工作有哪些，成立临时敖包树祭祀筹备小组，大多为村里的老人和热衷民族事业的几位年轻人。参与人都是自愿的，没有任何报酬，往往还要自掏腰包。过去祭祀的供品主要以猎物为主，如马鹿狍子野猪等。禁猎后以牛羊猪为主。这一次是由杜伟军三兄弟赞助的牛羊，其他祭祀用的彩色布条是由参与祭祀的人自行携带，很多猎人还会自带动物的头肉和肝脏来献祭。"文革"后当地鄂温克人已经没有萨满了，在其他地方没能请到合适的萨满，因此杜拉尔家族的成员托人请了鄂温克族自治旗呼和庙的两位喇嘛来念经，这在当地是第一次的，此前从来没有人在敖包祭祀仪式上邀请喇嘛，都是请萨满或者自己家族的老人主持。在请喇嘛的过程中家族内部也是意见不一的，年纪大的认为还是请萨满，自己祖先并不信仰喇嘛教，还有人认为喇嘛"管不了"鄂温克猎民的祖先，所以非常排斥。杜伟军则认为真正的鄂温克族萨满已经没有了，现在的萨满都是"假的"，并不能与自己家族的神灵沟通，如果神灵不满意反而对子孙后代不好；之所以请喇嘛是因为喇嘛只是念诵吉祥经，并不是敖包树祭祀的主导，主导还是自己家人。最后在其坚持下还是请了喇嘛。

祭祀过程：1. 正式祭祀很早开始，太阳没出来之前，牛和羊屠宰后，半熟程度后，早上有小雨，温度在零度左右，人们在沟通交流时，嘴上都有哈气。4点左右老人和年轻人陆续带着酒和点心上敖包，喇嘛也跟着过来，家族成员们都穿上鄂温克猎民的袍子，除了重要活动他们平常很少穿袍子，而敖包祭祀仪式是必须要穿的。男性们开始装饰敖包树，将彩带系在树枝上。女性们坐在左侧靠南，喇嘛在敖包的外围。四周插了9杆白色藏传佛教的经幡。2. 敖包树的主持人杜伟军将牛头和羊头按照顺序摆放在供台上，倒上三杯白酒和三碗奶，插上三炷香，与此同时因为敖包在山上，野草和野花非常多，经常把祭祀人员绊倒，因此年轻人负责打草开道。3. 供品安放完毕后，参与祭祀的人员按照男女、辈分寻找各自的位置，男在西侧，女在东侧，长辈在前，晚辈靠后的原则开始准备祭祀，按照规矩由家族的长辈讲话，介绍敖包历史和祭祀禁忌和祭祀目的,最后开始念诵敖包的赞颂词,内容大意为求雨祭祀,保佑万物生产,风调雨顺等。

表 2-1　敖包树求雨祭祀词①

国际音标②	汉译
pʊNaᵢwo ətɕilə'sə pʊrkʰan pʊNaŋ'jin ʊ'tʊn aɕintu'tɕʰa pʊNa ku'tɕi xatʰatɕi'rən pʊNa'xa tʰarkʰe'na əmule'tɕi atusun'na əŋkʰɔji a'ɕin pʊNa pʊrkʰan kutɕeje nerkʰə i'lan xɔnɔ'tu ʊtʊnxaŋ'kʰa	主宰这方天地的神灵啊, 天不下雨啊, 地都干枯了。 天再不下雨啊, 您的子孙就没食物啦! 您的牲畜啊, 没有草食用啊! 主宰这块土地的神灵, 可怜你的儿孙吧, 请三天之内降雨吧。

图 2-4　维古奇猎民村玛胤敖包树③

---

① 提供人:何秀芝;采集时间:2018 年 6 月 15;采集地点:海拉尔。
② 国际音标转写:伊德尔胡,呼伦贝尔市统战部。
③ 拍摄人:杜雪冰;拍摄时间:2018 年 6 月 18 日;拍摄地点:阿荣旗维古奇猎民村。

随后喇嘛开始念经,众人安静席地而坐。4.念经持续了半个多小时,后在喇嘛带领下,众人开始围绕敖包顺时针转三圈,当中要不断地向敖包进献白酒、奶食、肉和糖块,三圈过后磕头祭拜。祭祀时还下起了大雨,当敖包祭祀所有仪式结束后,雨过天晴,敖包的东南方向出现了非常漂亮的彩虹,这在当地鄂温克人看来是吉祥的预兆。随后气温回升太阳当头,人们开始相互泼水,往寡妇身上泼的水最厉害,据鄂温克人说这样龙王爷会非常高兴,然后才会降雨。其实无论怎么说从宗教人类学的角度,相互泼水的仪式,是一种娱神的行为。整个流程结束后,人们开始分食供品,年长和没有经济能力的老人和寡妇要分得部位最好的肉。猎民村里的孩子们唱歌、举办小型的体育竞赛,如搬棍和颈力比赛等。过去的祭祀敖包树活动,除了摔跤、赛马还会举办射击比赛,尤其是射击比赛参与的人最多,奖金最丰厚。

从古至今,北方的狩猎游牧民族大多崇拜神山灵石,而且从古至今北方民族均有自己的圣山,乌丸人之于赤山,匈奴族之焉支山,突厥族的于都军山、祁连山,契丹人的木叶山,满族的长白山,蒙古族的布尔汗山,哈穆尼堪鄂温克人的白依嘎尔山。在萨满信仰中,这些神圣高山是天柱、天梯,是灵山,是用以通天的道路。神树不仅是通天的桥梁工具,也是枝繁叶茂的创生母体,类似于满族索伦杆等寓意的宇宙之树。因此说敖包树的祭祀仪式既有传统森林文化的印记,也有萨满信仰的遗存,在敖包的形制上也在不断地变化,人们对于美好生活的向往对于内心精神的需求,是敖包树祭祀得以继续存在的原动力。

猎民们对于狩猎文化及传统精神信仰的坚守,是他们对于本民族文化的忠诚度的有力展示,神树和石碓的有机结合,即是当地人对于信仰的交织复合,也是文化中的另一种妥协。在敖包祭祀仪式中,首次邀请喇嘛来念经在当地传统文化的猎民社区产生了不小的反响,传统的猎民认为这是一种"胡扯"的行为,一些人则认为这也是无奈之举,顺应时代可以理解。同时有些人表示即使不请喇嘛,也可以完全由自己家族的人主持祭祀。文化就是在不断的冲突与融合之中,不断地以这样和那样的形式蹒跚前行的,在现代化信息高速交换的时代,文化间的交往交流交融以及变迁是不可避免的,这是规律,很多是潜移默化的,而且是不以当事人的意志为转移的。

(二) 哈拉音敖包——哈克木敖包祭祀仪式

在鄂温克族社会组织中,氏族观念非常强,尤其是在牧区生活的鄂温克人,非常注重家族观念。游牧索伦鄂温克人每个氏族都有自己的氏族敖包,当地人统称为家族敖包。而且每年都有祭祀敖包的仪式,关于家族敖包历史起源的故事也非常多。2018 年 6 月 26 日,经过调查对象家族老年男性成员和敖包达同意后,笔者参加额格都·何音家族的敖包祭祀仪式,他们的家族敖包名为哈克木敖包。中国蒙古式摔跤著名健将伊德尔就属于这个家族,2010 年伊德尔获得了蒙古式摔跤阿布日嘎称号。据何音家族的老人讲,哈克木敖包是从布特哈雅鲁河地区来到呼伦贝尔戍边的索伦鄂温克人额格都·何音家族的先人建立起来的,先人的具体名字已经记不清了。

1. 哈克木敖包传说

"哈克木"(xak^{h}mu)一种说法为"哈克鄂模",直译为白色的水,意译为"碱泡子"。另"哈恩"是发白、白色的意思,"克木"是比大山小、比山丘高的高地。就这样"哈恩"和"克木"两个词连在一起成了现在的"哈克木"这个地名。哈克木敖包不仅成了额格都何音莫洪家族世代祭拜的敖包,也是当地非常出名的敖包。哈克木敖包的西侧流淌着哺育万物的辉河,东侧的"呼日甘阿木吉"湖水就像照射世上万物的明镜一样照射出银白色的光芒,南面有着著名的风景如画的德仁浩烈和巴音岱长青松。五畜如同一串串珍珠一样洒落在这辽阔无边的鄂温克大草原上。

> 传说,额格都·何音家族的人为了建立敖包,请了一位法力很高的萨满,萨满把烧好的肩胛骨拿出来观察道:"你们牛羊牲畜的棚圈很大,你们的敖包也很高大,牲畜踏出的路也很深,下辈子孙的生活也会很美满,未来也光明,是个子孙众多、生活吉祥、有福气的人们啊。"然后萨满用念珠算了一算后说:"你们还是在自己的哈拉莫洪中间建一个罗赛敖包,会运气常在,世代都会有福气,没病没灾、牛羊遍地、吉祥安康地世代生活下去的。"家族的人又把盛着奶酒的银碗递上来,同哈达一

起敬献给萨满说:"尊敬的萨满,可否为我们的敖包选址呢?"萨满又用念珠算了一算后说:"你们敖包的位置在东边发着金光之处,但是有两处位置。"萨满定好了看敖包位置的日子,站在如今的哈克木包前方的高处,遥望四面八方,观察了敖包的位置后突然走到后面较高的地方,朝南看了看后说道:"只要在这一处建敖包,别说你们额格都何音的人们,就是住在附近的邻里也会来虔诚地祭拜敖包,只要你们常常祭奠敖包,就会世世代代生活得吉祥如意。"就这样额格都何音莫洪的家族敖包哈克木敖包就建在辉河东安的这个高岗上了,额格都何音莫洪的人们在哈拉毛昆中间选出了一个德高望重的长者,让他来当了"敖包达",把建敖包一事交给了这个敖包达。①

据访谈人米吉格苏荣先生说,为建立敖包事向衙门呈送了奏文,衙门看到奏折后回复:"你们为自己的哈拉莫洪建立敖包怎么还要建立一个无名的敖包,建立敖包的地点也没确定到底在做些什么?把这些确定好之后再上奏!"就这样人们又回到萨满身边商议了建立敖包的地点和起名一事。萨满到该地点再次查看后,向天敬献鲜奶、茶、酒、米等说道:"苍天、大地、神明,我在为您敬献食物,为了额格都何音莫洪的子孙们,能否把发着金光的这小片土地送给该莫洪建敖包世代祭拜用?XXX的萨满我在此请求您……"萨满说挖土刨地会伤到大地,人们就在指定的地点垒起石头建立了敖包。然后人们拿起哈达向萨满请求了敖包的名字,萨满用法珠算了算说道:"甲辰祭罗赛敖包。"就这样萨满给这座敖包起了这个名字。再次启奏建立了敖包,额格都何音莫洪上奏了关于建立"甲辰祭罗赛敖包"的奏折,衙门批准了额格都·何音莫洪建立"甲辰祭罗赛敖包"的事情。但是衙门提出了每年祭拜该敖包之前必须向衙门上奏奏折后才能祭拜敖包的要求。②

---

① 齐全主编:《鄂温克族自治旗非物质文化遗产名录》,海拉尔:内蒙古文化出版社,2014年,第195页。
② 齐全主编:《鄂温克族自治旗非物质文化遗产名录》,海拉尔:内蒙古文化出版社,2014年,第195页。

确定敖包立祀吉日后,就着手立祀事宜,新建敖包时要请萨满做法事,把"刚格"(香蒿草)点燃在建立敖包的主要地点使该地净化,再把食物敬献给上苍,为神明点上香烛各七根,然后虔诚地叩拜,接着完成后续的工作。

敖包压宝瓶。压宝瓶的事不能随意完成,而且不是什么敖包都有的,只有在哈拉莫洪的大敖包上才会有压宝瓶的仪式。在筑密藏的过程当中不管是萨满还是喇嘛,在某个环节中出现错误就会很难挽回。压宝瓶是哈拉莫洪的人们为了家族的成员、亲戚,为了大家的美好未来,为了远离疾病妖魔、冤屈、困苦,以及肮脏、咒骂,为了远离这些所有不好的事情而请萨满做法事的习惯。鄂温克人信仰萨满已有千百年的历史,因此,在建立敖包过程中的所有仪式都是由萨满来完成的。随着清朝时期在内蒙古地区推行藏传佛教后,至清末民初游牧鄂温克人们也渐渐地开始请喇嘛做法事。放宝瓶之前先给宝瓶做熏净仪式。在宝瓶里放金银财宝、奶制品、五谷杂粮等,把这些放进用黄色的布缝制的袋子里封好,把它放进宝瓶盖上盖子,埋在敖包主杆的下面,再竖起旗杆。两个旗杆的左边旗杆先立起来,然后再立右边的旗杆,所以敖包必须要有宝瓶的。

图 2-5 哈克木敖包①

---

① 拍摄人:乌日乌特;拍摄时间:2018 年 6 月 27 日;拍摄地点:鄂温克族自治旗辉苏木哈克木敖包。

据说,游牧的索伦鄂温克人们从不祭拜没有宝瓶的敖包,没有放宝瓶的敖包也是无法开光的,去祭拜敖包的每个人都要拿上新的柳条插在敖包上,插满柳条后在柳条的下方用石头压上。敖包的左右侧也要用柳条插出五个巴掌的地方。这个叫敖包的手臂。敖包主旗杆上角的下方在白布上画飞马开光,或者从寺庙请佛幡,把它挂在上面喻示飞黄腾达。插在敖包的每一根柳条上系五颜六色的绸缎、哈达等来装饰敖包,敖包的左右臂也要一起装饰。在前面的两个旗杆上拉上用鬃毛编织的"哲沃里"(tɕəwəl)(鄂温克语,编织的绳子之意),然后也要系上五颜六色的绸缎来装饰。朝拜的人每人手中拿着祭祀的酒瓶、奶瓶或端着装有糕点的盘子,把东西端放在供桌上。还有,敖包上有需系绸缎、哈达、牲畜毛等的习惯,实在没有东西可系就可以从骑着的马的鬃毛或者尾巴拔下几根毛,也可以从拉勒勒车的键牛身上揪几根毛系在敖包上。敖包系上了这些就是喻示着自己有了福气、福分。两个旗杆的西南边要立上哈拉莫洪的旗帜。额格都·何音的旗是:外侧的边儿是红色,里侧的边儿是白色,正中是红色,底色上面画有飞腾的龙的图案。

图2-6 在哈克木敖包门柱下安家的戴胜鸟[①]

[①] 拍摄人:乌日乌特;拍摄时间:2018年6月26日;拍摄地点:鄂温克族自治旗辉苏木哈克木敖包。

表 2-2 哈克木敖包自然情况

敖包名称	原名称		现名称	哈克木敖包
敖包位置	原所在地区	鄂温克族自治旗辉苏木哈克木嘎查西北侧		
	现所在地区	鄂温克族自治旗辉苏木哈克木嘎查西北侧		
	地理环境	山顶	经纬度	
	所属民族	鄂温克	高度、直径（米）	
	敖包的性质	氏族敖包	敖包性质的当代变化	无
祭祀类型	敖包的材质	柳条 石头	现敖包的材质	柳条 石头
	原敖包的形状	圆形	现敖包的形状	圆形
	原敖包组合数量	独座敖包	现敖包组合数量	5座子敖包
	原祭祀日期	农历5月13日	现祭祀日期	农历5月13日
敖包祭祀	原祭祀者（组织、人）	额格都·何音氏族	现祭祀者（组织、人）	额格都·何音氏族
	原祭祀形式	牲祭、白祭	现祭祀形式	白祭
	原参祭者范围规模（人数）	家族成员50人左右	现祭祀者范围、规模	100人
	相关的宗教活动	萨满	现相关的宗教活动	家族男性主持
娱乐活动	娱乐主要内容	"男儿三技"	现敖包娱乐主要内容	男儿三技
	原其他活动		现其他活动	
祭祀恢复	中断终止祭祀时间	"文革"时期	恢复祭祀时间	1980年以后
建立年代				
敖包禁忌	禁止醉酒	禁止大小便	禁止打架	禁止乱丢垃圾
名称内涵	因地名而起的名字	另一种叫法为阿旺嘎日地		
敖包传说	萨满立祀敖包与衙门的参与			

续 表

资料来源	米吉格苏荣口述及其提供资料整理
备注	祭祀偶尔请过喇嘛，但是近几年比较少
	填表人：伊德尔　　填表日期：2018 年 7 月 16 日

2. 哈克木敖包祭祀仪式

敖包祭祀时间每年都是相对固定的，哈克木敖包的祭祀仪式都是在每年的农历 5 月 13 日举行。因此 12 号那天下午就把敖包装饰修补好，下午同额格都·何音莫洪的家族成员博克手伊德尔，驱车去哈克木敖包，一同前往的还有其他年轻的男性成员，途经哈克木嘎查北部草场时，看到提前到的男人们在用推土机平整草原自然路，因为明天早上这里是长距离赛马的赛道，需要填坑整理不平整的地方，将大块石头拉走，防止赛马时人马受伤。经过苏木后蹚过一条小河，往西南方向高坡上看到了敖包，那就是哈克木敖包，敖包坐北朝南，敖包的位置可以俯瞰辉河两岸的鄂温克草原和巴尔虎草原。

大约在五点多的时候，来了很多穿着鄂温克袍子的年轻人和几个老人，要准备修缮更换敖包的柳条和其他材料。首先，人们将哈克木敖包前面的两个系有哈达经幡的像门一样的旗杆放倒，修缮更换哈达，木杆下边是有石头固定的，搬石头放倒木杆的过程中，在木杆底部发现了一窝戴胜鸟，主人们认为这是有福气灵性的地方，有鸟居住是好事，所以小心地用自己的鄂温克袍子盖住，将戴胜鸟放到袍子底下，这样鸟就不会受到惊吓，然后将旗杆底部清理干净用刚嘎草薰净一下。在人们放倒第二根木杆的时石碓里也是同样情况人们照做。敖包前面的两个旗杆象征着是敖包的门，门内便是敖包及神灵居住的地方，人们必须从两个旗杆内进入供奉祭祀敖包。杆子放倒时，不能着地可以用手托着，也可以垫一个石头，然后开始将旗杆上旧的哈达经幡换下来，换上新的风马旗。然后两个旗杆之间用五彩经幡连接在一起。期间女性在旗杆外，准备祭祀用的哈达、牛奶、饼干、糖果、茶食、酒和糕点等。

接下来人们开始更换装饰主敖包，在敖包前面摆放好祭祀需要的供桌，在上面点上香烛各七根，再拿着刚嘎草，绕敖包三圈使其净化，旗杆也要薰净。然后收拾敖包周围的风吹刮来的垃圾杂物等,洁净卫生是敖包作为神圣场所必备的要求。年轻小伙子登上敖包石碓顶部,将旧的柳条全部拿出来递给下边的人,放到敖包东北方向的山坡下,这是每年放置旧柳条哈达的地方。因为哈克木敖包底部石碓是水泥加固了所以并没有四柱桅杆。将敖包主杆外围的柳条拿走后,把主杆拿出来杆顶由人托着不能着地,然后其他人准备风马旗和按照蓝白红黄绿的顺序将五色哈达取下来去旧换新。将敖包石坑里面的旧的经幡、龙塔和枯枝败叶打扫出来,之后再用刚嘎草薰净三圈之后洒一些牛奶。有趣的是在整理过程中,人们从敖包内部取出很多东西,而这些都是与信仰有关的,如观音像、释迦牟尼像、祖先神像、萨满布偶、关公像,还有藏传佛教的财神等,敖包的男主人们很是疑惑,因为他们的长辈和萨满从来不允许他们放置这些,除非得到允许,否则不会主动放置的,因为大家都小心翼翼地怕仪式中做出什么不适当行为引得神不高兴而惩罚自己。经过与家族长辈的商议后,年轻人将这些器物神像放到旧的柳条处。后经了解得知这些神像都是几家外地来的农区蒙古人安放的,以为哈克木敖包为公共的敖包,所以错将这些神像放入敖包内。家族里的男人把此事告知外人后神像被取走。

图2-7 被外人放置在哈克木敖包底座内的佛像、家族神、关公像及神偶①

① 拍摄人:乌日乌特;拍摄时间:2018年6月26日;拍摄地点:鄂温克自治旗辉苏木哈克木敖包。

第二章　鄂温克族敖包祭祀仪式研究

太阳落山后拉着新柳条的车才到,人们做了薰净仪式后,将柳条卸下车,开始往柳条上系各色彩条,还有的将春天剪下来的羊耳朵皮毛串起来,系在敖包的柳条上,祈求五畜繁殖,保佑牲畜健康。年纪大的男人在敖包内部四周洒牛奶,然后放置新的五谷杂粮。最后一步是将敖包主杆放入敖包内,由一人扶正,其他人开始放置新的柳条将敖包内填满后,用五色哈达连接成绳索,为的是将主杆和柳条固定住。此时天黑下来了,来的人将车灯打开,照亮敖包,主敖包完成,人们开始装饰更换两侧的五座子敖包。其他人包括今天来的女性成员开始往敖包枝条上系哈达,用经幡将两边的五座子敖包同主敖包连接起来,上下共三组经幡索。家族的男性老人和小辈们开始将自带的供品摆放到供桌前。然后开始提前祭拜。据伊德尔说明天人很多,我们今天先简单祭拜,明天早上正式祭祀,先可着远道的家族成员祭拜,就不会拥挤了。大约十一点敖包布置结束,等待明天的正式祭拜。在离开敖包回家前,远道来的赛马手们已经在敖包的西南方向一公里外的地方扎了鄂温克包和蒙古包,为明天的比赛做准备。

农历5月13号的早祭:

到达时已经有很多人了,既有额格都·何音家族的人,也有慕名而来的鄂温克族老乡。赛马在我们来之前就已经开始了,因为参加比赛的马匹都是在野外过夜,也要用薰香薰洁,然后参赛者围着敖包绕三圈祭拜完毕后从旗杆中间走出。没有薰过的马不得参赛,摔跤手也同样要薰净摔跤服。先进行长距离赛马,然后再进行短距离赛马,比赛路程要与敖包平行。敖包达说过去祭祀时主要的食物是奶、奶油、黄油、茶、糕点、酒以及没有放盐的煮羊肉汤等。过去祭祀是在萨满的带领下,来祭拜的人们都要在手里拿着敬献的物品跟敖包达一起向敖包跪拜,向苍天神明祈求降福。现在该祭祀敖包只有奶食并没有肉。祭拜敖包时在东南方向搭建几座鄂温克包,妇女们忙着为来祭拜的人们熬茶煮饭。

祭敖包时,众人必须从旗杆中间走到敖包面前,远道来的家族成员以小家庭为单位开始在柳条上系哈达经幡,然后倒酒和洒祭牛奶,将个人带的供品摆放在敖包前,围着敖包转三圈。个人祭祀差不多时,集体祭祀开始,在敖包的供桌前开始举行祭祀仪式,把奶、奶皮子、黄油、茶、

图 2-8　哈克木敖包祭祀摔跤颁奖仪式①

糕点、酒等食品端放在供桌上面,香烛各点七根,家族的成员在敖包达的带领下向着太阳的方向围绕敖包顺时针三圈,嘴里念着:胡列、胡列、胡列,愿我们能够没病没灾、氏族人畜兴旺、四季平安生活美满。最后年纪大的给年轻后代讲解家族历史,确定明年的主祭人和敖包达,仪式结束,人们从两个旗杆中间走出。之后举行摔跤比赛,让摔跤手们站在左右两侧,参加的只有32个人,所以比较小型,经过一个小时的比赛,冠军属于伊德尔,亚军是来自杜拉尔氏族的摔跤手。在给赛马、摔跤手、射箭手颁发比赛的奖品时,获奖者们先绕着敖包走三圈,绕圈的时候呼喊各自的称号,就这样比赛才算完毕。然后人们去辉河边,今年的敖包达捐助的羊肉,参加祭祀的人一起去吃羊肉,无论认识与否都会被邀请吃饭,包括赛马手。席间可以进行喝酒唱歌等娱乐活动,至此整个敖包祭祀仪式结束。

据说哈克木敖包原来有"扎斯",扎斯(tɕas),鄂温克语指的是祭拜敖包的牧民们经过协商奉献供出的牲畜。听老人说新中国成立前哈克

---

① 拍摄人:乌日乌特;拍摄时间:2018年6月27日;拍摄地点:鄂温克族自治旗辉苏木哈克木敖包。

图 2-9　傍晚更换哈克木敖包的柳条和哈达①

木敖包的扎斯——八百多只羊都在战火动荡时被洗劫一空。敖包祭祀的所有开销都是从扎斯拿出来的。所以哈拉莫洪的众人和周围的一些人们都可以组织起来为敖包建立扎斯，传承挖掘传统文化这也会为下一辈子孙后代留下宝贵的资产。

关于敖包的旗杆，敖包有主旗杆，南侧两个旗杆等共三个"旗杆"。三个旗杆下面都已筑有开光密藏的，所以竖立旗杆就是说明已经筑密藏完毕。老人们说萨满一眼就能够看出敖包有没有筑密藏。筑密藏的敖包在萨满的眼里发出闪闪的金光的。旗杆就是木头上开光后放的发着闪闪金光的那个圆形物。立旗杆时，下面埋上两个短木，中间夹放旗杆。但是两个短木跟旗杆一起上下打两个眼，再用差不多三个手指的木头枢朝东西侧平行固定，如果想卸下旗杆，拔掉枢即可卸下，但不能随意触碰或挪动密藏，否则会惹怒神灵。

（三）罗赛敖包——额都达特罗赛敖包

亚洲内陆的蒙古高原整体处于半湿润半干旱的温带大陆性气候之

---

① 拍摄人：乌日乌特；拍摄时间：2018 年 6 月 26 日；拍摄地点：鄂温克族自治旗辉苏木哈克木敖包。

中,因降水量有限旱涝不定,因此传统游牧的生产生活方式决定了人与草原的关系是一种依附关系,牧人的财富多寡直接取决于牛马羊的数量,而最本质的还是生产资料及草场雨水的好坏。关于河神、龙神的崇拜在我国史籍中屡见不鲜,《山海经·大荒东经》:"大荒东北隅中有山名曰凶黎土丘。应龙处南极,杀蚩尤与夸父,不得复上,故下数旱,旱而为应龙之状,乃得大雨。"①郝彭行云:"案后世以应龙致雨,义盖本此也。"②透过扑朔迷离的神话外衣,不难看出应龙致雨的神话实质上是远古祈雨巫术的记录。③ 既应龙致雨,龙神作为农耕社会最重要的神被图腾和人格化,关于龙的传说和神话是非常丰富的,可见龙与水的关系即龙的神性即是水的自然力量。雩祀是我国古代官方重要的求雨祭祀仪式,周礼有记载:"司巫掌握群巫之政令,若国大旱,则帅巫而舞雩",可见在西周时,就有一批巫师,专门负责以舞雩的方式祭祀祈雨,周朝将雩祭作为例行的祭典,在每年夏天五月举行,旱情特别严重的时候,还会举行临时性的大雩。④

我国北方的游牧民族很早就有水神及龙神的崇拜,据岑仲勉先生关于突厥《阙特勤碑》的考证,战于圣泉 Tammy:"曰圣泉,即突厥之圣地。因此,余又联想及于《周书》卷五十突传之他人水,传云:'又以五月中旬集他人水拜祭天祠。'他人水,即《元秘史》之塔米尔(Tamir)河。塔米尔河为北族圣泉,可于前之匈奴,后之蒙古证之。《史记》,岁五月,匈奴大会龙城;《后汉书》,会五月龙祠。今云突厥五月集他人水,拜祭天神,是亦沿匈奴旧俗拜祭龙神者也。耶律铸《双溪醉隐集诗注》:"'龙廷和林西北地也'。又曰:'和林西百余里,有金莲花甸,金河界其中,东汇为龙涡。'丁谦《匈奴传考证》:'龙涡即龙所蛰居地,匈奴祭龙,断在于此……东汇为龙涡,今台鲁尔倭赫泊也。'蒙古语'台鲁尔'可还原为 Tairua,在汉代初期译例,常以 n 代外语之 r,然后 Tairua 得读如

---

① 郭璞撰:《山海经传》,四部丛刊景明成化本,大荒南经第十五,第65页。
② 袁珂:《山海经校注》,上海:上海古籍出版社,1985年,第361页。
③ 敖依昌:《中国龙神话探源》,《重庆大学学报(社会科学版)》1995年第2期,第97页。
④ 高明:《水神崇拜及水神庙建筑空间形态浅析——以山西境内典型遗存为例》,太原理工大学硕士研究生学位论文,2017年,第10页。

第二章　鄂温克族敖包祭祀仪式研究

图 2-10　古洮州民俗祭龙神①

Tairan,即蹄林之名所自本或同一语源也。综是以观,塔米尔河之台鲁尔倭赫池,前而匈奴后而蒙古,均为北族圣地,二千余年之言音,迄今尤可推考。"②这是关于游牧民族祭祀蒙古高原圣河塔米尔河龙神的最早记录之一。

鄂伦春族祭祀龙神,鄂伦春语称龙为沐渡日(mutur),萨满和猎人都会祭祀龙王祈求风调雨顺。渔猎民族达斡尔人认为"江河湖泊的急流深潭处,是水神所在的地方。放木排者每路过急流漩涡时,都要叩头膜拜,祈求水神使他们安全通过。渔民在打鱼时首先祭水神,不准妇女到捕鱼现场,以免触怒水神而使他们打不到鱼"。③ 以上的祭河神龙神的仪式都是在以娱神的形式满足神的物质和精神的需求,而方式便是献祭祈雨和巫术求雨。鄂温克人同其他游牧民族一样,大多居住在河流的附近,一来人畜饮水方面,二来接近河流的地方水草丰美,可以抵

---

① http://blog.sina.com.cn/s/blog_c2162a4c01018t9d.html,新浪网。
② 岑仲勉:《跋突厥文阙特勒碑》,《突厥与回纥历史论文选集》上,北京:中华书局,1987年,第557—560页。
③ 满都尔图:《达斡尔鄂温克蒙古(陈巴尔虎)鄂伦春族萨满教调查》,中国社会科学院民族所民族学研究室编印,1992年,第7—8页。

御夏季的干旱,他们认为每条河流都是有主人的,龙神就是主人。游牧索伦鄂温克人每个家族都有罗赛敖包,罗赛敖包的重要性,在游牧鄂温克人的敖包信仰体系之中不亚于仙登敖包和氏族敖包。2018年6月份笔者参加了鄂温克族自治旗伊敏苏木和辉苏木的两座罗赛敖包的祭祀仪式,其中详细参与观察额格都·达特莫洪的罗赛敖包的祭祀仪式,并且记录了全过程。

图 2-11 祭祀龙神的仪式①

2015年6月20日,农历五月初五端午节,鄂温克族自治旗辉苏木乌日切希嘎查的额格都·达特莫洪的陶格陶贺家,邀请了伊敏苏木苇子坑嘎查的女萨满格根,为自己家立祀罗赛敖包。

传说"在辽阔的原野中的一块低洼处,有一个镜子般清澈、碾子般圆的湖泊,这就是额格都古宝龙地区英阿木吉,湖底多处有泉眼,水源旺盛,再大的干旱也从不枯竭。在方圆几百平方公里的无水草原上,索伦右翼正黄旗第二佐几十户、几万头(只)牲畜春夏秋季的饮水问题都靠这个湖来解决,所以

---

① 拍摄人:格根;拍摄时间:2018年6月18日;拍摄地点:鄂温克族自治旗辉苏木。

被认为是风水极好的地方。人们就在湖西南竖立敖包供奉祭祀龙王爷,求得龙王爷保佑"。①

据了解之前陶格陶贺家里是有罗赛敖包的,但敖包在英阿木吉湖附近,后来湖水变大现在很难去祭祀敖包,经过家族商议后将原来的罗赛敖包改立到别的地方,现在这个敖包位于辉苏乌日切希嘎查,确切位置为海日汗敖包的北边,海日汗敖包属于鄂温克族杜拉尔·雅勒哈瓦莫洪的家族敖包。陶格陶贺在2015年的5月份去请的格根萨满,萨满在陶格陶贺家做了一个祈神的仪式,这种祈神的仪式鄂温克语为"宁嘎仁"。在仪式中,萨满会先向敖包主人家神灵告知自己是索伦鄂温克人布勒吉尔莫洪的萨满叫格根,然后受陶格陶贺家族的邀请为该家族的敖包神灵新立罗赛敖包,之后"舍温"②附体会告诉陶格陶贺家族的人,时间定在农历五月初五。然后在选定的范围内,立祀当天格根萨满做了请舍温的宁嘎仁仪式,确定具体为海日汗敖包北部的山包上,具体是在仪式过程中舍温在哪儿降临,就在那个地点立祀罗赛敖包。

立祀敖包的早上格根萨满来到立祀地点,在鄂温克语中立敖包有专用的萨满用语为敖包"瑟格仁",也是非常正式的用语即敬语。普通人会说立祀敖包为敖包"伊禄仁",这是口语化的。立敖包时准备五色的哈达、风马旗、柳条、石头、四柱桅杆,敖包的主杆鄂温克语称为高勒毛。具体来说,罗赛敖包的石头必须取自大山阳坡的石头,太阳能照射到的,干净的,形制方圆合规的,柳条也是要求河边或者湖边最繁茂的没有牛羊破坏的活柳树。敖包中间的主杆为松树或者白桦树,笔直耐用,因为在萨满祭祀仪式中白桦被认为是纯洁的,且是通天神杆,是神灵往来天上人间的媒介,在鄂温克萨满祭天及升级仪式中都是用白桦树,这种树鄂温克语称为"托若毛"(tʰoro ɘm)。祭祀用的香鄂温克语称为"呼吉"(ˈxutɕi)。要准备九种颜色的绸缎、在呢子布料上刺绣出草原五畜的图案(羊、山羊、牛、马、骆驼),敖包建立或更换完新的柳条

---

① 讲述人:巴图德力格尔;讲述时间:2017年2月;讲述地点:鄂温克族自治旗巴彦托海镇。
② 舍温(sewen),鄂温克语翻译大意为神灵。

后放在敖包前,下边铺绸缎上面放呢子刺绣出的五畜图案。陶格陶贺家族为敖包神灵准备"温古毛仁"(ɔŋk mɔrən)即供神灵骑的神马,普通人不能骑,不能买卖,更不能虐待。

罗赛敖包形制和结构为独坐型敖包,所用材料相对较少,待材料准备好后,萨满在选定敖包的中心区,挖一个坑,放置宝瓶和五谷杂粮、金银财宝和首饰,放置之前要用刚嘎草薰净,在坑里敬献黑茶、奶茶、马奶酒、红酒、牛奶、五谷杂粮,放宝瓶,然后深埋,盖土。之后再薰净,将选取来的石头用刚嘎水蘸净,再用刚嘎草薰洁。然后开始立,按照萨满的要求在敖包中心按照一定比例半径一米五左右砌敖包,砌到一定高度后,再把敖包的四柱桅杆放置好,放置前桅杆也要薰洁一下。桅杆必须是当地的四种木头分别为樟子松、落叶松、山顶子、稠李子树。四柱桅

图 2-12　索伦鄂温克格根萨满①

---

① 拍摄人:乌日乌特;拍摄时间:2018 年 7 月 29 日;拍摄地点:鄂温克族自治旗巴彦托海镇。

杆放置好后也要洒牛奶。接下来把敖包主杆的柱子准备好,把五色哈达、风马旗按照顺序全部绑上,在主杆立好后,放石头,然后把柳条进行薰洁后插进去。其他人开始往柳条上系各色的彩条。彩条之中没有黑色,因为萨满认为黑色是不吉利的,阴性的。

祭祀敖包的贡品主要有:九根香、九种奶制品、九种水果、九盏油灯、水里的九种生物和九种飞禽。萨满教认为,人类的灵魂可以借助飞禽的翅膀和羽毛飞到天空到达神灵居住的天堂。有的人家祭祀时,会用99个柳条、柳条下边有用面做成的99个水生动物,这些都是龙神喜欢的动植物,比如鱼、蛇等。接下来是99种水果和糖、108个小油灯、牛奶、酸奶、红酒和九种饮料。因为河神龙王喜欢白食,所以祭祀时禁忌杀生不能见血,认为那样会惹怒神灵,所以必须是白食。最后萨满穿上萨满服开始祭祀仪式:首先要祈求土地的主人,然后立敖包、跟神请示说这个地方非常好,再敬天神。过程是:介绍自己是什么人,先说自己的姓氏家族的子孙,然后说自己的名字,然后说敖包立祀的过程,敖包上的哈达、还有风马旗也要和神说,萨满说这些,然后跟罗赛敖包神灵汇报,你的子孙后代谁谁来了,什么名字、什么属相的,主要说直系血缘的家族成员。祈求敖包神灵,祈祷神灵保护照顾这些子孙、给他们平安福气好运气,更祈求敖包神灵保护草原风调雨顺,人畜兴旺。顺时针方向敖包绕行三圈,倒牛奶、撒龙塔、开始磕头,然后仪式结束。敖包神灵开心了,子孙们感谢敖包神灵,萨满把敖包神灵给的福气运气接下来,然后将福气给予各位立祀敖包的子孙们。

罗赛敖包祭祀结束后,所有的人回家吃饭,可以在家吃事先宰好的羊,这个羊不能是为了敖包祭祀而宰的才可以吃。否则就会触犯神灵。很多鄂温克族的罗赛敖包过去都由萨满来祭祀,随着喇嘛教的传入和影响,以及萨满教在"文革"后的没落,很多人开始请喇嘛来祭祀罗赛敖包,但是当问陶格陶贺为何不请喇嘛时,他和家里在场的长辈们异口同声说,请喇嘛不是鄂温克人的传统,是辉河西岸新巴尔虎人的习惯,我们是鄂温克人请萨满才是规矩,那才是我们真正的习惯。对于萨满与喇嘛,可以看出鄂温克人内部也有不同的态度。

图 2-13 祭祀罗赛敖包① 　　图 2-14 供敖包神灵乘骑的神马②

图 2-15 向龙神献祭的 99 种飞禽和鱼类剪纸③ 　　图 2-16 带有风马旗和经幡的敖包主杆④

---

① 照片提供人：格根萨满；拍摄时间：2018 年 6 月。
② 照片提供人：格根萨满；拍摄时间：2018 年 6 月。
③ 拍摄人：乌日乌特；拍摄时间：2018 年 7 月 29 日；拍摄地点：鄂温克族自治旗巴彦托海镇。
④ 拍摄人：乌日乌特；拍摄时间：2018 年 6 月 27 日；拍摄地点：鄂温克族自治旗辉苏木哈克木敖包。

二、官祭敖包的祭祀仪式

(一) 苏木敖包——白音德力格尔敖包祭祀仪式

莫日格勒鄂温克人是指，生活在陈巴尔虎旗莫日格勒河流域的鄂温克人，历史上这部分鄂温克人被称为索伦别部，清史料将这部分鄂温克人称为"喀穆尼堪"，俄罗斯人称其为"通古斯"人。近些年，鄂温克族内部通常会称呼陈巴尔虎旗鄂温克人和鄂温克族自治旗锡尼河东苏木的鄂温克人为通古斯鄂温克。但这部分鄂温克人并不认同他人对自己的这种称呼，而是自称鄂温克或"额斡迪贝"。"通古斯"这一称谓，学术界有两种不同的说法，一种认为与这部分同源的鄂温克人居住在叶尼塞河附近的通古斯河附近，所以称为通古斯，的确很多民族都是以河流和地形地貌来命名自己的民族或部落名称的。另一种说法是因鄂温克人信仰萨满教，萨满做法式的时候敲击萨满鼓的声音是"通通"的声音，因此周围民族称其为通古斯人。雅库特人就是这样称呼所有鄂温克人的，而早期的俄罗斯人借雅库特人称谓，将鄂温克人也称之为通古斯，不过现在的俄罗斯称鄂温克人为 Evenki，汉语对照为埃文基人。"喀穆尼堪"的称谓确切涵义和词源也很难确定，清史料很早就有关于"喀

图 2-17　20 世纪 30 年代喀穆尼堪鄂温克的纳仁萨满①

---

① 拍摄人：林格伦；拍摄时间：1931 年；拍摄地点：陈巴尔虎旗鄂温克族苏木莫日格勒河流域。

穆尼堪"的称谓,泛指贝加尔湖以东饲养驯鹿和马匹的鄂温克人,又称为索伦别部,以区分索伦鄂温克人。有学者认为"喀穆尼堪"是俄罗斯贝加尔湖南部的布利亚特对这部分鄂温克人的称呼,意为"内部非常团结的人们",有的学者则认为"喀穆尼堪"的名称是因为居住在喀穆尼堪河而得名,清史料及《黑龙江志稿》中提到黑龙江流域的确有喀穆尼堪河,与鄂温克人活动的区域非常吻合,但是否与喀穆尼堪鄂温克人有关还需要进一步考证。

作为根特木耳的后代,莫日格勒鄂温克人是1918年至1923年前后从俄罗斯外贝加尔湖地区的敖嫩宝日金、乌哲恩、乌鲁楞贵、布日珠等地迁回呼伦贝尔特尼河和莫合尔图河流域的。第一批迁回50户牧民,1949年从鄂温克族自治旗迁到莫日格勒河20户鄂温克人。与当地的30户索伦鄂温克人共同组建了特尼河苏木,1953年国家落实民族政策在原有基础上成立了鄂温克族苏木。早期明清交替时期,呼伦贝尔额尔古纳及根河附近一直以来就是这部分鄂温克人的狩猎及冬营地。莫日格勒鄂温克人现有人口近2000人,他们的服饰非常有部落特点和地域特点,喜欢穿自己民族的长袍,辨识度非常高,服饰用料讲究,

图2-18 斯仁巴图萨满带领祭祀白音德力格尔敖包[①]

[①] 拍摄人:乌日乌特;拍摄时间:2018年6月22日;拍摄地点:陈巴尔虎旗鄂温克族苏木。

样式美观大方，每一种花纹都有其特殊的符号含义。如红色象征火、黑色代表大地、蓝色代表蓝天，而且已婚未婚服饰、老人、青年、儿童的服饰都有差异，分类之精细实属少见，莫日格勒鄂温克服饰现已是国家级非物质文化遗产。

莫日格勒河鄂温克人主要有三类敖包分别是仙登敖包、苏木敖包和罗赛敖包，其中在当地鄂温克族中最有影响力的当属历史近百年的白音德力格尔苏木敖包了。白音德力格尔蒙古语为富饶广阔。该敖包坐落于苏木政府所在地东北部，登上敖包山能俯瞰整个鄂温克草原和百转千回的莫日格勒河。作为苏木敖包，每年的祭祀时间是相对固定的，都是农历的五月份，因为鄂温克族的传统节日瑟宾节是公历的六月十八日，因此每年都会选择六月十八日由苏木政府来祭祀白音德力格尔敖包。

白音德力格尔敖包的结构与其他游牧鄂温克族的敖包无差异，主结构为底部石碓中间为柳条，四柱桄杆将柳树包裹其中。包括主敖包在内东西两侧呈交叉状共计九个敖包石碓，一个主敖包，八个子敖包。据主持祭祀的萨满说，这种敖包形制是为了模仿太阳的光芒。中心的

图 2-19 白音德力格尔敖包①

---

① 拍摄人：乌日乌特；拍摄时间：2018年6月22日；拍摄地点：陈巴尔虎旗鄂温克族苏木。

主敖包为太阳，子敖包为四射的光芒。而敖包之所以选在当地最高点是因为人们认为这里距离天神最近，是能够接受神力最近的地方。

敖包是一种信仰建筑，它包含着世俗功能与原始的宗教信仰，是鄂温克族传统信仰文化的直接展现，无论是萨满教的信仰仪式还是其内在的精神本质，都会随着时间而不断地发展变迁，显现出所处时代的特点。白音德力格尔敖包之所以在当地影响力巨大主要是因为相比其他类型的敖包给祭祀者的仪式感更强烈，敖包过后举行的娱乐活动更加地符合鄂温克族传统文化。当地有个传说："白音德力格尔最早称为孔克尔敖包，在清代属索伦右翼镶白旗第一佐管辖，日伪时期，系索伦旗莫尔格勒苏木辖区，现在被额尔古纳市所辖。在清末民国初是莫日格勒苏木其木查基特—杠里格雅特·图锡特章京供奉祭祀的敖包。图锡特是索伦右翼镶白旗人，是莫尔格勒苏木章京。原鄂温克族苏木的孟和苏木达，便是他的直系孙子。孔客日是鄂温克语，因为敖包山一侧像被掏空了一样凹进去而得名。该敖包山被额尔古纳市划去之后，图锡特后裔将敖包南迁鄂温克苏木境内，并改称巴音德力格尔敖包。"[①] 1949 年之前该敖包祭祀，一直由当地的鄂温克萨满来主持祭祀。

以下是陈巴尔虎旗鄂温克族苏木白音德力格尔敖包祭祀仪式的过程：

白音德力格尔敖包作为当地政府主祭的敖包，每年都会成立领导小组，由苏木达牵头工作。今年分成那达慕会务组和敖包祭祀领导小组去开展工作。因为全国蒙古族陶力亚特式摔跤在鄂温克族苏木举行，届时会有很多牧民前来参加观看比赛，所以敖包祭祀变得尤为重要。6 月 20 日凌晨，从苏木政府出发，在负责敖包协调工作的巴达玛希茹带领下来到敖包山下，步行去敖包山上的白音德力格尔敖包。由于是在牧区，因此大部分牧民是选择骑马上山，不开车的原因是汽车会破坏当地的植被，可见牧民对于自己的草场是多么地珍惜。当地著名的鄂温克族萨满斯仁巴图已经到了，在萨满的示意下，工作人员开始将

[①] 内蒙古自治区鄂温克族研究会、黑龙江省鄂温克族研究会编：《鄂温克地名考》，北京：民族出版社，2007 年，第 216 页。

旧的柳条、哈达和风马旗拿下来,更换新的,也有部分男牧民将自己拿来的柳条安插在敖包上,此时在敖包的前面两个圆形石头圈里面,人们放入藏式薰香和刚嘎并点燃,萨满在薰自己的萨满鼓。牧民们在新的柳条上系着各种颜色的布条和不带经文的五色哈达,但据观察还是有一些人系在柳条上的哈达是有藏传佛教经文的,一些人也在点着刚嘎薰香。主敖包前放置三张长桌子摆放供品,供品主要有全羊、奶茶、牛奶、各类奶制品、糕点、白酒、奶酒、红酒和糖果,每种数量都是九个。

所有前期工作结束后萨满穿上法衣开始祭祀仪式,随着萨满鼓的响起,萨满的伊若开始,现场保持着安静,女性在敖包的左侧,男人在敖包的右侧,年纪大的老人政府安排有椅子,年青人或是跪着或是站着祈祷,每个人手里都拿着一个盘子或者桶子,里面放着自己带来的肉、白食。

萨满的伊若即唱词的大意为:"神灵,我莫日格勒河的鄂温克人,是造劳特·杜立嘎特哈拉的萨满斯仁巴图,现在带领大家向您敬献膘肥体壮的四颗牙的羯羊、白色纯洁的牛奶和'讷日牧勒'(马奶酒),还有各类点心,感谢神灵保佑着鄂温克牧民,原谅我们曾经无知而冒犯您的过错与不敬,祈求神灵能够继续保佑牧民平安、水草丰美、牛羊肥壮、草原人丁兴旺,保佑我们避开灾难和疾病,您的子民们会每年祭祀您(神灵)。"在萨满的伊若唱词中提到了莫日格勒鄂温克人在贝加尔湖地区时的敖包一个是"呼日剋敖包"一个是"宝堪查干敖包",那是莫日格勒鄂温克人在那里生活时的大敖包。可见敖包祭祀词中仍然保留着对于故土的记忆。完毕后,萨满敲鼓带领众人顺时针绕敖包三圈,期间萨满一直敲击萨满鼓,其他人端着供品跟随其后,每绕一圈都会在萨满助手的带领下,众人呼号"浩烈、浩烈"。最后萨满带领众人磕头,到此萨满主持的仪式结束。敖包仪式进入下一个环节,喇嘛主持敖包仪式,萨满到旁边备有茶食的地方休息。

在斯仁巴图萨满带领牧民们绕敖包时,主持第二阶段祭祀仪式的喇嘛已经到场,只是没有上山,而是在半山腰等候前一阶段仪式的结束,这种不谋而合的默契可以说是在相互尊重为前提下才会出现的和谐场面。牧民们已经习惯这样的场景,并且会非常尊重萨满和喇嘛,鄂温克人对于文化的开放与包容的态度,在敖包祭祀仪式中得到了充分的体现。

第二阶段是有喇嘛来主持祭祀敖包的仪式,首先苏木领导宣布第二阶段祭祀开始,介绍邀请来的喇嘛的情况,如哪座寺庙、喇嘛的法号等。期间喇嘛摆放诵经的桌子和法器经文。

具体的仪式过程:1.苏木祭祀敖包工作组的人员和嘎查牧民在第一阶段的基础上,象征性地在主敖包上再添加一些系着经幡的当年新发芽的柳条。2.政府工作人员将敖包上的供品牛羊换成奶食、糕点和白酒,在敖包达(ɔpɔ ta)①的引领下,祭祀的人们开始绕着敖包转三圈,期间倒酒撒奶食,然后祈祷。3.喇嘛念诵敖包的吉祥经,有专门的人为其翻译经文,祭祀人员在敖包前面东西两侧点燃祭祀的薰香煴桑,这是一种薰洁净化仪式。整个仪式中藏传佛教的影响无处不在。仪式最后,敖包达领颂敖包的赞祝词,祭祀群众跟着念诵"胡列""胡列"。仪式结束,参加祭祀的人们开始相互分享敖包祭品,准备下山参加后续的那达慕大会。

敖包仪式结束后,祭祀敖包的牧民会带着自己的马绕着敖包走三

图 2-20 敖包现场同坐在一起的鄂温克萨满与喇嘛②

---

① 敖包达:鄂温克语,即敖包长,负责敖包祭祀活动的人。
② 拍摄人:乌日乌特;拍摄时间:2018年6月22日;拍摄地点:陈巴尔虎旗鄂温克族苏木。

圈,为的是祈福,为自己的比赛获得"神力"。骑马围绕敖包转三圈祭拜的习俗与古代匈奴和鲜卑等北方游牧民族的绕林木而祭祀的方式非常相似。从上述牧民祭祀敖包绕圈的仪式,可以得出以下结论,鄂温克族敖包祭祀的仪式与古代北方民族是一脉相承的,这种习俗是非常古老的,而且不断发展外延的。鲜卑人作为从呼伦贝尔大兴安岭入主中原的游牧民族,在民俗文化方面肯定会保留着塞外游牧的遗俗,这是不言而喻的。

白音德力格尔敖包两部分的祭祀仪式能很好地反映鄂温克族社会内部成员的精神信仰方面的情况,不但信仰本民族传统的萨满信仰还兼信外来的藏传佛教,并且这种双重信仰能够在鄂温克族社会中和谐存续。笔者认为这种和谐局面的存在主要取决于鄂温克族萨满文化对于异文化的包容,反观藏传佛教本身也具有一些苯教为代表的原始信仰的因素,为了在呼伦贝尔地区广泛传播,喇嘛们在教义允许的范围内进行了变革,当然这也是藏传佛教本地化的结果。

图 2-21 向敖包的柳树系彩条①

---

① 拍摄人:巴达玛希茹;拍摄时间:2018 年 6 月 22 日;拍摄地点:陈巴尔虎旗鄂温克族苏木。

(二)胡硕敖包——巴彦呼硕敖包祭祀仪式

巴彦呼硕敖包,位于呼伦贝尔市鄂温克族自治旗境内的巴音苏古日山上,建立于1734年前后。巴彦呼硕敖包历史非常悠久,祭祀仪式最为完整,是清时期索伦八旗中的右翼四期官祭敖包,清末民初是索伦旗的官祭敖包。与陈巴尔虎旗安本敖包及新巴尔虎右旗的宝格达山敖包并列为呼伦贝尔地区的三大官祭敖包。清朝时期至今,每年的敖包祭祀都由当地的官方来主持祭祀。然后由喇嘛来诵经。鄂温克族自治旗政府每年都会委托鄂温克族自治旗民族事务委员会和鄂温克族研究会来安排祭祀仪式的相关工作。"巴彦呼硕"蒙古语汉译为富饶的地域,从名字上看,可以说是蒙古文化与鄂温克族文化交融的产物。巴彦呼硕敖包山下有两处石碑,一处写着"天下第一敖包",另一处是旗政府立的石碑,石碑上面是关于巴彦呼硕敖包立祀的简介。简介内容大致上是指1732年索伦部驻防呼伦贝尔后,索伦兵丁共同建立巴彦呼硕敖包,为的是保佑国泰民安,风调雨顺,草原人民团结一心。

提到巴彦呼硕敖包的历史,鄂温克族自治旗著名的学者巴图德力格尔老先生讲到,1946年索伦旗时期,曾隆重祭祀过巴彦呼硕敖包。巴彦呼硕敖包是一座十三敖包形制,即一个主敖包、十二个附属敖包的形制,这与周边巴尔虎蒙古族的敖包结构非常相近。这里是新中国第一部草原题材的影片《草原上的人们》的外景拍摄地。片中主题曲《敖包相会》以巴彦呼硕敖包为背景,使该景区同《敖包相会》歌曲一样名扬海内外。传说之所以横向的广泛流传,纵向的代代相传就是因为其往往与历史事件或者政治事件相联系,甚至因为故事而出现纪念物,或是因敖包而出现相关的传说和故事,这是民间口传文学对历史事件的补充性特点。巴图德力格尔先生讲到了敖包的传说:

> 当年布特哈八旗士兵,来到呼伦贝尔草原后成立了索伦八旗,因为索伦鄂温克人为主体人最多了,他们过着戍边游牧的生活。有一天,一个叫森德布的鄂温克士兵,放牧的时候,突然天空下起了大雨,狂风四起,电闪雷鸣黑乎乎的云,羊群被吓得四处逃散,跟着风走,他走了很久到了一处高岗,不一

会雨就停了天空放晴,森德布正在着急寻找羊群时,发现羊不但没有丢失反而在阳面背风的地方悠闲地吃草呢。森德布认为,这块地是个风水宝地有灵气,是神灵保住了自己的羊群。于是这个故事在鄂温克草原传开,后来博尔本察总管听到后,就在这个地方建立了索伦人的巴彦呼硕敖包①

图 2-22　1931 年的巴彦呼硕敖包②

1931 年英国学者林格伦记录了巴彦呼硕敖包的祭祀仪式。因 1931 年西藏的班禅来呼伦贝尔弘扬佛法,当时参与了巴彦呼硕敖包的祭祀仪式,林格伦在自己拍摄的纪录片里讲到:"虽然萨满葬在敖包底下,今天喇嘛会举办佛教仪式。这个仪式过后安本③和他的其他官员会在敖包集合参加隆重的仪式。但这是一种萨满教的仪式,为敖包献祭肉食,这是违背佛教教义的。接着官员和喇嘛大众一起围转敖包撒发龙塔,半自治形式的'巴尔虎'政府,依然要求官员穿清代的官服。宗教仪式举办之后,群众分散在各地吃东西,等待下一个活动的开始。"也

---

① 访谈人:乌日乌特;被访谈人:巴图德力格尔;访谈地点:鄂温克族自治旗南屯;访谈时间:2017 年 2 月 20 日。
② 拍摄者,英国人类学家林格伦;拍摄时间:1932 年;拍摄地点:鄂温克族自治旗巴彦呼硕敖包。
③ 安本:鄂温语指大臣,本书指时任呼伦贝尔副都统衙门的副都统贵福先生。

就是说巴彦呼硕敖包曾经是萨满的陵墓,当地的确有这样的传说,有的说是鄂温克人萨满,有的人则说是达斡尔的萨满,众说纷纭但都缺乏佐证。

在巴彦呼硕敖包山脚下,矗立着"天下第一敖包"的石碑。这是为了纪念影片《草原上的人们》的主题曲《敖包相会》这首歌的作曲家通福先生所建的。因此有人说巴彦呼硕敖包和《敖包相会》这首歌曲将内蒙古的敖包文化传扬四海。站在敖包山上向远处眺望,视野特别宽广,东面是巴音山,西面是锡伯山,南面是伊敏电厂,北面看到的是海拉尔北部。山下,蜿蜒流淌的伊敏河像一条龙一样环绕着这里,河两岸的草场上散落着洁白的羊群,景色特别迷人。每年一届瑟宾节的敖包祭祀活动都会在这里举行,各地的牧民都会来参加,其中以鄂温克族占大多数,足以看出巴彦呼硕敖包对于鄂温克人的重要意义。

关于巴彦呼硕的另一种解释。巴彦呼硕敖包所在地原名为巴音苏古日,鄂温克语汉译为富裕的山嘴,其山嘴因地势深深地向伊敏河河床伸进,使得南北流向的伊敏河在山嘴西南部甩了个大湾,环绕山嘴后,复向北流逝。这样,山嘴之西南、南、东南、东、东北两面五方均被伊敏河环绕,同时,山嘴顶部拔地而起,形成了高高的尖子山。从山顶往南观看,伊敏河水绕了几个迂回,形成了精美图案,令人叹服大自然的鬼斧神工。索伦八旗人民认为,这座美丽的山嘴是风水极好的地方,所以称其为富饶的山嘴。清嘉庆七年(1802 年),索伦右翼四旗鄂温克人在巴音苏古日山嘴(今旅游点)南坡脚下,伊敏河河湾北岸建立了一座寺庙称光远寺,寺名由嘉庆皇帝所赐,并在山顶上建立敖包,由右翼四旗牧民共同供奉祭祀,至今已有两百多年历史。2011 年,鄂温克巴彦呼硕敖包祭祀被列为自治区级非物质文化遗产项目。但鄂温克族老百姓还是愿意称其为巴音苏古日敖包。

现在的巴彦呼硕敖包不仅是祭祀的场所,而且当地政府与开发商很早就成立了巴彦呼硕旅游景区。该景区始建于 1989 年,总体规划批准占地面积 6 平方公里草场,现有建筑 10000 平方米,现已累计投资 9800 余万元。巴彦呼硕景区有着历史悠久的敖包祭祀文化、鲜卑遗址和清朝光远寺遗址。巴彦呼硕被列为内蒙古自治区第一批文化生态保护区,现有内蒙古自治区级非物质文化遗产1项,呼伦贝尔市级非物质文化遗产4项,自治区级文物保护单位1项,旗县级文物保护单位2项。因距离呼伦贝尔市机场39公里,因此当地人习惯以"39公里"作为巴彦呼硕旅游景区的简称。该景区也是呼伦贝尔市"草原、边境、森林、温泉旅游"精品线路的重要节点。

回顾历史,清朝时期索伦八旗分为索伦左翼和索伦右翼各四旗,"1800年(清嘉庆五年)索伦右翼四旗(共25佐,包括22佐索伦鄂温克人、镶蓝旗的2佐鄂伦春人和正黄旗的1佐达斡尔人)建立了西卦赛敖包(今巴彦呼硕敖包)"。[①] 1803年农历五月十三日(清嘉庆八年)索伦左翼四旗建立了东卦赛敖包(今达斯宏卦赛敖包)。每年索伦八旗军民都举行敖包祭祀和那达慕活动。按照由传统社会走向现代化的历程,已故的巴图德力格尔老先生生前讲到,他认为作为官祭敖包的巴彦呼硕敖包祭祀活动,前后经历了五次不同的历史发展阶段。

图2-23 巴彦呼硕敖包祭祀仪式中的索伦官员[②]

[①] 齐全主编:《鄂温克族自治旗非物质文化遗产名录》,海拉尔:内蒙古文化出版社,2014年,第95页。
[②] 拍摄者:英国人类学家林格伦;拍摄时间:1931年;拍摄地点:鄂温克族自治旗巴彦呼硕敖包。

第一阶段为1732年索伦部两翼八旗军官兵进入呼伦贝尔驻防开始到20世纪初清朝灭亡。据历史记载,索伦部两翼八旗进入呼伦贝尔以后不久,清政府在呼伦贝尔设立了副都统衙门和两翼八旗总管衙门。在漫长的历史发展过程中索伦右翼四旗(正黄、正红、镶蓝、镶红)官兵、地方总管衙门和行政管辖区内的游牧民三方共同参与巴彦呼硕敖包祭祀与敖包会。第二阶段为民国时期,八旗制不复存在,而在呼伦贝尔副都统衙门行政管辖区域内设立了索伦两翼旗。这时索伦右翼旗行政管辖区域内在总管衙门主导参与下,继续举办一年一度的巴彦呼硕敖包祭祀活动和敖包会,从未间断。第三阶段,到了1932年,索伦两翼及额鲁特、俄罗斯躲避战乱的布里亚特侨民旗,四个旗被取消而合并成立了以索伦鄂温克为主导的索伦旗。此期间,在索伦旗主导参与下,行政与牧民相结合的敖包祭祀和敖包会一直延续到1945年。第四阶段为新中国成立后由中国共产党领导下的新索伦旗诞生到1958年鄂温克族自治旗成立。

沧桑斗转,随着时代的发展巴彦呼硕敖包祭祀仪式也发生着变迁。1948年,为庆祝新索伦旗人民政府成立,举行了敖包祭祀仪式。20世纪60年代"文革"开始,呼伦贝尔地区的各类宗教活动被禁止,敖包祭祀活动被明令禁止。"文革"结束后,国家重提宗教信仰自由,敖包祭祀活动开始恢复,但很多仪式已经断层,1981年8月1日为了庆祝鄂温克族自治旗成立20周年,旗政府举行了巴彦呼硕敖包祭祀与那达慕大会,至2018年鄂温克族自治旗成立60周年,政府又一次将敖包祭祀与那达慕一同举办,这也是各族牧民们期盼的结果。

2018年6月18日(农历五月二十六日),祭祀巴彦呼硕敖包当天早上,阴天雾气非常大,今年的雨水相比去年好很多,因此来祭祀的鄂温克族群众非常多,正式祭祀没有开始前已经有很多牧民骑马先来了,据说很多是前一天就过来了,在敖包山下扎的鄂温克柳条包,牧民对于敖包的虔诚之心让人非常感动。

敖包的祭祀中官方主祭是常见的祭祀方式,因为是鄂温克族自治旗政府主祭,因此具体操作就由旗民族宗教事务局牵头,提前一个月与喇嘛沟通,鄂温克族自治旗境内有三座喇嘛庙,分别是呼和庙、延福寺和锡尼河庙,三座庙的喇嘛每年轮流主持祭祀活动。巴彦呼硕敖包作为呼伦贝尔地区三大官祭敖包之一,敖包结构规模非常大,中间的主敖包近十米,左右两侧分别六个子敖包,所以都需要提前装饰敖包,当天政府专门组织的人起早来到敖包处,更换敖包柳条、重新将敖包主杆休整刷漆,在主杆上系风马旗和五彩的哈达。祭祀民众虽然不是敖包祭祀的组织者,但是却是真正的参与者,他们在敖包的供台上摆放自己带来的奶制品、肉食和糖块等。因为传统禁忌的原因,敖包石碓只能男性上去女士不可以,因此男人们则将自己带来的新发芽的柳条插在主敖包上,然后系上各种颜色的布条和哈达,很多人还会将鄂温克族的彩虹巾绑在各个敖包的柳条上。与此同时前来参与的牧民都会向四周撒印有经文的纸片,当地人称之为龙塔。

图2-24 祭祀巴彦呼硕的人们①

以下是巴彦呼硕敖包祭祀过程:

1. 除了政府供奉的牛羊肉和其他奶食外,供桌上摆放了很多牧民

---

① 拍摄人:乌日乌特;拍摄时间:2018年6月18日;拍摄地点:鄂温克族自治旗巴彦呼硕敖包。

自己带来的供品：肉、奶食、饼干、各类酒等。

随着呼伦贝尔市鄂温克族自治旗的相关领导到场就位后，喇嘛念吉祥经开始。政府指定的敖包达会按照流程宣布巴彦呼硕敖包祭祀仪式正式开始，其中敖包达必须是在当地非常了解敖包祭祀仪式和鄂温克族文化的人担任。一般是既得到官方的认可，也得到广大群众认可的人。

2. 供品。由于鄂温克族对于敖包祭祀看得非常重要，在他们眼中畜牧业的丰收与否，除了自己的辛勤努力之外，还有神灵的保佑，尤其是敖包神。因此祭品种类繁多，但只是以草原特色食品为主，如各种奶制品、牛羊的头颅、胸口肉，还有祭祀之前剪下来的羊的耳朵，一并进献给敖包神。不论是年长的还是年轻人都会掌握好喂桑的时间，因此有人在敖包的两侧开始用干牛粪点燃刚嘎草，待起火的时候放入藏传佛教式的薰香，等烟雾冒起来的时候人们将哈达和供品进行薰洁，这样起着洁净的效果。之后在敖包的四周撒扔龙塔，以示敬畏众神，吉祥如意。

3. 喇嘛颂经。每年都会有十位以上的喇嘛来参加巴彦呼硕敖包的祭祀仪式，这些喇嘛有时候是延福寺的喇嘛，今年则是当地广慧寺（又称呼和庙）的喇嘛，都是来自青海的蒙古族喇嘛。当喇嘛念诵吉祥经的时候，政府的官员和前来参加祭祀的人都保持安静坐在喇嘛供桌的对面听经，敖包达会引领参与者祈祷听经。

4. 集体绕圈祭拜敖包。念经暂时告一段落，敖包达会带领众人围绕敖包祭拜，绕三圈，官员紧随其后，然后是祭祀群众。敖包达念诵赞词，然后后人高声齐呼，"胡列""胡列"。每人手里都捧着一个桶状容器，内装各种祭品，桶底下放哈达。敖包达以鄂温克语蒙古语念诵赞祝词，祈福国泰民安、草原风调雨顺。

5. 跪拜敖包。在对敖包顺时针环绕三圈祭祀后，要向敖包叩拜祈祷。喇嘛在此念经，人们继续围坐在喇嘛对面，人们将装有供品的桶不时地高举过头，在敖包达的带领下绕三圈，口念"胡烈、胡烈"。以上仪式全部结束后，则宣告敖包祭祀仪式全部结束，祭祀群众互相分食供品，将一些供品带回各自家中给老人和孩子吃，以示沾得福气，最后人们去敖包山下的那达慕会场，观看摔跤比赛，欢度鄂温克族的瑟宾节。

图 2-25 1931 年巴彦呼硕敖包祭祀仪式①

以下是 20 世纪初期呼伦贝尔地区官祭敖包祭祀时的记录。敖包祭祀时间、祭祀人、参与者及那达慕，内容关于敖包的祭祀地点和祭祀时间的记载，"鄂博"（俗曰敖包）亦为例祭之重典。考鄂博之设原为区划界线之标识。本境旗属致祭，含有崇祀山川之意义。有各旗独设者，有全旗共祀者。各旗鄂博于五月或七月由各旗致祀，合祀鄂博在海拉尔河北山上。每三年举行大祭即为挑年期一次。以五月为祭期，全旗大小官员咸集延喇嘛诵经以昭郑重。鄂博形圆而顶尖，高丈余，上插柳条及书经文之白布幡。首由喇嘛诵经，鼓钹竞作。绕鄂博三周，且绕且诵，官民随之三周。既毕，各持香火西南行百余步。至柴望地点绕行三匝，如前举火燔柴以香火投之而返。次由副都统率属下向鄂博行跪拜礼，喇嘛排立案侧，诵经如前。众官以次席地坐，以器贮肉与饭，双手举器绕过额者数次，而后啖之，一若敬受神饺者。然祀事告终，任一般人民赴场竞艺，作驰马、角力种种比赛，胜者由官府颁给奖品。② 前后比较可以看出沧桑斗转、时过境迁，如今的敖包祭祀与过去基本的仪式结构并没有什么改变，人们依然尊重遵循着古老的信仰传统。只是敖包祭祀是传统仪式范畴，而旗庆的那达慕则是具有鲜明现代色彩，传统与

---

① 拍摄人：林格伦；拍摄时间：1931 年；拍摄地点：鄂温克族自治旗巴彦呼硕敖包。
② 陈廷恒、张家璠编撰：《呼伦贝尔志略》，内蒙古文化出版社，2003 年，第 213 页。

现代的时空结合,是鄂温克族敖包文化符号的时代特点。人们在祭祀敖包的同时,继续发扬传承索伦鄂温克族的戍边精神和英雄主义,发扬优秀文化,继承先辈们自强不息的精神,将之代代相传。

图 2-26　官祭敖包中的政府官员①

图 2-27　摆放贡品②

---

① 拍摄人:乌日乌特;拍摄时间:2012 年 6 月 18 日;拍摄地点:鄂温克族自治旗巴彦呼硕敖包。
② 拍摄人:乌日乌特;拍摄时间:2012 年 6 月 18 日;拍摄地点:鄂温克族自治旗巴彦呼硕敖包。

三、仙登敖包祭祀仪式研究

(一) 萨满生前的宗教活动

中国、蒙古、俄罗斯的西伯利亚远东地区是世界公认的萨满文化圈,很多民族都具有萨满信仰,尤其是满—通古斯语族的诸民族。萨满(saman)鄂温克语及满通古斯语汉译为通晓一切的人。在鄂温克族萨满信仰中,"萨满指的是一些非专职的神职人员,人们认为他们具有特殊能力,能够操纵人和动物的灵魂,是人与神沟通的使者。鄂温克族这种以萨满信仰为中心的原始宗教,被称为萨满教。萨满教有别于其他制度性宗教,就萨满而言,没有一个统一的萨满始祖,没有书面的、固定的教义,更没有固定的仪式唱词,甚至没有宗教场所。就萨满的信仰者而言,没有教规的束缚,没有对其他宗教的排斥,也没有对萨满忠诚的要求。"①萨满信仰的核心是萨满作为神职人员与万物有灵的自然万物沟通,主要沟通手段为:祖先或者神灵借助萨满而实现灵魂附体,然后与信众沟通对话,以达到祈福、消灾避祸和预测占卜的目的。

1. 主持祭祀仪式:包括祭祀山神、水神、火神、祖先神、各种类型的敖包如家族敖包、罗赛敖包及仙登敖包。2. 占卜仪式:如很多人在丢失牛羊和贵重物品的时候都会请萨满来看,这个"看"就是具有占卜的意味。3. 祈福趋利避害:在鄂温克族生活中有很多人信仰万物有灵,在遇到难以解决或者说意外的事情时,人们往往会失去心理的安全感会焦虑,因此就会请萨满来破解疑难问题,当地人称为"破事"即破解不好的事情。4. 升级仪式:一个真正的萨满在其称为萨满的过程中,需要不断地升级,最少要做三次升级仪式才可能称为大萨满,法力才能不断地增强。当然成熟的萨满还会为自己的徒弟或者说其他年轻的萨满主持升级仪式。5. 人生礼仪:很多鄂温克人会在婴儿满月和百天的时候请萨满来做仪式,为孩子祈福保平安;还会在其他萨满去世的时候为其主持萨满出殡仪式和立祀仙登的仪式。6. 治疗精神类的疾病:萨满

---

① 王伟:《索伦鄂温克宗教信仰:仪式、象征与解释——兼论萨满式文明与中国文化》,首都师范大学博士学位论文,2011年,第71页。

最重要的工作之一便是治疗患有精神疾病的人,如孩子受到某种惊吓或者说某个成年人触犯神灵受到刺激后精神失常,往往都会请萨满来治疗,这是医药科学所不及的真空地带。

在早期的狩猎游牧生活中鄂温克族萨满始终占据着鄂温克人的精神世界,是鄂温克宗教信仰中的主导者。在人类面临灾害和重大问题的时候,都会请萨满来决策事务,所以说,不论是初民社会还是当今的社会,每一种宗教或民间信仰在传承发展过程中都会经历长时间的内部转化,最后形成自主的内部结构,展现出一种独特的宗教形式或是发展模式。

(二)萨满的出殡

关于萨满的出殡及丧葬方式很早就有一些记载,如"东北边有风葬之俗。人死,以苇裹尸,悬深山大树间,将腐,解其悬,布尸于地,以碎石逐体薄掩之,如其形"。①(人死后放在树上尸体腐烂后将其放在地方石头盖上)早期鄂温克族萨满的出殡与丧葬方式和普通人不同,用巴尔虎蒙古语跳神(其供神叫"翁古")的萨满死后,是用木头爬犁,上设布篷而安放在墓地。用本民族语跳神(供神叫"舍温")的萨满死后,送葬时也装进木棺里,要从门运出尸体,不能从"包"架下边运出。运到葬地就放在地上,不埋进地里。当棺材和尸体腐化没有了以后,他的遗族和信徒要堆集一些石头,以便记住所葬的位置,进行礼拜。萨满死后,要请萨满跳神送葬。其留在家里的法具,要用木架撑起来存放,有时对法具

图 2-28 萨满的仙登石碓②

---

① 张伯英:《黑龙江志稿》,卷六地理志,第 197 页。
② 拍摄人:乌日乌特;拍摄时间:2018 年 7 月 12 日;拍摄地点:鄂温克族自治旗辉苏木巴音岱。

也进行祭礼。等继承的新萨满出现后,法衣就交给他了。至于葬萨满的地点,是由请来的萨满决定,据说这是跳神时死者的灵魂所指示的。送葬时不能用车拉,一般坐木爬犁,上以蓝色的布制成篷子,运送到葬地后,先由请来的萨满跳神,向山神求得安葬之地。

安葬后,和在家里一样,放上羊肉、酒、乳制品等供物,并把萨满的法衣及其他所有法器,都要挂到爬犁篷子的西侧。"继承的新萨满死后,可以安放在前萨满的墓旁。如继承者为前萨满的女儿,虽已出嫁,死后也要放在她娘家父亲的墓旁。萨满在世时,所乘用的马匹和鞍具等物,要全部留在墓旁,主要的法衣'扎瓦'要留在家里,给将来继承的萨满穿用。跳神用的鼓,如有两个,其中的一个要送葬于墓旁。另一鼓则留在家里,准备为继承人使用。至于献给死去萨满的马匹,跑回家来以后不能和普通马同样对待,可使用,不能卖掉。马老死后,要继献一匹,意味着不让死者徒步行走,始终有马骑。萨满死后其子弟戴半孝,即把一小块白布缝在帽子或衣服上,孝期一般是90天,但萨满妻子要戴全孝(穿白孝服),满孝期为3年。"[①]以上是鄂温克族社会历史调查

图2-29 仙登前的供品[②]

---

① 《中国少数民族社会历史调查资料丛刊》修订编辑委员会:《鄂温克族社会历史调查》,北京:民族出版社,2009年,第430页。
② 拍摄人:乌日乌特;拍摄时间:2018年7月12日;拍摄地点:鄂温克族自治旗辉苏木巴音岱。

关于鄂温克族萨满出殡及丧葬仪式方面的记录,时过境迁经历"文革"后,很多萨满文化断代,关于萨满出殡及仙登立祀仪式都发生了变化,有的是重构有的则是建构。

2016年伊敏苏木以白依格日氏族的萨满去世,其后人邀请鄂温克族女萨满格根为其做出殡仪式,以下为当代萨满出殡及立祀仪式的说明:在萨满咽气时及时擦洗他的全身和脸,用刚嘎薰烟做薰净仪式。在清洗干净萨满的身体后为其把内衣(必须是新的、大多数为蓝色)和袜子穿戴好,将其外衣(衣服、裤子)和靴子穿上,然后为他把长衣(长衫)穿好(穿戴衣物时必须用烟薰),最后把念珠、铜镜等装饰品为他戴好。举行安葬礼,为萨满祈福,让成仙的萨满降神,谨遵成仙萨满的嘱托来举行安葬礼。将鄂温克萨满躺着放入用厚木板做成的棺材里(棺材内侧用新的白色布来粘好)。安葬的方式都是由成仙萨满的嘱托来决定的,什么日子、什么时间、什么人、什么属相的来举棺、往哪个方向怎么出去,用牛车还是马车、在什么地方等等。全部过程都是由成仙萨满的嘱托决定的。到了安葬的地方,举行安葬礼的萨满,为安葬礼的地方祈福,降神,向仙逝的萨满问询位置是否合适。(如果想要穿奥日贵·扎瓦[ərkui tɕawa],戴伊格楞[iklən]神帽,穿敖劳其[ɔˈlɔɕi]靴子的话,需全部穿戴整齐)①。

按照传统,萨满去世三年后,第四年立祀仙登和萨满敖包,去世萨满的父亲也是萨满,所以将自己的仙登安放在父亲的仙登东南一百多米的地方,因为萨满父亲也有仙登,自己的仙登还是放在了自己家族的仙登附近。仙登安放的地点是在红花尔基嘎查西南的樟子松林,呼迪日敖包的南面。立仙登敖包的时候也要压五谷杂粮和宝瓶。

第一步,萨满在生前会告诉自己选定的位置,或者托梦告诉萨满。选好地点后三年之内不能去选好地点。立仙登敖包的时候是早上,开始的时候,萨满会向去世萨满介绍自己来自哪个家族受萨满的家族成员邀请,来主持去世萨满的仙登及萨满敖包祭祀立祀仪式。

---

① 奥日贵·扎瓦:鄂温克语即法衣;戴伊格楞:鄂温克语即神帽;敖劳其:即鄂温克族一种布皮相拼接的靴子。

图 2-30　主持仪式的格根萨满①

　　立祀敖包的前一个月,家族男性成员会代表家族来萨满家,邀请萨满主持自己家萨满仙登祭祀和敖包立祀仪式,要备齐白酒、白食(奶制品)、饼干、罐头等礼品。让萨满给看日子,然后定下来,家族及萨满提前筹备所需的祭祀祭品,吩咐家族成员需要提前做好分工。

　　萨满去世后将萨满放入木棺里,如果萨满生前有遗嘱说要把萨满法衣传给下一代那就穿普通的袍子,有的不会传给下一代萨满会自己穿着入棺。但棺材不能入土,自然安放在萨满选定的位置。然后萨满鼓放在棺材外面。索伦鄂温克人大部分萨满的仙登是棺材,但每个萨满都不一样,有的选择棺材,有的是选择坐姿风葬。有一些是鄂温克萨满,但他的神灵是巴尔虎神灵,所以在做仪式的时候讲巴尔虎蒙古语,所以这些萨满也会选择坐姿风葬。早先萨满风葬几年后,后人会在祭祀时用红布将萨满的遗骨包起来,然后在原址地方挖坑放五谷杂粮,待安放好后用石头覆盖其上。这一工作,去世萨满会托梦给祭祀萨满或

---

① 格根萨满提供,拍摄时间:2018 年 6 月;拍摄地点:鄂温克族自治旗伊敏苏木苇子坑嘎查。

者家族里的人,告诉他们家族什么属相的男人戴手套来捡拾遗骨完成仙登的石头安放,女人不可以。在捡拾遗骨之前要进行薰洁仪式,然后在安放遗骨的坑边也要进行薰洁仪式。遗骨安放好后,萨满要对仙登石碓进行薰洁仪式,然后祈祷念诵萨满伊若。萨满指导人们将五色不带藏传佛教经文的哈达放在仙登石碓上,这里蓝色代表蓝天或天神,白色代表云彩和纯洁,红色代表太阳及火的颜色,黄色代表月亮,绿色代表大地或绿色万物。全程由萨满来主持。

图 2-31　主持仪式的陈巴尔虎萨满呼德尔①

　　陈巴尔虎旗莫日格勒的鄂温克人的萨满在当地社会地位非常高,因为萨满身份的特殊性,所以丧葬也不同于普通人,萨满死后,家人会邀请别的萨满为已故萨满引路。通过仪式接受已故萨满的意思,将其安放在指定的地点,要远离村庄,听不见狗叫的地方。必须要自然环境好山水皆有的地方,这样被认为是对萨满的家族后人好。出殡前在萨满遗体安放的前面放置一只供羊。用刚嘎水给已故萨满净身,萨满的遗体不能卧放,而是要保持坐姿。在家安放三天后,将萨满按照坐姿用马车拉到指定地方,指定的地点都是阳面山坡高处。在萨满安放的地方,搭建四角柳条棚,上面用青色布或者白布毡子。萨满遗体安坐在里面(这一仪式鄂温克语称为酷热吉)。"萨满的法器如鼓和槌子等,按萨满的遗嘱,挂到指定的松树上,萨满的'舍卧刻'以及法衣等都挂到墓的

---

① 图片提供人:程朝贵;拍摄时间:2017 年 6 月;拍摄地点:陈巴尔虎旗。

后边。"①与此同时,要在萨满风葬的地方摆放奶食、肉食和酒等供品。三年后,等萨满的尸体风化以后在原地挖坑然后用红布将尸骨包好,在坑中薰洁后堆积一些石块覆盖并进行祭祀。法衣要挂在木架上传承给家族新的萨满,萨满的神马必须继续留着不得买卖。

萨满去世后的第九天举行"陶儒"仪式,在第九年做最后一次追祭后丧葬仪式才算完整结束。祭"仙登"仪式首先要去请萨满,请萨满要带没有经文的黄、蓝色哈达,带奶食、饼干、糖果和酒等物品作为伴手礼。到了萨满家,要用"刚嘎"薰洁后方可进入萨满居住的房子。进屋后向萨满主神献祭蓝色哈达,向喇嘛教佛像进献黄色哈达。可以看出两种宗教的融合是显而易见的。萨满请大家喝茶,之后萨满做个仪式,向自己的主神告知请示自己出门做仪式的原因,祈求允许。仪式结束后请萨满的人将萨满法衣取出后顺时针转一圈后从箱子的西侧取出,再用"刚嘎"薰洁后递给萨满,取萨满法衣的仪式表达了求者对祭祀萨

图 2-32 主持仪式的索伦鄂温克人布日玛布图萨满②

---

① 内蒙古自治区编辑组《中国少数民族社会历史调查资料丛刊》修订编辑委员会:《鄂温克族社会历史调查》,北京:民族出版社,2009 年,第 293 页。
② 拍摄人:乌日乌特;拍摄时间:2018 年 7 月 12 日;拍摄地点:鄂温克族自治旗辉苏木巴音岱。

满的敬畏与尊重。而萨满要经过磕头祈祷后得到神的允许才能出门做法式。

到达举行"仙登"仪式的地点后要宰纯白的羯羊,羯羊的左部分的肉招待被邀请来的主祭萨满,羊的右半部分进献给主祭的"仙登"。然后,萨满要和家族的人一同前往去世萨满的"仙登"前做薰洁仪式,从兴安岭的阳坡挑选白桦树安插在仙登的墓前面。用没有经文的哈达和五色布条装饰白桦树。白桦被认为是纯洁的象征,而用哈达和五色绸缎是为了娱神。通古斯鄂温克萨满的仙登是萨满遗体风化后,用石块堆积掩盖而成的,所以供品哈达都要放在仙登石碓的正前方,供品在摆放之前要用刚嘎草薰洁方可放置在供台上,然后点香放置三个油灯,当地人称为长明灯,认为萨满没有去世而是另一种重生。

以上仪式结束后,主祭的萨满会把各自的萨满法衣挂在先立好的木架上,"神树的最下面的树枝做一个窝即'托若','托若'里放一些羊毛絮、牛奶和茶等祭品,还有长明灯,再切一块羊尾夹在树枝上。主人和亲戚都在'托若'前跪拜表达对祖先神灵的敬重。"[①]仪式之前萨满稍作休息,然后开始从右侧穿戴法衣和神帽,仪式开始后男人坐在右侧,女人坐在左侧。仪式过程中已故萨满的灵魂会降临于仪式主祭萨满的身上,然后与自己家族的成员沟通对话,此时主祭萨满是无意识昏迷状态,等已故萨满灵魂离开后才会醒来,然后继续做最后的送神仪式,目的是希望祖先萨满保佑子孙后代。最后参与人员跪拜磕头三次后仪式全部结束。

上述两段不同时期的记录可以看出,萨满文化变化,但基本的核心仪式还是保持着原样。萨满在出殡与立祀仪式方面都是按照一定程序的,而这些程序有的是萨满生前告知好的,有的则是萨满在去世后,为其主持出殡仪式的萨满在做法事的时候,已故萨满的灵魂会告知自己的丧葬方式。无论是出殡还是立祀仙登,还是立祀仙登敖包,都是非常具有仪式性的,后人必须严格按照萨满的要求来,绝对不可半点疏忽,否则认为会受到惩罚。

---

① 呼格吉乐玛:《"通古斯"鄂温克萨满仪式及其象征意义探析》,内蒙古师范大学硕士论文,2011年,第20页。

(三) 柯尔特伊尔·莫吉格仙登·敖包祭祀仪式

祭祀萨满仙登是牧区鄂温克族的传统民居信仰活动。据载,"1956年时辉苏木约有50位萨满。当萨满去世后家族成员把他的遗体端坐在雪橇或者爬犁上,把萨满鼓打破后,将萨满鼓夹握在已故萨满的手中运往墓地,墓地要由萨满生前亲自选定,如无遗嘱则由家族新萨满或邀请其他家族的萨满选定,选择较高的地方为墓地。用蓝布搭棚子,暂放已故萨满的遗体,待萨满遗体风干后过段时间选择吉日将已故萨满的遗骨埋葬于此处,并用石头堆砌敖包,也有在萨满埋葬后在其墓的西北100米左右位置建立敖包以示纪念供奉。这就是萨满敖包。"①这种萨满敖包祭祀具有明显的祖先崇拜特征。

伊敏苏木的鄂温克族柯尔特伊尔哈拉,是索伦鄂温克族非常古老的一个哈拉,鄂伦春族也有此姓氏,说明两族同根同源。据说柯尔特伊尔家族来自大兴安岭布特哈地区的乌努尔河与雅鲁河之间。柯尔特伊

图 2-33 莫吉格萨满的木棺仙登②

---

① 乌热尔图:《鄂温克风情》,内蒙古文化出版社,1993年,第219—220页。
② 拍摄人:乌日乌特;拍摄时间:2018年6月19日;拍摄地点:鄂温克族自治旗伊敏苏木红花尔基嘎查。

尔氏族的家族成员主要居住在鄂温克族自治旗伊敏苏木的吉登猎民嘎查和红花尔基嘎查,大部分为猎民和牧民。该哈拉的莫吉格仙登和仙登敖包位于伊敏苏木红花尔基嘎查西南的樟子松林中。2018年经过家族里的长辈和邀请的萨满同意,笔者参加了莫吉格仙登及敖包的祭祀仪式。

1. 祭祀仙登敖包前期准备

首先是由祭祀家族的长辈敖斯尔提前半个月,带着奶食、白酒、饼干、水果去100公里外的辉苏木邀请萨满巴音巴图,到达后,给萨满递烟敬酒然后说明来意。看了日子,并邀请萨满主持家族仙登敖包的祭祀仪式。萨满定于农历六月初六祭祀莫吉格仙登和仙登敖包。之后将巴音巴图萨满邀请至敖包达敖斯尔的家中,从萨满家返家的路途中要不断地向大地天空敬献奶食和白酒。萨满到达敖斯尔家中后煮了手把肉和丰盛的菜肴招待巴音巴图萨满。随即萨满会告知敖包达具体祭祀时间,然后再告知具体的仪式事宜和准备事项。得到消息的家族成员都要在自己的鄂温克敖包或者房子的西南方向摆放供桌放置供品,提前祭祀已故萨满。据敖斯尔讲祭祀仙登是有很多讲究的:

> 祭祀仙登的时候规矩就比较多了,首先萨满会在祭祀的仪式上说话,告诉仙登里面的祖先,今天你的哪些子孙都来拜祭您了。萨满是由主持人请来的,我也请过萨满,一般是通过上辈人的关系去请萨满的,请萨满的时候一般是谁厉害就请,不能随意乱请。找萨满的话一定要找厉害的,不厉害的可不行,我们也不会因为他是鄂温克人我就找他。另外,敖包祭祀的时候没有说自家的敖包或者仙登,就要用自家的萨满来祭祀才是最好,我们这的仙登是很大型的祭祀,一般的不厉害的萨满真的不行。①

---

① 访谈人:于硕;被访谈人:敖斯尔;访谈地点:鄂温克族自治旗红花尔基嘎查;访谈时间:2017年5月。

2018年6月19日,农历五月初六,祭祀地点：内蒙古鄂温克族自治旗伊敏苏木红花尔基嘎查西南樟子松林。莫吉格萨满,1933年出生,去世时62岁,2018年萨满85岁。选择农历五月初六是因为莫吉格萨满是这一天出殡的。祭祀当天召集本家族的人同去祭祀仙登和仙登敖包,每个人都穿民族服装。路上不断地敬弹酒、鲜奶、奶干、糖块、糕点等供品(在敬弹酒、鲜奶时用草棍和芦苇蘸以示干净)。

早上4点多,家族的男性们先来到仙登附近扎鄂温克包(类似于蒙古包),以便萨满和老人们休息喝茶。仙登所在的樟子松林异常安静,给人以一种更加神秘的色彩。皮卡车带来两只羊和屠宰祭祀使用的工具和水,随后赶来的家族女性们负责做饮食。鄂温克族柳条包扎在距离仙登东南方向100米的地方。一同运来的还有祭祀用的新的柳条,边准备边等待萨满的到来。

祭祀前开始生火烧水,在地里挖一坑放一口锅,热水烧开前,准备宰羊,等着祭祀开始时,将供品拿到仙登前依次摆放。差不多6点时萨满到达了祭祀地点,并在鄂温克包休息,随后用一口新锅煮一种祭祀用的水。在热水里面,放牛奶、黄油、刚嘎、酒、若干小河流石。萨满要最先来翻倒热水,被萨满翻倒过的水具有洁净的功能,水煮好后放在干净的铝盆里面,等待仪式开始之前用于对仙登敖包的洁净仪式。献祭的羊准备好后,一切准备就绪,萨满会在助手的配合下,拿起萨满鼓和神杖,正式开始祭祀仪式。

2. 仙登及仙登敖包祭祀仪式

第一部分,从鄂温克包的西北方向朝着仙登的方向走,走几步便跪下晃动神杖,助手紧随其后,此时家族成员在远处暂时不能跟随。反复六次后,走到萨满的仙登木棺前面挂满彩色布条的樟子松树前,跪地开始撒献牛奶,随后在助手的示意下,家族按照辈分,年长的敖斯尔带着家族里的男性同辈和晚辈们走到仙登前,跪在距离萨满不远的地方,或者席地而坐,紧随其后的是年长高辈分的妇女从前至后依次跪坐。萨满的仙登是一座樟子松木的棺材,里面安放着莫吉格女萨满。

第二部分,萨满不断敲击萨满鼓按照其自身的唱词开始了仪式,首先向萨满仙登报告自己是杜拉尔哈拉(姓氏),额格都·杜拉尔莫洪(氏族分支)的萨满,巴音巴图,受柯尔特伊尔家族成员的邀请,来主持祭祀柯尔特伊尔家族属狗的女萨满的仙登和敖包,这一过程大约持续十分钟。家里的长辈敖包达敖斯尔开始向四周撒糖果和牛奶。本段祈祷仪式最后萨满和敖包达向仙登木棺和樟子松树献祭牛奶,随后进入下一个仪式。

图 2-34 巴音巴图萨满在助手的配合下开始单独祭拜仙登[①]

第三部分,萨满从仙登木棺向西北几十米外的敖包进发,继续走几步,跪地抖动神杖,几次后距离仙登敖包十多米外的两个柱子外,开始敲鼓,此时萨满是站立的而不是跪着的。开始像第二部分一样介绍自己的身份和受家族的邀请来祭祀仙登敖包。仙登敖包的前面有两个门柱,每个柱子顶部上都有风马旗和五色哈达,底部也有哈达,经幡连接两个柱子,对称的像是敖包的门。敖包达给两个柱子撒奶,然后把洁净仪式用的刚嘎水抬了过来。仪式前左侧柱子因为多年雨水浇灌倒地,萨满祈祷告知敖包神灵之后,敖包达询问萨满柱子倒地是否是神灵不高兴的表现,萨满则回答说不要紧。随后萨满吩咐家族男性们开始更换敖包上的柳条、哈达还有经幡,重新装饰敖包。一部分人换柱子上的经幡和风马旗,将换下来的旧经幡哈达放到敖包东面的一个树林里。

---

① 拍摄人:乌日乌特;拍摄时间:2018年6月19日;拍摄地点:鄂温克族自治旗伊敏苏木红花尔基嘎查。

其他人则在敖包达的带领下,更换敖包主杆上的风马旗、哈达还有柳条,开始之前萨满将萨满鼓和神杖挂在敖包前面的树上,然后用刚嘎薰烟绕敖包三周之后再开始动工。

整理敖包的人们先将敖包底下的石头搬开,再将固定柳条和主杆的石头移开,将旧的柳条取走,然后将主杆放倒,主杆顶端不能落地,需要人托着或者垫一个大的石头,依次把旧的五色哈达取下来。接下来,人们将新的柳条搬到仙登敖包附近,萨满拿出自带的法器,一个铜制铁勺,里面放入藏香与刚嘎薰草混合成的面,随后走到敖包石碓附近用火柴将薰香点燃出烟后,薰洁石碓内部和底部。薰洁仪式结束后,用铜勺将敖包底部之前陈旧的土和祭品掏出来倒掉。

与此同时敖包达和年轻人更换主杆上面的哈达,首先更换主杆顶端的黄布。有的家族顶部是用金黄色油漆替代,据萨满讲顶端黄色代表神灵的权威、尊严与高贵。其次更换哈达,颜色自上而下蓝色、白色、红色、黄色、绿色。敖包前的两个柱子也系上五色哈达。但是这个家族

图 2-35 巴音巴图萨满对敖包进行薰洁仪式①

---

① 拍摄人:乌日乌特;拍摄时间:2018 年 6 月 19 日;拍摄地点:鄂温克族自治旗伊敏苏木红花尔基嘎查。

的哈达并没有按照敖包主杆的哈达顺序系。萨满继续用刚嘎薰草,对敖包底座从里到外进行薰洁同时祈祷着,然后用类似锅刷的工具蘸刚嘎水,对敖包的石头进行洁净仪式,对每一块石头都要蘸到水。之后对敖包的主杆也要进行刚嘎水的洁净仪式。对新的柳条也要进行洁净仪式,柳条不能踩、不能跨,必须是洁净的。

在敖包底坑的位置,萨满在洁净仪式后撒放五谷杂粮,随后众人将主杆立直专人负责托扶,其他人在主杆周围放置新的柳条。柳条放置并扶正主杆后,用五色哈达连接成捆绳将柳条和主杆固定住,然后在底部开始添加石头,直到固定不倒为止。男性们在新柳条上系各种颜色的彩色布条和哈达,在敖包的四个方向拉起彩条。最后将敖包前面的两根柱子用五彩经幡连接在一起,并矗立起来,形成门型称为仙登敖包的大门。萨满在敖包石碓前面再一次点燃刚嘎,对完工的敖包整体进行薰洁仪式,因为在重新更换的过程中,人们已经碰过这些石头、柳条

图 2-36 门杆以外的妇女向男人递上无经文的哈达[①]

[①] 拍摄人:乌日乌特;拍摄时间:2018年6月19日;拍摄地点:鄂温克族自治旗伊敏苏木红花尔基嘎查

了,这一次薰洁之后为了保持洁净,不能再随意动了,最后再用刚嘎水进行一次洗净仪式。敖包主体更换结束后,立两边的柱子,对埋柱子的底座也要用刚嘎薰和刚嘎水洁净之后才能立起来。女性全程在两个柱子门外,边观看边祈祷,他们带的哈达和彩条布,由男人代为系在敖包上。

第四部分,人们将准备好的供品包括水果、奶食、酒肉、面食。萨满再次来到仙登前,跪着击鼓祈祷,并抖动神杖,之后吩咐家族的成员们在仙登前面点香、摆放各自带来的供品。仙登的供品摆完后再去仙登敖包处上香摆放供品,供品很多。敖包达给各位男性分烟。供品摆放完成后,偶尔有人先磕头。萨满带着大部分人又回到仙登处,准备正式的祭祀仪式。

第五部分,萨满开始重新点燃刚嘎,因为要为仙登和敖包神灵献祭两头纯白色的羯羊,所以要进行薰洁等一系列的仪式。首先,萨满的助手用刚嘎在羊的四周转一圈进行薰洁,薰洁羊的下巴、肚子底下,用刚嘎水洗洁净化羊的嘴、耳朵、身子,可能是有烟雾的原因两只羊很不老实。然后将祭祀的羊放在白色的毡垫上,解开绳索由祭祀人抓住羊。当萨满击鼓祈祷颂词的时候,羊就很自然地安静了下来,萨满助手给萨满戴上神帽,萨满再次击鼓开始祈祷颂词,大致意思为向莫吉格萨满的仙登报告,萨满代表柯特伊尔家族来给仙登献祭纯白无杂色的肥壮的羯羊,希望神灵接纳祭祀羊。随后萨满给羊喂食特意准备的五谷杂粮,然后给羊喝鲜奶,之后将鲜奶倒在羊的鼻梁后脑和整个羊背上,反复三次。祈祷仪式结束后将这只羊带走,到鄂温克包附近宰杀。紧接着带第二只羊去仙登敖包处,重复刚才的仪式。

宰羊需要家里最好的快手来操作,普通杀羊一刀即可,但给仙登敖包祭祀的需要两人来操作,当地人认为羊是有灵魂的,应快速让其进入天堂减轻痛苦。宰羊方式为掏心法屠宰羯羊,选择的羊必须是纯白色的,不能有其他颜色,以白色代表洁净。扒皮时,先从腿部动刀,然后必须保持四肢、羊头和羊尾用皮子连接,羊上额至头盖骨不能扒皮,而是需要用火烧,这样在祭祀仙登时候就寓意着供品是整只羊。然后萨满会告知如何分割带肉的四肢。羊的心肝肺和羊下颚不能分割,羊下颚

图 2-37　纯白羯羊的进献仪式①

需要同上颚分开,扒完皮子直接与羊的心肝肺连着,不能断开。宰羊的时候,必须将羊体内的血管拽出来留一段,插在柳树枝上,祭祀的时候放在仙登的前面。没有放盐的血肠、胆、心肝肺、脾都要煮半熟。祭祀白桶子里放入羊胸脯、三条肋骨(右侧)、尾骨肥肉(插在木棍上)、肝脏、腰子、血肠(包括大肠、小肠和编肠)、瘦肉等并恩赐给祭祀主人。

第六部分,血祭祭祀仙登。展开联结四蹄和头的皮子(SOGONAG),将小肠、胃、脾、胆等摆好。在此上面铺好羊皮,羊毛朝上,在上面放好木板,将羊的各部位按照原来的位置摆好。

被请来的萨满在祭祀礼仪告一段落后,向本家族的人讲明祭祀仙登敖包的缘由,讲述祭祀萨满生前的事迹,介绍本家族的历史,然后开始作法事(萨满作法时用力很大,精神集中,跳得很高,因此有专人保护,以防意外)。萨满穿上萨满服"扎瓦"(tɕapwa),击鼓开始跳萨满、迎接神灵附体。附体时,柯尔特伊尔家族的莫吉格萨满的灵魂通过祭祀萨满巴音巴图来到这里,向自己的子孙后代,说明自己的意思和不满。敖包主人和来祭祀的所有人跪拜献祭牛奶、烟酒。她会点名家里属兔

---

① 拍摄人:乌日乌特;拍摄时间:2018 年 6 月 19 日;拍摄地点:鄂温克族自治旗伊敏苏木红花尔基嘎查

子的孙子、哪个属相的儿媳等出来。被点到的人要到前面跪拜,他要什么就献什么。他要烟就递过去烟,要茶就端过去茶,要牛奶就献牛奶。莫吉格萨满教导嘱咐子孙,告知他们的错误和不恰当行为,并告知以后的注意事项。

萨满会点名叫到各种属相的人(本家族中的此属相的)出来往萨满的嘴里敬一碗鲜奶或酒,如果是萨满所点的人,他就咬住碗,不是就不会接碗,这时另一同属相的人给萨满一碗奶,如果是萨满点的就咬住碗转三圈,把碗扔地下,要是碗口朝上旁边的人们就说"托热"(即平安无事),如果碗口朝下,就有巴克奇(鄂温克语:助手)问请萨满后,把事由告知大家,同时萨满还借此预测未来年景的好坏,这是古代占卜习俗的延续和发展。全过程家族成员都要跪着,直到这一环节结束。然后给马封神,将选好的马当做礼物送给已故的萨满当坐骑,称为"温格马"。"温格马"的脖子上系有各种颜色的布条。普通人不可以乘骑温格马,只有家族新萨满可以乘骑。

祭祀白桶子里放入羊胸脯、三条肋骨(右侧)、尾骨肥肉(插在木棍上)、肝脏、腰子、血肠(包括大肠、小肠和编肠)瘦肉等并恩赐给祭祀主人。给其他人享用等于把福气让给了别人,所以只能由祭祀主人享用,但必须在三天内吃完。剩下的肉给来参加祭祀的人们享用。享用羊肉时不能折断羊骨,不能随意丢弃羊骨头,要将羊骨埋在干净的地方。随后将祭祀的首要食物烤羊头、羊下巴、舌头、喉、肺、心脏摆在盘子上,然后以最快速度跑到敖包上并将食物献祭在敖包顶端位置。

羊胸脯上最靠前的一部分肉放在碗里。只可由祭祀主人(敖包主人)的妻子享用,这个也叫(BUTERHEI)胸脯尖。由四个人将皮链子(SOGONAG)往四面拉伸并跑步前进,在哪里折断就扔在哪里。最后顺时针围着敖包和仙登祭拜,清理干净周围环境。这样祭祀的全过程就完成了。之后全家族的人分食供品,以求得祖先的福泽。萨满会把献祭羊的内脏拿到仙登敖包前,叫一个人把它分成两段,放置在敖包的西侧,此时祭祀仙登敖包的仪式才算全部结束。本家族男人绕三周仙登敖包后返回家里,途中不断向天空大地进献白酒和奶食。

仪式结束的晚上,萨满在已故萨满家房子的西南方向继续摆放供桌祭奠。第二天召集本家族的人进行后续仪式，请来的萨满将一块干净的石头用清水煮开后往每个人胸前弹水，并说"浩烈、浩烈"，表示热的意思。接着萨满将自己身上佩戴的铜镜沾上开水，往每个人胸前压一下，叫作净身洗礼。仪式结束午餐后将萨满送回自己家。途中也顺太阳的方向绕行，不断弹着白酒和鲜奶。萨满到家后把敖包达送的礼物挂在自家鄂温克柳条包西北的"哈那"上，然后招待客人，告知他们出行时间，最后回到各自家中，归途中也需要向大地敬献美酒和奶食，以祈求神灵保佑路途平安。

图 2-38　门杆以内的仙登敖包①

（四）伊格吉尔何音·额博布仙登·敖包祭祀仪式

1. 额博布仙登的概况

2018 年 7 月 10 日农历五月二十七日，参加了索伦鄂温克伊格吉尔·何音莫洪的已故男性萨满额博布的仙登及仙登敖包祭祀仪式，并

---

① 拍摄人：乌日乌特；拍摄时间：2018 年 6 月 19 日；拍摄地点：鄂温克族自治旗伊敏苏木红花尔基嘎查。

记录了整个仪式过程,该家族仙登及敖包有百年历史,在当地非常有名,祭祀仪式的内容也非常有特点。

祭祀的前一天下午伊格吉尔何音家族的成员就提前到达了仙登和仙登敖包的祭祀地点,鄂温克族自治旗辉苏木翁古浩斯嘎查(牧民又称为完工陶海)东南的巴音岱,扎了鄂温克柳条包。在额博布仙登东南5公里左右的地方是伊格吉尔·何音、额都·何音、萨玛勒·何音3个莫洪共祭的罗赛敖包,早上家族的人先去简单祭祀罗赛敖包,并没有请萨满或是喇嘛,而是由家族男性成员孟和托亚主持。按照传统更换了柳条和敖包主杆的哈达和风马旗,男人们祭拜,供品都是奶食和饼干,没有酒。女人们在敖包山脚下绕敖包三周,集体磕头拍照以后驱车前往仙登祭祀地点通洪合尔。

图 2-39　布日玛萨满在祭拜额博布仙登①

伊格吉尔何音哈拉牵头人孟和托亚介绍,他和家族成员乌日娜二人从2002年、2003年、2004年连续三年祭祀伊格吉尔·何音的仙登敖包。这个仙登敖包是伊格吉尔何音哈拉的一位属相牛的额博布萨满的仙登敖包,现如今在南辉苏木完工托海嘎查叫通洪合尔的地方。通洪合尔旁有一棵弯曲的榆树,所以鄂温克语也叫"塔黑尔海拉苏"(tʰaxir

---

① 拍摄人:乌日乌特;拍摄时间:2018年7月12日;拍摄地点:鄂温克族自治旗辉苏木完工陶海嘎查。

xailas)。此地大概是以地理位置起名叫通洪合尔塔黑尔海拉苏的。居住于完工托海嘎查的乌楞花尔老人家曾说这是一个特别神秘的敖包。说夜间敖包会有光闪烁，且还有声音。传说 70 年代，有位牧羊人在此地放羊时将马拴在仙登敖包上，把衣裳悬挂在敖包树上休息。不久之后他家遭遇了不幸。从此以后，这里的人们开始对此敖包有了敬畏之心，不再随意接近敖包，或者对其不敬。所以，祭祀此仙登敖包有许多禁忌。祭祀敖包时禁止女性上敖包。祭祀敖包的人们不可以在通洪合尔来回奔跑。祭祀者装饰敖包时禁止将树杈折断。享用祭品羊肉时不可折断羊骨。违者遭遇敖包的神力惩罚的可能性很大。

图 2-40　祭祀之前讲解额博布仙登的历史和祭祀禁忌①

2. 祭祀仙登及仙登敖包的前期准备：
(1) 邀请经验丰富的萨满
萨满为伊敏苏木毕鲁图嘎查的女萨满布日玛。
(2) 约定祭祀敖包时间
选择农历五、六、七月初九、初十、二十九的任意一天祭祀敖包。说

---

① 拍摄人：乌日乌特；拍摄时间：2018 年 7 月 12 日；拍摄地点：鄂温克族自治旗辉苏木完工陶海嘎查。

三九是祭祀祖先的日子。也就是说找萨满看日子,选择好日子祭祀敖包。

(3) 筹备材料

萨满告知敖包主人准备香、烛台、香薰、五彩绸缎、五彩哈达、乳制品(牛奶、奶酪、黄油、奶皮)、五谷、白布、白桶、白色垫子、白色羯羊(祭祀羊)等。祭祀敖包的其他人携带蓝色哈达、五彩绸缎、奶制品、烟酒、糖果。条件允许的人们可以自带羯羊(祭羯羊或献礼羊)到祭祀敖包地点。必要时候,敖包主人可以调换敖包中心树和敖包木杖子。但是要按照规定调换,把松树调换成中心树。中心树越高象征着子孙后代人丁兴旺。树顶端用柳条修饰成圆型。也可以用铜钱修饰圆型树顶,象征着富贵,后代再无需调换敖包树。敖包树周围木杖子需要用四种树木——松树、樟子松、稠李子树、山顶子树制作。松树代表着正直挺拔,而樟子松因生在沙地而代表着生命力的顽强和坚韧的品格,稠李子树作为野果树会结很多果子则代表着子孙满堂人畜兴旺,山顶子树因结出红色的果实寓意着生活红红火火。

图 2-41 在萨满的授意下开始更换装饰仙登敖包柳条和哈达①

---

① 拍摄人:乌日乌特;拍摄时间:2018 年 7 月 12 日;拍摄地点:鄂温克族自治旗辉苏木完工陶海嘎查。

用柳条修饰敖包,用山阳坡的干净岩石加固敖包基础。敖包主人在祭祀敖包前一天到预约的萨满家,邀请萨满。去萨满家邀请时携带烟酒、糖果、奶食、献礼物品等。第二天按照祭祀时间到达敖包,在邀请来的萨满的指导带领下献祭长生天及天下万物生灵来取悦敖包神。之后敖包主人与来祭祀敖包的人们一同将蓝色哈达的一角牵在手中,一路祭拜到敖包脚下,献祭奶制品、烟酒。与此同时给仙登添加岩石,用无经文的蓝色哈达将仙登盖上装饰,顺时针三圈绕行献祭奶食品。

3. 额博布仙登祭祀仪式

(1)早上从罗赛敖包赶到额博布仙登附近的营地,邀请的布日玛萨满已经在鄂温克包里等候了,家族中德高望重懂得祭祀礼仪的孟和托亚与萨满沟通后,吩咐家族成员准备祭祀材料,要求各位必须换上鄂温克袍子才能参加仪式。随后布日玛萨满在男性成员的带领下来到额博布仙登前。在额博布仙登的东南煴桑待烟雾起来后,布日玛萨满磕头后向额博布仙登进献了蓝色的无经文哈达后敲萨满鼓开始仪式,期间助手将供桌摆在额博布仙登的正前方,额博布仙登与莫吉格仙登木棺仙登不同,是石碓。布日玛萨满的伊若大意为:伊格吉尔何音莫洪的,属牛的爷爷萨满额博布的仙登,位于有灵气的通洪合尔,您的后代要祭祀您,随后开始晃动萨满鼓铃铛。

第一阶段结束,家族的孟和托亚和乌日娜将家族成员召集到仙登百米左右的地方坐下,开始向各位成员宣讲额博布仙登的历史和历年祭祀的情况,重点讲了祭祀敖包的规矩和禁忌,以故事为范本告诫家族成员必须严格遵守。敖包的仪式说明结束后,其他人走到额博布仙登东南方面跪着听布日玛萨满做仪式,仪式大致内容在讲述额博布萨满的功绩,升天的年月日,在晴空万里的日子里,依格吉尔何音的后人们按照规矩,准备了白糖、醇香的美酒、油灯来供奉您,装饰您的仙登和敖包来供奉您。

之后人们开始在五十米外的地方,双手捧着哈达走三步后将哈达往前献递,然后继续捡起来反复走,一直走到距离仙登五米左右的地方,除萨满和助手外,家族的女人在所有的男人后边扔献哈达。在仙登的两边煴桑烟很大,所有的人将自己的哈达在桑前薰净,然后在萨满的鼓声和伊若声中，人们按照萨满的要求将没有经文的哈达覆盖在仙登上，顺序也是有要求的，仙登石碓坐北朝南，因此仙登中间为黄色哈达，向南依次为蓝色哈达、红色哈达，黄色哈达的北侧依次为白色哈达、绿色哈达。所有人按照顺序将自己的哈达覆盖在仙登上，用石头压住哈达两边的底部，然后人们围着仙登转三圈，最后回到仙登正南方向磕头。在祭祀过程中传统的要求是男人戴帽子女人戴头巾。

（2）在磕头结束后，人们陆续将自己带的白食及奶制品放到供桌上。之后萨满仪式进入下一环节，按照萨满吩咐将祭祀仙登的纯白色羯羊带过来，在羊的下边垫一块白色毡子，羊站在上边。萨满唱词的大意说伊格吉尔何音属牛的萨满额博布爷爷，给您进献白色的羯羊，给您的羊用刚嘎薰洁、用鲜奶喂食、用五谷喂食，然后进献给您。之后人们开始在仙登的位置，点烛台薰香，展开白布将奶食品和糖果摆好，开始祭祀。将祭祀的白色羊羯子放到前面，无绳索的站在白垫子上（敖包主人抓着）。萨满用刚嘎水净化羊羯的嘴、耳、身。（这时候羊羯子摇动耳朵象征好，表示开心）也给它下巴、肚子底下用香薰薰好，这过程中羊竟然神奇地不动了，任人摆弄，将鲜奶倒入羊的耳朵，然后将鲜奶从头到脊背倒一遍，装奶的银碗放在羊背上，之后让羊在原地顺时针转三圈。然后让动作敏捷的人屠宰，拉断主动脉，并将三指左右的动脉插在木头上后放到仙登前。期间萨满的伊若唱词大意为：

> 准备了黄花纹脸的羯羊，德古，
> 全羊献给神灵，德古；
> 敬重地做了"阿米拉吉米"，德古，
> 此羊已获得新的生命，德古，
> 将这圣洁的全羊献给神灵，德古。
> 萨满我高声地祈祷，德古，
> 献给您圣洁的全羊，德古；
> 萨满我虔诚地祈祷，德古，
> 向您神界的脚印叩头，德古；
> 祈请您高兴地享纳，德古，

> 祈请您接受圣洁的全羊,德古。

仪式结束后在萨满的指导下五分钟之内完成屠宰。然后采用掏心法屠宰,这样羊会在一分钟之内死去,会减少羊的痛苦,萨满祖先也会很快收到它的灵魂。留下小肠、胃、脾、胆。熏烤羊头。留羊下颚、舌头、喉、肺、心脏。将这些专门留下的材料和剩下的肉一起煮。在没有盐的清水里煮,生肉颜色稍煮熟。

图2-42 将供奉的羊带到仙登前举行薰洁仪式①

(3) 第三个环节,开始装饰仙登敖包,女士们和男性老年人在仙登前面供奉自己带的水果。萨满上敖包做仪式,告知仙登敖包的主人萨满额博布,伊格吉尔何音家族的后人们要按照民族的规矩更换敖包的柳条和哈达并装饰一番,然后祭祀敖包。中青年男人们登上敖包后将调换敖包中心的主杆、固定敖包的四柱桅杆和装饰敖包的柳条等调换过的材料拿下来给敖包的主杆做香薰,净化它。用五彩哈达、五彩绸缎在敖包树顶端系好,用奶制品(牛奶、黄油、奶皮)涂抹在敖包树上以示祝福。五谷埋在中心树底下。四柱桅杆也是做香薰仪式,并在四柱桅

---

① 拍摄人:乌日乌特;拍摄时间:2018年7月12日;拍摄地点:鄂温克族自治旗辉苏木完工陶海嘎查。

杆四个角落埋好奶制品以示祝福。然后用柳条插满四柱桅杆内侧,还添上岩石,将敖包装饰得更雄伟可敬。装饰完敖包,所有男士将哈达和五彩绸缎系在敖包上,顺时针转三圈献祭、跪拜。女士们在敖包山的下面,献祭跪拜。

4. 仙登的红祭

仙登的红祭又称为血祭,指对仙登或敖包供奉动物的肉血,因杀牲见血因此民间俗称红祭。首先将献祭的羊,展开连结四蹄和头的皮子(SOGONAG)将小肠、胃、脾、胆等摆好。在此上面铺好羊皮,羊毛朝上,在上面放好木板,将羊的各个部位按照原来的位置摆好。萨满穿上萨满服(JABAWA),击鼓开始跳萨满、迎接神灵附体。附体时,伊格吉尔何音哈拉的属牛的鄂博萨满的信仰物通神来到这里表达自己的开心与委屈。敖包主人和来祭祀的所有人跪拜献祭牛奶、烟酒。然后他会点名哪个属相的儿子、哪个属相的儿媳等出来。被点到的人要到前面跪拜,他要什么就献什么,他要烟就递过去烟,要茶就端过去茶,要牛奶就献牛奶。

图 2-43 红祭开始①

---

① 拍摄人:乌日乌特;拍摄时间:2018 年 7 月 12 日;拍摄地点:鄂温克族自治旗辉苏木完工陶海嘎查。

额博布萨满爷爷教导嘱咐子孙,告知他们的错误和不恰当行为,并告知以后的注意事项,最后等额博布萨满的灵魂回到天上去后,萨满恢复知觉,回到正常状态,片刻不停,整理好萨满法衣后,走到仙登前面对着仙登和仙登敖包继续做仪式。伊若唱词大意为,伊格吉尔何音莫洪的属牛的萨满额博布爷爷,杜拉尔家族萨满布日玛接受您家族的邀请祭祀了您,祈求您保佑家族人丁兴旺,原谅子孙的不足,告诫他们教育他们,我们每年会按照民族的规矩好好地祭拜供奉您。然后在萨满不断地晃动自己的萨满服,铃铛和铜镜不断发出碰撞声音的过程中,助手们将萨满服替萨满脱下,本阶段仪式结束。

祭祀过程结束后,人们开始陆续回到休息的地方,因前一天已经在敖包的东北地方安扎十多个索伦鄂温克包,还有供祭祀人员吃饭的流动的临时大棚,人们喝一些奶茶,等待羊肉煮好期间,举办了那达慕,32位摔跤手参加了比赛,其间家族的人员相继表演节目唱歌舞蹈来为那达慕助兴,摔跤冠军获得一只羊和鄂温克族太阳花。

约一个小时后肉煮好,萨满重新带着人来到仙登前,将羊皮朝上铺好,将煮好无盐的肉按照羊的肢体结构放好,然后额博布萨满的孙子巴德拉将烟斗点燃进献给额博布仙登,其他人跪拜祈祷。其他人手捧供品在萨满的带领下一起祈祷,发出浩烈、浩烈的祈祷之音,汉语大意为:

  真的来了财运吗?
  来了,来了,来了(众人答)
  真的来了财富了吗(萨满唱)?
  真的来了,来了,来了(众人回答)
  祈祷财富永不流失
  祈祷财富永存
  兴旺发达,
  请保佑族人福寿双全,
  永世太平,
  霍列,霍列,霍列

最后，再磕头将自带供品带回临时营地拿给无法参加的家人吃，这在鄂温克族中认为是一种福气。然后除一部分煮好的肉用于进贡外，其他大家一起吃，然后煮肉的汤放进大米煮一些肉粥。祭祀白桶子里放入羊胸脯、三条肋骨（右侧）、尾骨肥肉（插在木棍上）、肝脏、腰子、血肠（包括大肠、小肠和编肠）、瘦肉等并恩赐给祭祀主人。给其他人享用等于把福气让给了别人，所以只能由祭祀主人享用。剩下的肉给来参加祭祀的人们享用。享用羊肉时不能折断羊骨，将羊骨埋在干净的地方。将祭祀首要食物——烤羊头、羊下巴、舌头、喉、肺、心脏摆在盘子上。敖包主人敬首食人①，然后首食人以最快速度跑到敖包上并将食物献祭给敖包顶端位置。羊胸脯的最上部分肉放在碗里，只可由祭祀主人（敖包主人）②的妻子享用，这个也叫胸脯尖。由四个人将皮链子（SOGONAG）往四面拉伸并跑步前进，在哪里折断就扔在哪里。最后一步，顺时针围着敖包和仙登祭拜，清理干净周围环境。这样祭祀的全过程就完成了。

5. 在家中做仙登祭祀的仪式程序

萨满告知，从家中给仙登敖包献祭的日期为农历九日、十九日、二十九日。主要以牛奶、茶、酒或者美食德吉（饭的第一碗）献祭。

从家中给仙登敖包献祭时候说："献给伊格吉尔何音哈拉之属牛的额博布爷爷美食德吉、牛奶、茶、烟。"祈祷说："请照顾照料和协助我们人、五畜安康。""祈祷您能日夜保佑和照料伊格吉尔何音哈拉属鸡的乌克亨（儿子）、属马的胡恒毕（儿媳）、属蛇的闹闹毕（儿）、属羊的乌娜吉毕（女儿），照顾他们幸福安康、心想事成。"

---

① 首食人，是敖包祭祀过程中，第一个动刀吃肉的人，通常为敖包主人或是敖包达。
② 注：此敖包的核心主人是现在的伊敏苏木毕鲁图嘎查的宝日其鲁。宝日其鲁是额博布萨满的领养儿，是布布日老人家的儿子。按辈分排序：额博布、布布日、宝日其鲁。那年我们从完工托海嘎查老人家打听伊格吉尔何音仙登，并确定这个是伊格吉尔何音哈拉仙登后，与哈森其木格相见，得到了其同意后，连续三年参加了祭祀此敖包。

祈祷保佑说:"祈祷您能为我家人用您的法器清除不幸,洗去不祥之物!咒骂辱骂离去,让肮脏之物远离家门",同时献祭膜拜。那年我们祭祀敖包,萨满额博布附体并点名那个人委屈哭泣并诉苦:"每年除夕我化作小鸟飞去你家门,但你们门窗紧闭,连一碗茶都没有,没有理会我。"听到此话后我们年年二十九、除夕为我们的大地万物,苍生天在窗台上敬上。①

图 2-44　向敖包磕头②

6. 2000 年以后额博布仙登祭祀情况

祭祀敖包日期与邀请的萨满

2002.9.6(星期五——OLAGQIN UHER EDUR)农历七月二十九日。

主祭仪式的萨满为:达斡尔斯琴挂萨满,巴特尔(助理)、额尔德木图(翻译)、研究员(日本)。

2003.7.15(星期二——SIRAGQIN UHER EDUR)农历六月十六日。

---

① 资料提供人:日娜,鄂温克族自治旗第一小学教师;提供时期:2018 年 7 月 15 日;提供地点:鄂温克族自治旗巴彦托海镇。
② 拍摄人:乌日乌特;拍摄时间:2018 年 7 月 12 日;拍摄地点:鄂温克族自治旗辉苏木完工陶海嘎查。

主祭仪式的萨满为：鄂温克萨满，裴乐吉德玛、中年女性（助理-达斡尔）。

2004.7.25（星期日——HUHEGQIN MOGAI EDUR）农历六月九日。

主祭仪式的萨满为：蒙古族萨满韩都玛，乌云达赉（助理）。

参加祭祀人员：孟根图雅（胡恩吉布之子）、孟和巴雅尔（胡恩吉布之子）、宝日其鲁（布布日之子）、宝音额尔德尼（布布日之子）、乌云巴图（乌苏尔扎布之子）、巴达拉（班扎尔哈赤之子）、孟根吉亚（孟和达之子）、伊德尔孟和（孟和达之子）、朝鲁（塞因巴雅尔之子）、乃登扎布（宝音德力格尔之子）、苏优乐扎布（宝音德力格尔之子）、欣帕。①

通过对萨满的出殡及仙登祭祀仪式介绍，看到在鄂温克族社会中，以血缘氏族为核心的家族观念依然在当代社会发挥着作用，人们对于萨满这一强大祖先崇拜的同时更多的是一种敬畏心理。祭祀萨满的仙登及仙登敖包是整个敖包祭祀过程中，仪式最多内容最为复杂的祭祀类型，仪式感浓厚，参与人数多，是敖包文化中保存最为古老的祭祀仪式，从祭祀过程中不仅可以探析古老的萨满文化、古老的丧葬文化和祭祀文化，而且透过仪式可以寻觅鄂温克人早期的精神与生命观念，阐释书面和现代意义上的宗教所不能阐释的人类历史。萨满信仰本身即是广义的人类文化历史，通过萨满的出殡祭祀仪式所呈现的宗教现象和表现形式，旨在发掘现象背后的本质。萨满的仙登敖包不仅是鄂温克人的祖先崇拜的事实，更是萨满文化的历史丰碑。

第三节　敖包祭祀后的活动

一、传统竞技赛事

最早的敖包祭祀作为传统的民俗活动，在社会的发展中不断积淀，

---

① 资料提供人：孟和托亚，原鄂温克族自治旗宣传部统战部部长；提供时期：2018年7月15日；提供地点：鄂温克族自治旗巴彦托海镇。

在当今的时代中不断地重构与整合，而那达慕作为游牧文化的精髓也在敖包文化中不断地凸显其重要性。在鄂温克族敖包祭祀仪式结束后，都会举行一些比赛及娱乐活动，与呼伦贝尔草原的达斡尔族蒙古族一样要举行那达慕。那达慕除了比赛外还有娱乐表演，在那达慕的会场还有专门的商业区。那达慕比赛的规模要看举办者的情况而定，官祭敖包因为资金和参与人数多，所以比赛内容丰富，苏木、嘎查和家族的敖包祭祀后的那达慕奖金和参与人数就会依次递减。比赛内容也基本上是男儿三技，嘎查和家族敖包现在只有赛马和摔跤比赛。近几年的那达慕在政府的倡导下也增加了鄂温克族传统的体育项目如抢苏、打瑟热、抢银碗、捡哈达和训马等，新的竞技项目逐渐地被吸纳进来如马术、绕桶赛等。赛马、摔跤是草原上最普遍、最有群众基础、参与度最高、最受群众喜欢的群体性活动，是对鄂温克族早期狩猎和游牧生活的真实反映。

图2-45 敖包祭祀后摔跤比赛颁奖①

---

① 拍摄人：乌日乌特；拍摄时间：2018年7月12日；拍摄地点：鄂温克族自治旗辉苏木完工陶海嘎查。

第二章 鄂温克族敖包祭祀仪式研究

鄂温克族最盛大的敖包祭祀是每年的六月十八日鄂温克族的传统节日瑟宾节,祭祀巴彦呼硕敖包,每年全旗的牧民及鄂温克族自治旗以外的人都会来参加祭祀活动,当地人1948年之前称那达慕为"奈日"(nair)①。"敖包奈日从一个传统的信仰仪式形式,演变到今天成为'那达慕'节日民俗,因为:(一)敖包成为举行'那达慕'的文化空间,人们在敖包所在地的神圣空间举行娱神娱己的欢庆活动,形成那达慕节日产生的文化因子。(二)这样的聚会活动,其特定的文化时间是春夏之交。这时经过春季繁忙的接羔时节,牧民进入相对的闲暇期,万物复苏、一片春意盎然,人们祈求风调雨顺、草势良好,就向敖包祭拜,进行娱神仪式。久而久之,农历五至六月份,成为约定俗成的时节,形成游牧民族节日的日期,那达慕节日的时间由此而定。"②自鄂温克人被编入八旗进入草原就一直有奈日那达慕。关于那达慕较为详细的记载是1948年,举办了首届呼伦贝尔盟那达慕,时任盟长额尔钦巴图宣布:"前来参加甘珠尔集会的同志们,首先庆祝首届呼伦贝尔盟奈日那达慕大会召开!"③

图2-46 1931年巴彦呼硕敖包祭祀活动赛冠军——获得安本毛仁称号④

---

① 奈日:蒙古语,节日的意思。
② 白丽丽:《草原牧区"那达慕"的传承与保护——以内蒙古东乌珠穆沁旗2006年"那达慕"为个案》,中央民族大学硕士学位论文,2008年,第28页。
③ 朝·都嘎尔扎布编:《额尔钦巴图生平》(蒙古文),内蒙古文化出版社,2005年,第80页。
④ 拍摄人:林格伦;拍摄时间:1931年;拍摄地点:鄂温克族自治旗巴彦呼硕敖包。

图 2-47　1931 年巴彦呼硕敖包祭祀的摔跤比赛①

　　鄂温克族自治旗巴彦呼硕敖包祭祀最早的文字影像资料为 1931 年班禅来到呼伦贝尔时,祭祀了巴彦呼硕敖包,当时英国人类学家林格伦对于敖包祭祀有一段描写:"摔跤比赛,索伦和达斡尔的年轻人都非常热衷于摔跤,随时都会吸引很多观众。这些比赛是有严格的规则的,摔跤手只能抓对方穿的短衣,或者附在两肩之间的布。摔跤手以某种怪异的动作仪式入场,在摔跤之前向有身份的观众鞠躬。胜者会得到布匹和茶,然后双手收到礼品的时候,会蹦跳离开。摔跤手会用皮质护膝防御其他对手对他(腿部)踢打,这是他们摔跤的重要部分。摔跤之后,官员相互道别。群众就散去了,然后索伦敖包会就结束了。"③

　　1938 年日本教员上牧濑三郎在鄂温克族自治旗辉苏木时编撰《索伦族的社会》一书记录了鄂温克族敖包的祭祀及那达慕盛况:"呼伦贝尔各地都参加的'放包'祭典上各民族均挑选最好的马前来参赛。在这赛马比赛中获胜的话,其民族自不待说,就是旗公署也被认为是很大的

---

① 拍摄人:林格伦;拍摄时间:1931 年;拍摄地点:鄂温克族自治旗巴彦呼硕敖包。
② 拍摄人:乌日乌特;拍摄时间:2018 年 6 月 22 日;拍摄地点:陈巴尔虎旗鄂温克族苏木。

图 2-48　赛马手带着赛马来祭拜敖包祈求好运①

荣誉。康德5年(昭和13年)(1938年)索伦族的马获胜。人们非常重视赛马,马匹多者为参加比赛从马群中挑选二三匹骏马全年进行训练。现在呼伦贝尔地区为奖励产马,由种马场授予优胜马以优胜奖旗。……自古以来非常盛行摔跤,所以在祭敖包时也举行盛大的摔跤比赛。举行小规模的摔跤比赛时则像日本的相扑那样分作东西两队进行,但是各族都参加比赛时,举行民族对抗赛,这些出场的力士都是各族代表的选手,一个个都是肌肉发达,强壮有力者。因为不同于本族内的比赛,是民族之间的对抗比赛,所以谁也不愿败下阵来,其摔跤的劲头,激烈程度,无法以语言来形容。"②以上描述了当时敖包祭祀后那达慕的场景,男儿三技尤其是摔跤在鄂温克族自治旗无论是官员还是老百姓都是非常受欢迎的,作为戍边的索伦八旗的鄂温克人自然是喜欢

---

① 注:该段文字为无声电影配文,原文为英文,笔者将其翻译成中文。
② 内蒙古大学、中共内蒙古地区党史研究所编:《内蒙古近代史译丛》第二辑,呼和浩特:内蒙古人民出版社,1988年,第205页。

摔跤,这不仅是军事训练的需要,还体现了鄂温克族先民对抗自然与逆境的精神,充分展示了民族自信心。

在清朝近300年的岁月中,因索伦鄂温克人能骑善射骁勇闻天下,所以历任皇帝在木兰围场围猎时都会命布特哈和呼伦贝尔两地的索伦鄂温克人前去参加围猎和摔跤比赛,很多人因此加官晋爵。2018年鄂温克族自治旗成立六十周年的敖包祭祀结束后,在巴彦呼硕敖包下边举行了大型的比赛,主要是赛马、博克和射箭比赛。其中最吸引人的摔跤比赛有500多人参加比赛,主办方设置的冠军奖金为5万元。赛马100多匹,因为奖金丰厚来参赛的都是内蒙古顶级的马。射箭手也来自呼伦贝尔地区,都是普通的牧民。

鄂温克族自治旗是中国著名的摔跤之乡,是优秀博克手的摇篮。因为瑟宾节敖包祭祀后的那达慕摔跤比赛奖金高,所以内蒙古很多优秀的博克手都来参赛。中国著名博克手巴音孟和、伊德尔和乾德门都是鄂温克族,在自己家乡自然要争取冠军,摔跤讲究不分级别,谁都可以挑战强者,而且公平公正是比赛的宗旨。比赛中间会有歌舞表演,这样既可以活跃气氛,还可以让摔跤手们有休息时间恢复体能。鄂温克族摔跤为传统摔跤和蒙古式摔跤,现在那达慕比赛都是蒙古式摔跤,跤服也与蒙古族跤服一致,"上身着皮革所制、无袖无前襟坎肩,其上饰银制或铜制冒钉,且背部饰龙形、鸟形,腰部系红、黄、蓝三色围裙,下身穿肥大摔跤裤,花蔓形、怪兽形图,脚蹬皮制或布制的靴。"[①]2018年,摔跤比赛历时3个小时,最终乾德门获得了冠军。男儿三技不仅体现了鄂温克族勇敢善战的精神,还体现了马背民族的精湛技艺。

二、娱乐表演

文化展演是体现民族的性格、维系民族成员的纽带,是铸就民族精神的重要方式,而族群文化的认同是表演者与观众共同构建的。因此敖包祭祀过后娱乐表演会将那达慕大会推向高潮的另一个部分,人们会在那达慕大会上集中展现草原儿女乐观向上热爱生活的态度,能够

---

① 王迅、苏赫巴鲁:《蒙古族风俗志》(上),北京:中央民族学院出版社,1990年,第156—157页。

充分体现草原人的精神风貌。与敖包祭祀有关的"那达慕"从字典上理解内容广泛:"①游戏、娱乐、游艺、玩耍;②蒙古族人民的群众性体育、娱乐、物资交流集会;③玩笑、嘲笑、戏弄;④旧时有赌博之意"①。虽然那达慕一词来自蒙古语和达斡尔语,但因为生活在共同的地域从事相同的生计方式,鄂温克人自然接受了这一节日的称谓。

按照鄂温克牧民自己的解释那达慕就是"玩"摔跤、赛马、唱歌会朋友。敖包祭祀后的活动除了竞赛外,娱乐表演是必不可少的,鄂温克人能歌善舞,他们喜欢用歌声和舞蹈去表达对于森林草原和生活的热爱,每逢那达慕必是一次音乐盛宴,著名歌曲《敖包相会》就是诞生在鄂温克族自治旗巴彦呼硕敖包山下,而这首歌最早的版本就是鄂温克语演唱的。每年鄂温克族自治旗乌兰牧骑都会在敖包会上表演节目,鄂温克族传统舞蹈野猪搏斗舞、松鸡舞、阿罕拜等舞蹈,民歌金色的雅鲁河、酒歌、额呼兰德呼兰及创作歌曲历史的声音、彩虹等歌曲是每年都有的节目。作为瑟宾节敖包会的一部分,鄂温克族自治旗连续举行了鄂温克语故事、传说、史诗和民歌比赛。通过参加敖包祭祀的系列活动,不仅使得鄂温克族文化得到了挖掘和传承,还增加了民族自信心和自豪感。与此同时兄弟民族达斡尔族、鄂伦春族、蒙古族的节目也会有,各民族文化在敖包会的那达慕上都能看到。

在家族敖包、仙登敖包、嘎查敖包祭祀活动中娱乐活动更是必不可少的,因为参与人有限所以活动相对比较单一,但是内容却很丰富。很多年长的老人会向家族成员或者参加者讲述民族历史和与当地敖包萨满相关的传说,因此很多人会学习到很多民族历史知识。歌舞表演中,不分男女谁都可以表演,在活动中表演者都会得到相应的奖品,集体舞是每次必有的节目,大家通过跳舞,摒弃差异和年龄在一起娱乐,交际舞深受年轻人喜爱。由于在牧区居住都比较分散,娱乐活动非常少,人们通过敖包祭祀的那达慕去沟通感情,通过歌舞表演拉近距离增加感

---

① 内蒙古大学蒙古语文研究室编:《汉蒙词典》,呼和浩特:内蒙古人民出版社,1976年,第335页。

图 2-49　巴彦呼硕敖包祭祀活动后的鄂温克族舞蹈表演[①]

情。所以每次敖包会对于鄂温克人来说都是一次自我放松和交友省亲的好机会。

三、商业活动

敖包祭祀仪式后的那达慕除了男儿三技和歌舞表演外,往往会聚居很多商铺小贩。物品流通与商品交换是那达慕必不可少的商业活动。早期呼伦贝尔地区的各族人民主要的交易平台就是敖包会和甘珠尔庙的庙会,大多都是以物易物和简单的等价交换。因清朝时期建立索伦八旗,很多关内商人奉旨特许来呼伦贝尔地区经商,而敖包会则是这些坐商和行商的主要交换场所。所以说敖包会的商品交易活动在呼伦贝尔已经有近三百年的历史了。由于在牧区牧民居住较为分散,各自距离较远,很多物资流通不如城市那样便捷,因此每年的鄂温克族自治旗敖包会及各苏木的敖包会都会吸引很多商家到会展销,各种临时

---

① 拍摄人:乌日乌特;拍摄时间:2018 年 8 月 10 日;拍摄地点:鄂温克族自治旗巴彦呼硕敖包。

餐饮也会到来,对于牧民来说也是一次集中采购的好机会,因此有人称那达慕商品展销为草原大超市。商家展销的产品主要与牧民生活需求息息相关,如铁质蒙古包、打草机、拖拉机,甚至皮卡汽车、风力发电机、太阳能板、牧民靴子、马鞍子的各种配件、鄂温克和蒙古袍的布料等等应有尽有。敖包会上的商品交易不仅满足了鄂温克族群众的物质精神生活,还为民族地区的经济发展贡献了一份力量。

小结

通过本章上文介绍我们梳理出鄂温克族敖包祭祀活动与古代北方的匈奴、鲜卑、契丹和女真等民族的祭祀活动,无论是祭祀时间、祭祀仪式和祭祀内容都非常地相似,可以说是一脉相承。鄂温克族的敖包立祀与祭祀仪式非常地具有本民族的特点,无论是萨满敖包还是家族敖包,都能看到萨满教对于鄂温克族敖包祭祀仪式的影响是非常巨大的,与之相对应的是与敖包相关的口传文学使得鄂温克族敖包文化更具有神性色彩。官祭敖包祭祀仪式中先后出现萨满和喇嘛的同台参与,使我们看到了文化与宗教的融合,是鄂温克族敖包文化的多元性特点。而敖包会中娱乐及"男儿三技"是鄂温克族敖包文化中不可或缺的一部分。

第三章
鄂温克族敖包祭祀仪式的口传文学研究

在没有文字的时代,人类通过口耳相传的方式表达对于世界的认知,也通过口头的方式传播生存技能和经验。可以说,自远古时代以来,民间口传文学是伴随着人们的劳动生产、宗教、民俗活动而产生和发展的。那些世间万物的规律、对于信仰的解释逐步凝练概括,并通过神话、传说、故事、祭祀词、劳动歌、劝善歌和箴言而形成了口传文学,因此,它既是人们生活知识的珍贵宝库,也是人们文化娱乐的重要形式。

口传文学在鄂温克族萨满仪式和敖包祭祀仪式过程中也发挥着举足轻重的作用,它同鄂温克族的其他民间文学体裁如神话、民间故事、民歌一样,不仅反映了鄂温克人思想、生活的状况,还承担着记录历史、传播知识、教育后代等多样的社会功能[①],而那些讲述了敖包的起源、敖包祭祀仪式过程、敖包禁忌以及家族历史的口头文学内容,则通过口述传递着鄂温克族人世代积累下来的生活经验,和祖祖辈辈坚守的虔诚信仰。

第一节 鄂温克族敖包祭祀仪式中的口传文学研究

口传文学贯穿于鄂温克族敖包祭祀仪式的全过程,渗入仪式的每一个环节,如萨满在祭祀中介绍到的民族起源、迁徙的历史、关于敖包

---

① 满都呼:《中国阿尔泰语系民族民间文学概论》,呼和浩特:内蒙古教育出版社,2005年,第103页。

的传说和神话等,都属于口传文学的范畴。

一、鄂温克族敖包祭祀相关口传文学范式

口传文学(Oral Literature)被称为与人类文明生命相依的文学,伴随着人类语言的诞生而产生,它在民众间口耳相传,是人类非物质文化的重要组成部分。口传文学也被称为"口头文学""民间文学""口头传统""口头及非物质文化遗产"等。目前,学界对口传文学概念的理解较为宽泛,如"口头文学是指民间文学中纯粹口头讲述、吟诵的口传文学或口头创作,口头文学与口头语言密切相关,是口语语言的艺术。从形式上看这类口头文学就有散说(叙事)体和韵说(抒情、叙事或抒情叙事相间)体。从体裁上看,散说体有神话、传说、故事、笑话等;韵说体有古歌、山歌、情歌、生活歌、长诗、儿歌等;散韵相间体则有谜语、谚语等"。① 总而言之,口传文学指民众集体创作、口头传播的文学作品,而民俗学家钟敬文教授认为,集体性、口头性、传承性与变异性就是民间文学、口头文学的四个典型特征,这四个特点并不是孤立存在的,而是相互连接,相互依存的。②

二、鄂温克族敖包祭祀相关口传文学母题

鄂温克族有语言而没有文字,因此其口传文学的收集和整理也是研究口传文学的重要前提。目前与鄂温克族敖包祭祀仪式有关的口传文学,主要包括敖包起源的故事和传说、关于敖包的故事、萨满祭祀敖包的唱词、敖包祭祀仪式的祝赞词、有关敖包的歌曲等,笔者共搜集整理了27例(表3-1-1、表3-1-2)。所收集文本主要体现为叙事体和韵文体,以及两者相容的叙事模式。

在笔者搜集整理的叙事体鄂温克敖包故事中,关于敖包或祭祀起源的母题是其稳定的元素,彰显鄂温克人敖包祭祀的叙事结构模式特

---

① 向云驹:《人类口头和非物质遗产》,银川:宁夏人民教育出版社,2004年,第247页。
② 钟敬文:《民间文学述要》,《北京师范大学学报》1984年第5期。

表 3-1-1 敖包民间文学的母题分类

			萨满		
	母题	叙事结构	流传地	数量	流传形态
叙事体敖包祭祀故事	起源	白纳恰、敖包祭祀	阿荣旗、鄂温克族自治旗、扎兰屯市、陈巴尔虎旗、莫力达瓦达斡尔族自治旗	4	类型相似地区特性明显
	地方风物情节		鄂温克族自治旗、陈巴尔虎旗、阿荣旗、扎兰屯、莫力达瓦达斡尔族自治旗	10	

征。如笔者搜集到的莫日格勒河流域的鄂温克人关于敖包起源传说与鄂温克族自治旗辉河地区鄂温克人传的主人公皆为女性,由于含冤而死,因此兴妖作怪或祸害百姓,这是故事的缘起(两则传说前文已交代,在此不再重复)。在莫日格勒河鄂温克人故事中,萨满跳神施法,用烈火焚烧女鬼;而辉河地区鄂温克则是由 9 位喇嘛做法,但结果都是降妖除魔,最后用石头来压住女鬼的灵魂,每年通过祭拜并添加石头来镇住女妖的灵魂,并祈求保佑风调雨顺。上述两则故事叙事结构相近,但支撑故事发展和结果的要素却有所不同,敖包传说和故事的情节存在二元对立的性质,即善与恶之间的对立,如故事中解决问题的主人公存在差异。传说中萨满变成喇嘛,是因为在辉苏木地区很多人在信仰萨满的同时还兼信喇嘛教,很多敖包祭祀和普通鄂温克人的葬礼都是由喇嘛来主持的,因此当地人把"传说"进行加工,使之更加可信,以便适合当地的信仰环境,方便传说在当地的便捷流传,这也是传说变异性的表现之一。

中国社会科学院文学研究所户晓辉研究员译介的《口头传统中的记忆》一文中就提到了从内部关注口头传统所承载的记忆问题。在此文中,英国著名社会人类学家、历史学家杰克·古迪认为,文化的更大一部分是在心里尤其是在语言里被负载着,口头文化和一切文化一样更依赖于储存知识,但是这种知识多因无法被精确回忆,所以人们通常把这种方式和记忆的心理操作联系起来,属于重新加工的经验。① 森林鄂温克人的白纳恰信仰中关于起源的母题主要源自于鄂温克族人对狩猎生产、生活环境的记忆。敖包起源的故事流传地主要为呼伦贝尔牧区的鄂温克族自治旗和陈巴尔虎旗的鄂温克族苏木,因此无论是白纳恰的传说还是敖包的起源故事,都是以口头传播的方式在特定的文化空间和时间中由鄂温克族的不同群体创作、传承的,传说中对于自然环境的客观叙述和生产生活场景的再现都是讲述者在口头表达中自然流露出的,在流传过程中出现了文本变体。

除了起源母题,在鄂温克敖包祭祀传说中关于地方风俗的内容也是主要情节要素。中国民间文艺学目前对传说的内容分类一般分为人物传说、风物传说等几个类型。按照日本民俗学家柳田国男对于传说的分类标准,关于敖包的大多数传说属于风物志传说和宗教信仰类传说。民间文学中关于地方风物传说是这样界定的,"对某一地方的特定自然景物、山川名胜、土特产品、风俗习惯等的特点、名称、由来做出的解释,称为地方风物传说。这类传说对某一地方客观存在的实物实事的解释,是通过幻想、夸张等艺术加工手段实现的,具有地方性、民族性、传奇性和可信性特征。"② 另一个维纳河的故事则是与泉水有关:

> 据传说很早很早以前,有一位鄂温克族杜拉尔哈拉·优勒莫洪的猎人在维纳罕山上围猎时,出箭射中了一只鹿,受伤的鹿跑到山下一眼泉水里。这时追杀的猎人发现水中受伤的鹿从泉水中跳出直奔山上跑去,身上的箭伤神奇地好了。这一惊人的传说传到了时任索伦右翼嘎勒达巴尔岱耳朵里,他立刻带骑兵奔向维纳罕山探查,发现有多处喷泉。这一看使他深信这不是神水吗!这不是维纳河龙王居住的能治多病的

---

① [英]杰克·古迪:《口头传统中的记忆》,户晓辉译,《民族文学研究》2005年第1期。
② 毕桉:《民间文学教程》,北京:中央民族大学出版社,2011年,第103页。

神水吗？当即命令部下堆起石头插上柳条，在高高的维纳罕山上立起了敖包，时称"维纳罕罗赛敖包"。①

对以上传说文本进行分析可以发现其蕴含的许多民俗信息。维纳河是呼伦贝尔地区著名的深山矿泉，其泉水对人体心肺有非常好的保健疗效，深受当地鄂温克等各族群众的喜爱。而上述异文关于鹿受伤后进入泉水并康复的描述方式，更使故事有了神奇色彩，增加了可信度，使听者通过故事了解到维纳河泉水有类似的保健效果，更加相信传说的合理性。北方少数民族敖包传说的故事都有一个共同点，即结合地方风物来讲述敖包的神圣性。敖包作为独特的人文景物，之所以屹立于高山峻岭之上，是因为人们内心对于神灵、祖先具有敬畏之心，他们将敬畏之心用口头文学表达出来，就有了关于神圣敖包的传说。

维纳河敖包传说中神奇的小鹿受伤泡泉水复原的情节，使得呼伦贝尔维纳河成为远近闻名的疗养圣地，这足以证明人们对传说故事的笃信，展现了传说与生活息息相关这一特征。再如传说中提到的两位人物，一位是杜拉尔·优勒哈瓦家族的猎人，一位是清代索伦八旗的官员巴尔岱，两位不同阶级的历史真实人物的出现使得传说的可信性更为明显，故事逻辑合情合理。

立祀敖包不仅使人们懂得了地方性知识、了解了泉水的保健功效、回顾了历史，更使龙神的信仰在当地根深蒂固。对龙神、风水敖包的祭祀寄托了牧民对于泉水的敬重之心，表达了人们对草原风调雨顺的美好期盼。笔者在鄂温克族自治旗伊敏苏木红花尔基嘎查采访鄂温克老猎人德勒格尔扎布时，记录了关于维纳河敖包的故事，他讲的却与上文有所不同：

> 维纳河的神泉是我们老何家一个叫作乌伊瑟勒的猎人发现的。乌伊瑟勒在我们鄂温克语中是"软的铁"的意思。当时

---

① 访谈人：乌日乌特；被访谈人：WRQMG；访谈地点：鄂温旗伊敏苏木吉登嘎查；访谈时间：2018年6月19日。

第三章 鄂温克族敖包祭祀仪式的口传文学研究

他发现维纳河的时候正处于慈禧太后的时代,那个时候距离索伦八旗来到呼伦贝尔草原已经有一百多年快两百年了。有一天乌伊瑟勒上山打猎的时候正好看到一头鹿,在以前的时候用的都是火药枪,和现在的猎枪是不同的。他打中这头鹿的腿之后,鹿只能受伤得一瘸一瘸地逃跑,乌伊瑟勒紧紧跟随着这头鹿。以前的好猎手是能够根据猎物的足迹而进行追捕的,然而他追寻着鹿的脚印到了河边之后,发现这头鹿竟然能够恢复原本的快速奔跑,仿佛从来没有受过伤一般,忽地消失了。虽然乌伊瑟勒失去了他的猎物,但是他喝了一口这河里的水之后,觉得自己的身体变得更加强壮、更好了,于是在回去后告诉别人,在那个地方有这样一口神奇的水。

相信的人便纷纷前去那条河附近祭拜,之后大家便用乌伊瑟勒的名字来纪念他发现的这条神奇的有治愈力的神泉,从此这条河便叫作维纳河。而在高伊浩勒津山、小孤山附近流经的河事实上并非维纳河,而是维音河,只是叫法相近。至于维纳河的神泉敖包,一开始是猎民们立的,大约是在1900年左右的时代,猎民们纷纷想在那里供一个敖包,但却也是我们何家的人堆起来的。最初的时候拜这个敖包的人也以猎人居多,可能是因为乌伊瑟勒故事的影响吧,但之后牧民们也知道了这样一个敖包,祭拜这个敖包的队伍就慢慢地壮大了起来。在以前祭拜这个维纳河敖包的时候会用酒和奶制品,那个时代是不怎么用肉的,因为家家户户的经济条件不尽如人意,但现在是否也会用肉祭拜这个敖包,我也并不能说出个所以然来。①

德勒格尔扎布讲述的维纳河敖包的传说通过生动的故事情节,对维纳河敖包的来源特征、命名原因等均给予了阐释,故事兼具了历史传说、风物传说、英雄故事的典型特征。

---

① 访谈人:于硕;被访谈人:德勒格尔扎布;访谈地点:鄂温克族自治旗吉登嘎查;访谈时间:2017年5月29日。

首先,从历史传说的角度来看,德勒格尔扎布提到了明确的历史时期(清朝末期慈禧太后的年代),明确的历史事件脉络(索伦鄂温克驻防呼伦贝尔草原成立索伦八旗的史实),这是历史传说具备的重要要素。同时,该传说十分明显地体现了当地人们狩猎的生产生活的历史变迁,比如,故事主线是猎人猎鹿,这说明当时的鄂温克人虽然身在草原从事畜牧业,但同时也进行狩猎活动;主人公的狩猎工具为火药枪而非前文传说中的弓箭,狩猎工具也发生了更新和变化①。

其次,该传说具有英雄故事的典型特征,主人公的身份由杜拉尔家族的猎人变成了柯尔特伊尔家族的猎人,名叫乌伊瑟勒,这一细节的变化说明两个家族的后人都认为自己家族的猎人祖先发现了神泉,而谁发现了谁就造福了当地的百姓,成为人人歌颂的英雄,泉水也按照英雄的鄂温克语名字命名为维纳河,这便是英雄故事中英雄崇拜心理的体现。

最后,该传说的部分情节共同体现了风物传说和英雄故事的典型特征,比如鹿受伤进泉水中恢复身体后逃跑的情节和猎人喝了泉水更加强壮的情节,这两个情节均突出了泉水的神奇性,而猎人身体的强壮正是鄂温克人心中对英雄形象的期许,即英雄拥有强壮的身体。

上述分析的两则传说故事不仅是家族记忆,也是鄂温克族人民的集体记忆。通过讲述、祭祀仪式来传承敖包传说,也是民间信仰和家族、民族记忆得以延续的重要方式。

高伊浩勒津敖包也有不同的传说变体,而且都具有各自的表述特点:

> 清代索伦右翼镶蓝旗柯勒塔基尔·兑希烈当了章京,回来路过高伊浩勒景山时,又猎得一头鹿而感到十分吉利。于是在高伊浩勒景山上竖立敖包供奉祭祀,敖包以山得名,又称柯勒塔基尔敖包,因而称为其氏族敖包,此敖包在于高山之上,非常雄伟,家族后代因此传说一直引以为荣。②

---

① 清中后期索伦八旗士兵已经开始有鸟枪出现了,鸟枪的出现不仅大大提升了生产力,也提升了成边士兵的战斗力。
② 内蒙古自治区鄂温克族研究会、黑龙江省鄂温克族研究会编:《鄂温克地名考》,北京:民族出版社,2007年,第138页。

上述传说来源于2000年内蒙古鄂温克族研究会在全国范围内做鄂温克语地名普查时的访谈资料,文中的讲述人不详,收集地点为鄂温克族自治旗伊敏苏木红花尔基嘎查。传说中,讲述者对于敖包立祀人交代得很清楚,他是清朝时期索伦镶蓝旗章京柯尔特伊尔·兑希烈(原文:柯勒塔基尔·兑希烈),封官后回家的途中经过高伊浩勒津山时猎得一头鹿,他觉得十分吉利,所以建敖包供奉山神。

黄任远教授早在《通古斯-满语族神话研究》中就研究了数量可观的满-通古斯语族普遍存在的鹿图腾神话传说,[①]那木吉拉教授在此基础上深入论证了阿尔泰语系突厥语族、蒙古语族鹿图腾崇拜的普遍存在,其《蒙古和突厥诸民族狼鹿图腾崇拜及神话考辨》一文中通过对古突厥鹿崇拜的记载和"鹿石"地区分布规律的研究正好呼应了黄任远教授的发现,结合两者的系统分析可以得出:突厥、蒙古和满-通古斯语族等阿尔泰语系诸民族皆以鹿为图腾。[②] 鄂温克族就是满—通古斯语族的成员,而在该传说流传的鄂温克族聚居地和大兴安岭地区,鹿非常稀少,且药用价值很高,价格不菲,因此对于戍边的游牧鄂温克猎民来说鹿不仅是民族的图腾、吉祥物,还具有巨大的经济价值。故事中立敖包于高山之上的描述让听者不仅肃然起敬,还了解到了当时的自然地理环境和敖包祭祀的传统,讲述者在故事中将这一切都归为是山神的旨意,更是增加了敖包传说和敖包本身的神圣性,更让人们对听到的故事深信不疑。加之鄂温克人十分崇敬自己的祖先,每个家族均以自己的祖先、家族的成员的英明事迹为荣,因此他们对故事的深信更为明显,该心理促使讲述者更加乐于传承和传播这些关于敖包的故事。

高伊浩勒津敖包是鄂温克族自治旗伊敏苏木吉登嘎查柯尔特伊尔哈拉氏族的敖包,前文有关于该敖包故事的介绍,但讲述者并非是柯尔特伊尔家族的人而是该家族之外的人。下文的传说则是柯尔特伊尔家族成员讲述的本氏族的敖包传说:

---

① 黄任远:《通古斯-满语族神话研究》,哈尔滨:黑龙江人民出版社,2000年,第69—71页。
② 那木吉拉:《狼图腾——阿尔泰兽祖神话探源》,北京:民族出版社,2009年,第88页。

高伊浩勒津敖包的历史最早可以追溯到三百多年前的康熙时期，那时候康熙的祖母是来自蒙古草原的孝庄太后。老何家的祖先，来自索伦八旗的扎萨章京带领着随行的一千多户家庭在经过高伊浩勒津山的时候看见了九头鹿出没。在鄂温克的传说中，鹿是山神白纳恰的坐骑，这被认为是大吉之兆，于是这随行的一千多户家庭便索性在此处住下。这索伦八旗便是当年鄂温克人的前身，和扎萨章京同行的最多的便是我们何家的人，他们都是为了保护扎萨章京而来。索伦鄂温克当年因为骁勇善战，被清朝的皇帝派来戍边，而扎萨章京可以说是带兵打仗的高手。他在经过高伊浩勒津山之后并没有就此停下，而是带着二百多个索伦兵，二百多个达斡尔兵，一百多个鄂伦春兵和清兵会合，一路出征新疆、西藏，最后凯旋。在打完胜仗返回北京之时，皇帝让他担任整个呼伦贝尔的安本，这便是呼伦贝尔地区最大的官儿，而扎萨章京手下的达斡尔副安本也有和安本敖包息息相关的传说。

说回我们高伊浩勒津敖包的故事，在高伊浩勒津山附近居住了两年多后，那里的索伦八旗便供了一个敖包，这便是高伊浩勒津敖包。最初的时候这个敖包是整个索伦八旗的敖包，鄂伦春人、达斡尔人也会前来祭拜，但随着时间的流逝，老人的离去，知道最初历史的人越来越少，高伊浩勒津敖包也慢慢变为了我们老何家的家族敖包。高伊浩勒津敖包的历史也是我所知道的关于老何家的最早最初的历史，而其他敖包，巴彦呼硕敖包是远晚于高伊浩勒津敖包出现的。大概是两百多年前才建立了巴彦呼硕敖包，而那个时候我们老何家的敖包已经存在有一百多年了。这些敖包都能够团结索伦八旗，集聚一心。①

---

① 访谈人：于硕；被访谈人：德勒格尔扎布；访谈地点：鄂温克族自治旗吉登嘎查；访谈时间：2017年5月29日。

德勒格尔扎布讲述的传说总是有历史交代,而且他善于将自己家族的历史与国家历史相结合,如传说中讲到的高伊浩勒津敖包的起源最早可追溯到康熙时期。这显然与史书记载不相符,因为索伦鄂温克是在1732年才进入呼伦贝尔地区的。这些细节是德勒格尔扎布从自己的先辈那里听来的,虽然真实性和客观性有待考证,但是从口头文学的特点来看,讲述者在这一细节上的处理是为了让人相信自己家族敖包地位重大、意义特殊,属于真实历史的一部分,具有历史的正当性。在口头文学中,很多传说的讲述者都有意无意地结合当地的历史事件和历史人物来创编故事背景,其目的无非是增加传说在民众中的可信度。上述传说中,讲述者自己的祖先是章京,在高伊浩勒津山看到了九头鹿,认为是吉祥的预兆(因为鄂温克人认为鹿是白纳恰的坐骑,这与鄂温克的萨满信仰不谋而合),这一情节充分展现了早期鄂温克人的信仰观念,因为鄂温克族处在狩猎时代时就信仰山神白纳恰,对白纳恰的信仰与对神鹿的崇拜共同反映了鄂温克人的信仰观和对美好生活的无限向往。因此"家族猎人每次狩猎时都会去祭拜高伊浩勒津敖包,并把高伊浩勒津敖包当成是山神白纳恰的住所"这一讲述便十分具有合理性。

在讲述的过程中,讲述者结合了索伦鄂温克与达斡尔、鄂伦春人戍边卫国的历史事实,目的也是证明敖包传说的真实性。传说最后,章京被封为呼伦贝尔的安本,就更符合人们对家族祖先的期望和想象,十分具有说服力,而后说高伊浩勒津敖包比鄂温克族自治旗敖包巴彦呼硕敖包更早,为的就是强调其敖包的历史更久,更得到官方认可。后文述及高伊浩勒津敖包早期不仅是他们家族的,还是整个索伦鄂温克族、达斡尔族、鄂伦春族共同的祭祀敖包,是可以团结各民族的敖包,更升华了该敖包的神圣作用,符合各族人民对团结友爱、共处一片草原的心理期待。笔者在采访过程中,感受到讲述者作为家族一员油然而生的骄傲和荣耀,同时,笔者也注意到讲述者融会贯通、引经据典、生动活泼的讲述技巧正是传说得以代代相传的关键因素。

从个人、家族和民族三个维度来讲,祭祀高伊浩勒津敖包和讲述相关传说的风俗充分体现了鄂温克人虔诚的信仰和团结的家族意识,这

高伊浩勒津敖包传说

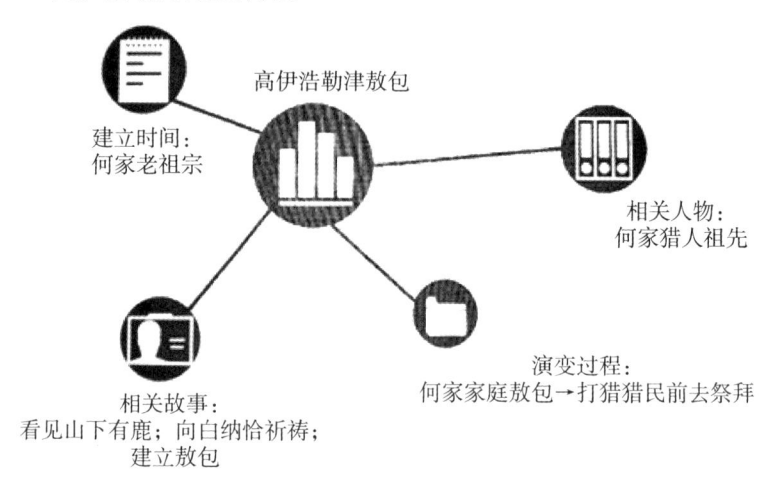

图 3-1　高伊浩勒津敖包传说起源①

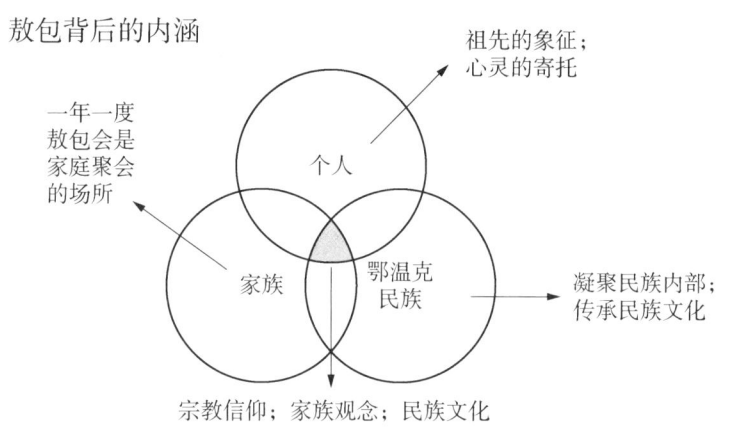

敖包背后的内涵

图 3-2　高伊浩勒津敖包的文化内涵②

对于坚守民族文化的独特性具有重要意义。以传说为纽带,以祭祀为依托,以一年一度的家族敖包祭祀来凝聚家族内部和民族整体的团结,更是传承本民族的文化精神的重要途径。讲述中关于敖包的建立过程和祖先的戍边历史的情节,也在一定程度上帮助鄂温克族民众加强了

---

① 图片制作：洪翌宁；提供时间：2017 年 6 月。
② 图片制作：洪翌宁；提供时间：2017 年 6 月。

对民族、国家的认同感,从文化层面树立了鄂温克族世代相传的民族团结、保家卫国的意识。在鄂温克人眼里,敖包和关于敖包的传说不仅是简单的家族历史,更是一种民族精神的象征和深刻表达。

叙事体鄂温克敖包故事主要以叙事模式及其稳定的母题为结构形态,而关于鄂温克敖包的韵文体艺术则凸显了表征语言特色及蕴含丰富艺术手法的民族性元素。表3-1-2是笔者搜集整理的关于鄂温克族敖包的唱词、祝赞词、民歌及谚语等。

表3-1-2 韵文体

韵文体	萨满祭祀敖包的唱词	鄂温克族自治旗、陈巴尔虎旗、扎兰屯	10	主题
	敖包祭祀的祝赞词	鄂温克族自治旗、陈巴尔虎旗	2	
	歌颂敖包的歌曲	鄂温克族自治旗、陈巴尔虎旗	3	
	那达慕	鄂温克族自治旗、陈巴尔虎旗	3	

敖包祭祀的口传文学源于鄂温克族千百年来对于自然的适应、对生态环境的认识、对历史的思考,这是深入骨髓的精神信仰和深厚积淀的民族文化在口头上的表达。长久以来,鄂温克族敖包祭祀仪式形成了结构内容较为稳定的萨满祭祀词和祝赞词,因为没有文字,所以存世的文本记录十分有限,但我们仍旧可以在仅存的记录中窥探出萨满祭祀敖包的唱词和赞词具有的口传文学的特征,以下为索伦鄂温克族萨满的祈福词:

表3-1-3 敖包祈福词

国际音标	汉译
1. Geyemiegeyemiegeyemi Geyemigunkenigeyenqiugie Gegensaganyinggeyemie	1. 不是为了祈福而祈福 是为了光明前程 祈福孩子们
2. Aaxinyadoohedebiginie Aba niwibalgianini hon NonowIgeyemle	2. 不是因为想说而说 而是为了让他懂 祈福孩子们

续 表

3. Eruaihedbiginie Eninniweibalgianinikon Nonowigeyemie	3. 不是因为想教而教 而是为了说出心里话 祈福孩子们
4. Gunum gunk nigunjimjie Guuruuheenketi gunk nigunjimjie Nonowigeyemie	4 无论他是否贫穷 都是我父亲的亲戚 祈福孩子们
5. Jianjim gunk nijianjijimjie Nonowigeyemie	5 无论他是好还是坏 都是我母亲的亲戚 祈福孩子们

以上的萨满祈福词在索伦鄂温克族敖包祭祀仪式中比较常见，也比较典型，祈福词结构排列整齐，唱词合辙押韵，各句以对偶和排比的形式出现，属于典型的韵文体口头文学。萨满用语言口述人们祭祀神灵的目的和愿望时，以极其精练的语言表达为子孙后代祈福、教育孩子，让后代认识到亲人和家族凝聚力的重要性，更向后代和家族后人传递了母爱和善良。祭祀中凝聚着鄂温克族内心世界的道德观念、信仰观念、人生观、价值观，充满了对神灵的敬仰与虔诚和对于和谐幸福生活的无限向往。

表3-1-4 哈克木敖包的颂赞词

我辽阔的鄂温克故乡 成为信仰的山峰的哈克木 从遥远的地方 矗立的山峰——我的哈克木 从祖辈开始 世代祭拜的 额格都何音莫洪的 唯一的敖包,我的哈克木洁白的辉河 闪耀着银光 我故乡的神仙 拴住了我的心房——我的哈克木 父老乡亲们的信仰	雄伟的哈克木 保佑我的牛羊牲畜高高的哈克木 为我的牛羊牲畜招福 我的哈克木 像我敬爱的父亲 呈现在我的双眼 像我慈祥的母亲佑护我的山峰——我的哈克木 要爱护自己的家乡 那是父辈留下的宝贵遗产 永驻心中的神圣敖包 我的哈克木

哈克木敖包是鄂温克族自治旗家喻户晓的辉苏木额格都·何音莫洪家族的敖包,有近300年历史。首先,赞词中铺垫了故乡鄂温克草原的地理位置,后引入比喻,将人们对于哈克木敖包的信仰比作一座山峰,巧妙烘托了哈克木敖包在人们心中神圣的地位。其次,"从祖辈开始世代祭拜的哈克木敖包的是额格都·何音家族的人"一句交代了敖包的家族属性,意在说明该敖包具有悠久的历史。"洁白的辉河闪烁的银光,拴住我的心房的哈克木敖包"等连续的排比,则通过介绍直接的外观来烘托哈克木敖包的神圣性。最后,颂赞词表达了对哈克木敖包保佑牛羊牲畜的期许,把敖包比喻成自己敬爱的父亲和慈祥的母亲,希望敖包神灵保护祖祖辈辈繁衍生息的草原。

笔者于2018年夏季参加了哈克木敖包祭祀。正如颂赞词描述的一样,哈克木敖包所在的地理位置为辉河东岸边,该地地势较高,属辉河草原的高处,敖包所在的位置视线清晰,可以看到四周的景象,静静流淌的辉河就在敖包的西南端。颂赞词夸赞哈克木敖包的华丽辞藻,在一定程度上反映了现实存在,同时其独具特色的修辞手法十分符合颂赞词"娱神"(使得神灵高兴)的目的。

表3-1-5 祭祀敖包两部曲

Boga ni mureedel	《思念家乡》
1. BoganigoroliNuulgibteedeg YilanbiraniTunggusewenkil 2. duluyeduludu dune Nuulgigdeedeg Tenihehajiboganin Tunggusewenki 3. munknimugudeg ObootakilgaqiMergelbirabogoqi Yuureelqiewenkile	歌词大意 从遥远的故乡迁徙过来的 是三河地区的通古斯鄂温克 歌舞赞颂特尼河家乡的 是通古斯鄂温克 世世代代叩头祭祖察敖包的 是莫日格勒河流域的鄂温克

《思念家乡》和《祭敖包》是流传于陈巴尔虎旗莫日格勒河流域的鄂温克族歌曲,演唱者关其格巴图老人演唱时对歌曲有所改编,笔者也对此进行了搜集和整理。《思念家乡》婉转动人,曲调悠扬,歌者唱出自己

对故乡的思念和对敖包的崇敬,歌中的"故乡"指的是莫日格勒,即鄂温克人曾经的故土贝加尔湖地区,如今的鄂温克人主要生活在三河地区,因此该歌曲的内容在一定程度上反映了鄂温克族的迁徙史。"世世代代叩头祭祖祭敖包的,是莫日格勒河流域的鄂温克"一句直接反映了鄂温克人祖先崇拜和敖包信仰的保存,集中展现鄂温克人的传统文化。歌曲中既有对家乡的思念之情也有对祖先的崇敬之情,可以说该歌曲是一部非常具有历史和文化意义的民间文学文本。

表3-1-6 歌曲《祭敖包》

oboo takilge	《祭敖包》
1. Kormini jialgaaso nin dobunma toloha Kontoni bolagdolin goyoji kukureren 2. Maloo ni sorqi kairken horoo nin, Nangnani seederwen tanna tugsuni keeqi 3. Engeeli nonami daido begawan, Clarin xigun ni neerinJl xIreren 4. Bolag nin derenduukin Yimiri adoon, Boyan ni zuggiiji teegleene heimorin mi serguuren 5. Bayan delger oboo takilga nin, Boyanqi ewenki ni murgul ni xuten 6. Tonna, hoxiooabdooni wi Hexiboyan maani horoilaanaeerigeer	山泉溪流围绕着高山山丘 神山招来云朵照亮花纹 大地需要红太阳的光环 饮圣泉的马群朝着富裕奔跑了 这是好运的象征白音德力格尔敖包 是有福气的鄂温克人民祭拜的信仰 召唤五畜兴旺

笔者在对敖包民间口传文学采录的过程中,发现《祭敖包》这首歌曲在莫日格勒鄂温克人中流传比较广泛。可以说,这是一首莫日格勒鄂温克族人非常经典的赞歌,具有赞颂词的特点。优美的歌词表达了白音德力格尔敖包所处的自然环境,敖包被山泉溪流围绕,矗立于高山之上,在鄂温克人心中这是一块风水宝地。该描述中可以看出鄂温克人的生态观念,他们认为完美的自然环境是需要山水相映的,同时也表达了歌者对于故乡的深切怀恋。"神山招来云朵照亮花纹,大地需要红太阳的光环"一句则运用拟人的手法将高山人格化、神化,将人民对于幸福的追求比喻成大地需要阳光一般,而太阳的红色光环似乎是象征

着人们对于红火生活的向往。鄂温克人以牧业为主的生产生活方式决定了人与牲畜的密切联系,而水是生命之源,可以滋养万物,也可造福草原,因此将饮马的泉水比喻成圣泉,而饮圣泉的马群则是财富的象征,"朝着富裕奔跑"则表达了人们对于富裕生活的一种向往。最后唱道"祈求好运的白音德力格尔敖包,将福气赐予鄂温克人民","白音"在鄂温克语中有富裕的意思,歌词中,表达了无限的希望,希望神灵保佑草原五畜兴旺。

表3-1-7 歌曲《小红马》

Helteg heir wijiaosu Heeweoohonomgunkeniugisu Heye ni eddugu oboo du Ujileqijigeemurgi Hatarxi heir wijiaosu Hatarahaanemgunkeniuisu Hairhan ni eddugu oboo du Hataraaqqilujileqqiemujireng	把小红马带回来, 准备参加那达慕 贺耶大敖包会上, 也许能拿第一名吧! 把颠跑红马带来, 准备参加颠马赛。 海日罕大敖包会上, 颠跑着过来拿第一。

《小红马》这首歌曲流行于鄂温克族自治旗辉苏木地区,辉苏木是内蒙古著名的那达慕文化之乡、博克(摔跤)之乡、马文化之乡,这里出了很多优秀的博克手,如巴音孟和、伊德尔、乾德门和希吉日等;辉河的赛马更是在全国的各类比赛中屡获桂冠,中国著名青年马术选手汗特就来自辉河。敖包祭祀文化与"男儿三艺"为主的那达慕相辅相成,两者一道铸就了敖包口传文学传承和创作的良好环境。歌曲《小红马》唱出了一位鄂温克族驯马手的内心世界。歌曲中,他带领自己的小红马训练,并准备参加当地著名的额都何音家族的敖包会,希望能拿到第一名,歌曲句句表达了驯马手对小红马的喜爱之情,更体现了驯马手对于赛马的热爱,反映了其热爱生活的一面。最后,歌曲中不仅唱到驯马手准备参加颠马比赛,他还准备参加当地著名的海日罕敖包会的那达慕,唱到希望自己的马不费力气颠跑着拿了冠军等均体现了鄂温克族与敖包文化的密切联系,更体现了那达慕大会与敖包文化对当地人的重要性。

三、敖包祭祀口传文学的演变特征

鄂温克敖包祭祀故事除具有其他民族的敖包祭祀故事的一般特征之外,也展示出一些独特的民族心理和思维方式。这也恰恰反映了鄂温克敖包口传文学作为一种文化审美层面的存在,是以现实环境为基础而不断演变的。

反映较早时期鄂温克族先民敖包祭祀起源的传说在雅鲁河流域的鄂温克人中广泛相传,"希阿林哈达日"在鄂温克语中意为黄色的石砬子,该地位于扎兰屯市区南 8 公里处,紧靠雅鲁河右岸,在石砬子中间有一个石洞,传说讲道:"当年石洞内盘踞着一条大蛇,清代,古然浅杜拉尔氏(又称为古拉依尔)的一个猎人射杀了那条大蛇,此后,古然浅氏族几乎灭种。萨满说:'你们氏族在这座山上屹立敖包来祭祀蛇神吧',于是,希阿林哈达日山顶上堆石立起了古然浅敖包。"[①]

这则传说中蕴含了萨满文化的内容,狩猎时代的鄂温克人以狩猎为生,信仰萨满教,蛇在萨满教中被视作是神,萨满法衣上有蛇的图案,祖先神画像也存在蛇的形象,猎人非常敬畏蛇,因此也认为蛇和神一样都居住在高山的岩石砬子里面。猎民怕射杀了蛇而触犯家族神灵遭遇后代灭种,因此他们会请求萨满,按照萨满的指示,搭建敖包祭祀之后才能幸免灭种之灾。从传说中可以了解鄂温克人早期的狩猎生活以及精神信仰,萨满在鄂温克族人精神世界中有着重要的地位。

鄂温克族进入呼伦贝尔草原屯牧戍边后,生活环境发生了巨大的变化,比如在生产、生活方面,他们生活的自然地域从森林迁至草原;在宗教仪式方面,从萨满降服女鬼变为了喇嘛念经降服女鬼;在敖包形制方面,从较为单一的白纳恰敖包树到柳条石头型制的敖包出现,这些变化大多都是鄂温克人迁徙变迁带来的影响。鄂温克族当中存在许许多多的家族敖包,而关于这些敖包的传说基本属于地方风物传说,这些传说的情节运用了神话思维,具有强烈的传奇色彩,如呼迪日敖包的传说

---

① 内蒙古自治区鄂温克族研究会、黑龙江省鄂温克族研究会编:《鄂温克地名考》,北京:民族出版社,2007 年,第 323—324 页。

"呼迪日"敖包因两侧各有一个碱泡子而得名,这两湖之间常有一匹绿色马出没,该马被认为是匹神马,因而这里被人们奉为风水宝地,所以清代索伦右翼正红旗杜鲁基尔·额格都古·杜拉日和哈赫尔·特格·哈赫尔两氏族建立敖包供奉祭祀,距今已有两百多年。另一种说法认为该敖包只属于杜拉尔家族而不属于哈赫尔家族。传说,海拉尔福盛公一位汉人用石头砌成一个大院捕捉这匹绿马,但始终未能成功。呼迪日敖包在伊敏苏木鄂温克族群众中占有重要的地位,每年都由三个鄂温克族嘎查联合祭祀,这些传说故事的流传都使得敖包本身具有了无限的神奇色彩。

在鄂温克族社会中,"传说"和"故事"的界限往往比较模糊。当地老人都知道呼迪日敖包的传说,他们所讲述的传说结构比较清晰,交代了敖包建立的年代(清代索伦鄂温克人戍边到伊敏以后),建立者的家族(杜拉尔和哈赫尔家族)。"呼迪日"在鄂温克语中为"碱泡子",敖包因碱泡子而得名,从传说中可以推敲出鄂温克族进入草原依然从事狩猎生产;碱泡子是猎获驼鹿的地方,它是人们的狩猎场地,因此说建立敖包与生计方式有关。传说中讲有绿色的马出现在两个碱泡子中间,更增加了传说的神奇色彩,现实中本不存在绿色的马,只有在神话和传说中才会出现,因此当地人认为这是神马,此地遂成为宝地。此外,传说的讲述者还讲到曾经有人(有名有姓)试图去抓住马而后最终失败的情节,这一情节是讲述者有意而为之,违反禁忌的人详细信息的出现,更加强调了敖包神圣不可冒犯,使人对其产生无限敬畏。上述分析证明了口传文学是如何再现生活、升华生活并给予敖包祭祀仪式的正当性、神圣性。

鄂温克族流传着很多关于家族敖包、仙登敖包的传说故事,很多传说都具有神话色彩,神话和传说以口耳相传的方式逐渐构建了敖包祭祀仪式的正当性,为更多的人说明了祭祀敖包出现的原因、背景,进一步展现着具有地域或原生形态的文化特征。在鄂温克族人的早期信仰中,火神崇拜占有重要的位置,他们认为火可以净化一切,可以将一切污浊脏的东西毁灭薰洁,所以在故事中,也常出现烈火将女鬼淬炼为洁白的骨灰,使女鬼得到净化,不再作乱人间的情节。无论是敖包祭祀还是日常生活,鄂温克人都会通过火和燃烧的刚嘎草来进行薰洁,因此火和火神崇拜会出现在宗教仪式以及鄂温克族口头文学当中。通过火和萨满的仪式供奉牛羊让女鬼灵魂升空,变为闪烁的星斗则是人们对现实生活的文学化创造。还有一个情节则是将女鬼供奉成伯母,是故事中十分有深意的情节之一。在以氏族家族为社会基本单位的鄂温克社会亲缘结构中,大伯母是很有家族话语权的,鄂温克族人类起源的神话传说中称母熊为"大伯母"鄂温克语"额尼赫",而公熊为"阿米汗",这两个词都是敬语尊称。在敖包起源故事中将女鬼尊称为"大伯母"则是出于对女鬼的畏惧,怕惹怒而祸及百姓。

上述传说在传播过程中,在时空、语言、内容、风格、故事情结、主人公、主题和表达方式上都发生了变异,这符合口传文学的变异性。敖包起源的口传文学囊括了祖先崇拜、人类起源、火神崇拜、萨满信仰以及灵魂观念等文化内涵,蕴含了鄂温克族口传文学创作的独特艺术风格,是集体智慧的结晶。

关于敖包的起源传说因为鄂温克人生产生活环境的变迁而不断调整修补,这一变化过程也帮助口传文学实现本土化,保持了可信度,使得人们不会怀疑传说的真实性,相信传说中的因果逻辑,延续祭祀敖包的风俗传统并传承与此有关的传说。受民间文学变异性特点的影响,"民间文学的传承是个延续、反复的过程,所以流动的次数越多,流传的地域越广,流传的历史越长,它的变异性就越大。可以说,民间文学只要还在流传,它就永远没有最终的版本"。[①] 关于白纳恰和敖包起源的传说,在前文已经论述过了,因森林和草原居住空间环境的不同会有不同的流变,从森林到草原的流传脉络是显而易见的。

世间万物都是联系着的,所以文化现象不是凭空出现的。尽管敖包传说没有文字作为载体,但作为口传文学,鄂温克敖包传说的文学不仅表现了当时鄂温克先民的对于物质世界的认识和思维模式,也是其联想能动创造性的生命力体现。其意义不仅在于寻根,更在于发掘生存哲学与生态伦理。

---

① 毕桪主编:《民间文学教程》,北京:中央民族大学出版社,2011年,第35页。

第二节　鄂温克族敖包祭祀文化的口传文学特点

一、敖包祭祀文化与口传文学的地域性

每一种传说的起源与发展大多是由其所处的自然环境所决定的。"地理环境对于原始宗教的内容与形式都有很大的影响,各种崇拜对象往往带有环境烙印,具体表现为山居祭山,海居祭海,乡居祭土地。"①由于历史上的迁移以及居住地域的不同,鄂温克族三个部落的生产方式都有所不同,使鹿鄂温克人居住在大兴安岭林区北部,主要从事驯鹿饲养和狩猎;通古斯鄂温克族则完全游牧在呼伦贝尔草原,过着与蒙古牧人相近的生活;索伦鄂温克人自清初期内迁到大兴安岭东麓后编入八旗,战时为兵,平时过着半定居的游猎生活,少数从事养马业;嫩江流域的鄂温克人经营少量粗放农业;驻防呼伦贝尔草原的索伦鄂温克人则从事畜牧业,林区与草原过度地带的牧人夏秋放牧,冬季狩猎。

由于居住地域和生产生活方式的差异,造就了鄂温克族内部敖包信仰形式、内容及口传文学的地域性特点。关于敖包树及敖包的起源传说的类型明显地带有地域性,从故事主人公、白胡子老头、故事的发生地森林、狩猎活动以及故事结构及母题都蕴含着山林意像。而游牧鄂温克人的传说也具有地域性的特点,如故事中降妖除魔镇压女性灵魂的由萨满变成了喇嘛,是鄂温克人进入呼伦贝尔草原后接触藏传佛教的结果。文化是动态发展的,人们开始逐渐地接受藏传佛教的思想并且或多或少地影响着鄂温克人的宗教观念和神话传说。当然,其中故事的本地化的再创造加工是显而易见的。从敖包的形制来讲,林区的鄂温克猎民的敖包形制主要是敖包树,如白桦树、黑桦树、榆树、松树等,敖包树的下面主要是石堆和木头但是都不高。敖包树的树枝上有各色彩带,寓意彩虹吉祥,这些仪式要素和内涵在祭祀仪式和祭祀口述中都有说明。

---

① 林耀华:《民族学概论》,北京:中央民族大学出版社,1997年,第461页。

扎兰屯阿荣旗的鄂温克敖包甚至只是石堆，没有敖包树或者榆树。呼伦贝尔草原的莫日格勒的鄂温克人的敖包形制与蒙古族的很相似，敖包主干是柳树枝，中间一棵神杆，柳树枝上系有喇嘛教的经幡和哈达。鄂温克族自治旗的索伦鄂温克牧民也是一样，形制大多与蒙古族敖包类似。在祭祀仪式中，林区大多由萨满和男性及老年女性来主持，不用哈达装饰敖包，而牧区除萨满敖包外，其他种类的敖包祭祀多请喇嘛主持；仪式中林区多为血祭，而牧区在由喇嘛主持的祭祀中，则主要为奶祭或将之前煮熟的羊肉供奉，很少见血。敖鲁古雅的神树则很有萨满教的特点，主要为松树，猎民们普遍祭祀该地的几处岩画，他们没有关于敖包的传说和相关词汇，抛开生产生活方式，两地鄂温克人的文化差异主要是森林草原的生态环境的差异所造成的。

二、敖包祭祀文化与口传文学的部落性

鄂温克族信仰敖包的部落有索伦鄂温克人和通古斯鄂温克人。虽然索伦鄂温克人有林区和牧区之分，但是敖包信仰大同小异。通古斯鄂温克敖包信仰与索伦鄂温克敖包信仰多少有一些不同。在敖包的种类方面，索伦鄂温克人祭祀的敖包类型有：敖包树、仙登敖包、哈拉音敖包、嘎辛①敖包、苏木敖包、旗敖包、罗赛敖包、将军敖包、队音敖包等。其中最重要的是仙登敖包和哈拉音敖包。位于陈巴尔虎旗的通古斯鄂温克人只有一个苏木音敖包，哈拉音敖包、罗赛敖包和仙登敖包很少，其他敖包则没有。在敖包祭祀仪式上萨满伊若（唱词）中介绍民族部落来历的时候是不同的，如索伦鄂温克萨满的唱词为"黑龙江上有祖籍雅鲁河畔有神座，海拉尔呼伦贝尔为住地，八个杜拉尔为娘家；十八岁成年时告别雅鲁哈文家族，两只神鸟对飞，两条神蛇相连；培育我的尊师，训戒我的祖神"。② 以上祭祀仪式的唱词，结构简明合辙押韵，向

---

① 嘎辛：满语、鄂温克语汉译为村，内蒙古牧区嘎查对应为嘎辛一级。
② 满都尔图、周锡银、佟德富主编：《中国各民族原始宗教资料集成：鄂伦春族卷　鄂温克族卷　赫哲族卷　达斡尔族卷　锡伯族卷　满族卷　蒙古族卷　藏族卷》，北京：中国社会科学出版社，1999年，第155页。

参加祭祀仪式的人们宣讲,明确讲到本民族或家族的起源历史迁徙轨迹等信息,是一个高度凝练的口述史。

莫日格勒河的鄂温克萨满在祭祀敖包的时候也会讲到民族的历史"鄂温克人的故乡是在瑷珲泉水的那边,阿穆尔河的旁边,阿尔巴金城的周围,石勒喀河的旁边,在西沃哈特的周围"。[①] 关于民族历史的记忆尤其是具体的地点更加清晰,在祭祀过程会提到贝加尔湖的高山,以及莫日格勒鄂温克人曾经在俄罗斯祭祀的两座敖包的名字,传说的部落特点浓厚,而萨满唱词,以口传文学的形式被讲唱下来,是民间文学给予鄂温克敖包祭祀仪式的历史记忆。

在祭祀时间上索伦鄂温克猎民祭祀时间在每年的农历四月份,牧民的仙登敖包则是每年的农历六月份,且各家族祭祀周期不一样。而通古斯鄂温克每年的农历五月份都有祭祀苏木音敖包的习惯。从主持方面看,索伦鄂温克的敖包既有萨满参与,也有喇嘛参与,但是,仙登敖包则必须由萨满主持,喇嘛不可以参加,如没有萨满,则由家族的长辈或者莫洪达(鄂温克语,家族长)来主持。通古斯鄂温克的苏木音敖包过去也有喇嘛来主持的情况,"文革"期间禁止萨满活动,导致萨满传承断代,以致这里的敖包祭祀大多由喇嘛主持,不过自2010年开始萨满恢复祭祀,祭祀结束后喇嘛再祭祀。

三、敖包祭祀文化与口传文学的家族性

民间仪式和民间文学都是广大人民群众集体创造的结果,鄂温克族的敖包祭祀仪式尤其是家族敖包,其敖包的起源传说与家族历史都是家族世代口耳相传,凭借记忆随着时代的发展不断加工适应的智力成果。然后通过家族成员间的不断的传承,不断地丰富了仪式和传说故事,以为敖包祭祀仪式服务。林耀华先生在解释宗教的氏族性时曾说过,"不论是大自然崇拜,还是图腾崇拜,或是祖先崇拜,都是以血缘关系为纽带的整个氏族的崇拜"。[②] 鄂温克族家族敖包便是集祖先崇

[①]《中国少数民族社会历史调查资料丛刊》修订编辑委员会编:《鄂温克族社会历史调查》,北京:民族出版社,2009年,第219页。
[②] 林耀华:《民族学通论》,北京:中央民族大学出版社,1997年,第461页。

拜、自然崇拜和生殖崇拜等形式于一身的信仰复合体。

鄂温克族直到新中国成立前仍然保持以血缘为基础的哈拉莫洪制（哈拉，鄂温克语氏族，莫洪，鄂温克语家族）。几乎大部分敖包都与氏族或家族有关，在鄂温克族自治旗的索伦鄂温克中都有以血缘为基础的敖包。而且每个家族敖包都有神奇的传说，如《高伊浩勒津敖包的传说》《哈克木敖包的传说》《呼迪日敖包的传说》，这些敖包虽然有风物传说的特点，但最终其传说所表达的目的都是为氏族服务的，都是为了凝聚家族成员，培育家族荣誉感，传承敖包祭祀文化。在游牧社会中小家庭是很难对抗自然及社会风险的，而家族敖包的祭祀仪式活动，着重地将分散的社会小家庭有机结合在一起，在游牧社会分配生产资料的竞争中，以家族的力量去争取利益最大化，这是游牧民的一种典型的家庭策略在敖包祭祀文化中的体现。

敖包祭祀与信仰和口传文学捆绑在一起的初衷，是古人有意而为之，为的是让后人相信传说，尊重传说，有利于传承民间信仰和文化传统。每一个氏族不仅有哈拉音敖包，有萨满的还会有萨满敖包，家族产业比较大的还会有沐渡日敖包，位于伊敏苏木的额格都·杜拉尔家族还有专属于本氏族的将军敖包。发展到今天虽然原始的家族制已经基本瓦解，但敖包具有祖先崇拜的功能却还在发挥着作用，敖包的存在始终维系着鄂温克族的家族观念和家族荣誉。在仪式中"作为参与者的民众所体现的是对传统的遵从，甚至这种遵从有时是无条件的。现代的祭祀仍在延续着敖包作为氏族凝聚象征的传统意义：以狩猎游牧为生的时代，同一个家族往往一同迁徙，家族不仅是血缘团体，也是地理团体，如今，同一氏族的人可能不居住在同一个地方，失去传统的地理基础后，通过氏族敖包祭祀，同一宗族又团聚到一起，因此，敖包是氏族凝聚的象征"。[①] 而这其中传说和敖包中的一些仪式的目的则是团结家族成员提高凝聚力，维护家族的内部认同。这也是敖包信仰对现实社会中鄂温克民族文化传承的一种贡献，是民族文化重构的现实保障。

---

① 王伟：《索伦鄂温克宗教信仰：仪式、象征与解释——兼论萨满式文明与中国文化》，首都师范大学博士学位论文，2011年，第119页。

图3-3 祭祀后家族合影①

四、敖包祭祀与口传文学的神圣性

敖包祭祀的神圣性可以分类为祭祀空间、祭祀仪式、神圣场域的祭祀禁忌和人与神灵的关系几个方面来理解。在人类文化史上,无论什么样的信仰什么样的宗教都会有禁忌的存在,而禁忌有些是除了基于教义本身外,大多与社会文化存在着千丝万缕的关系。清时期史料记载"垒石象山冢,悬帛以致祷,报赛则植木表,谓之'鄂博',过者无敢犯"。② 在鄂温克族敖包的信仰文化中,存在着很多禁忌(当地人称为"说道")。有的是祭祀仪式方面的禁忌,有的是关于信仰者本身的约束性禁忌。这些禁忌大多与其社会环境和生产生活方式紧密相关。

在鄂温克族众多类型的敖包中,萨满敖包是不允许女性靠前的,而其他类型的敖包可以允许女性参加祭祀。这一点与蒙古族敖包有所不同,位于呼伦贝尔市新巴尔虎右旗的宝格达敖包是当地蒙古族最大的敖包,在当地的禁忌中不允许女性登上主敖包山,只能去女性祭祀的小

---

① 拍摄人:黎霞;拍摄时间:2018年6月18日;拍摄地点:鄂温克自治旗伊敏苏木毕鲁图嘎查。
② 金德樱撰:《诗存》,清乾隆三十三年刻本,第39页。

敖包。时代在发展,社会在进步,男女平等已经得到世人的共识,现在鄂温克族的绝大多数敖包都允许女性参加祭祀,但是不能登上敖包的石堆之上。因为古人认为女性是不洁的,尤其月经期的妇女更是不能参加。"育龄期的妇女不洁净,怕玷污神圣的敖包。所谓的不洁净,就是指育龄期妇女的月经期和产褥期的血水。这只是面对表面现象后人给予的解说,究其实质,不让妇女接近敖包是父系氏族的男人征服母系氏族女性的象征。"①

罗赛敖包在祭祀时也不能杀生,不能见血,糖酒最好。如果见血年景就不会好,会有血光之灾。而祭祀其他敖包的羊需要专人专养,不得随意宰杀,否则萨满会惩罚这个家族的人。萨满敖包的周围,人们决不能在该地附近宿营,认为打扰了萨满的安宁会受到诅咒。在祭祀各类敖包时不能在敖包山上随地大小便,不能乱扔垃圾。不能在敖包附近放牧、伐木破坏原有植被,这是鄂温克族敖包的生态功能所在,是鄂温克人与自然环境和谐互动的印记,这种民间信仰与生态环境的互动是生成敖包民俗的主因。深层次的去看其实是对神灵的尊重和敬畏,以及一种保护环境的生态观念。基于这种信仰观念和心理认识,敖包作为人们向神灵祭祀的场所,是具有仪式性的神圣空间,同时也是神灵与人沟通的意向空间。

人们通过神话和仪式将禁忌和仪式神话化,利用传说将祖先和神灵人格化,以此在传统的世俗社会中,将习惯法和约束规范通过祭祀仪式神圣化。敖包的地理空间是建立在高山高岗之上,在萨满教三界的理念中,崇山峻岭高大山体、岩石独木都是神灵的居所,天与地的空间连接点,是神圣的空间,这里建立的敖包被认为是登天的梯子,或者说是天柱。敖包是祭祀者将祈求传递给上苍神灵的圣洁之地,莫日格勒鄂温克人的祭祀中会这样说:"富饶大地上祭祀敖包,是鄂温克人的信仰,向神灵祈求牲畜年年多,祈求人们平平安安。"所以说人们遇到自然灾害或者重大事件的时候,往往都会把山水敖包作为自己的心理寄托来祭祀。当一些期许如己所愿的时候,敖包的神圣性自然会被民众深

---

① 何日莫奇:《蒙古族妇女敖包探源》,《内蒙古社会科学》2000 年第□期。

信不疑。

图 3-4　祭祀用的供品桶①

第三节　鄂温克族敖包祭祀文化及口传文学的功能

杜尔干认为"应该从两方面界定宗教,一方面是神圣与世俗对立,另一方面是信仰与仪式的区分,宗教对于人类社会具备两种功能:第一,宗教是集体情感与观念的沟通关系,在仪式上人们发泄感情和交流思想;第二,宗教是规范社会关系的手段,如增加社会道德规范的权威,使人们产生向心力,加强团结。"②传说是历史与文学连接的桥梁。对于敖包祭祀仪式结构的分析以及对于相关传说的口传文学的阐释,使得我们从敖包起源的探寻深入到对敖包信仰赖以存在的社会场域层面

---

① 拍摄人:才旦;拍摄时间:2018 年 7 月 14 日;拍摄地点:陈巴尔虎旗特泥河牧场。
② 夏建中:《文化人类学理论流派》,北京:中国人民大学出版社,1997 年,第 99—102 页。

进行讨论。通过敖包祭祀与传说的"功能"与"象征"的研究,来分析其敖包信仰和传说服务于人类社会的意义,或是维持社会运转,或是保存传统经验协调人与自然界的关系以及促进社会变迁,以此体现其仪式价值与口传文学的社会功能。每种文化的发展都有其深刻的内涵,都离不开生存环境的土壤。作为世界敖包信仰文化的一部分,鄂温克族敖包信仰既有共性也有其特殊性,既有萨满教的影响,也有狩猎文化的遗迹存在。

有学者认为"对于群体生计具有重要性的自然生成物有'仪式价值'(Critualvalue),事物或事件之所以成为社会群体的表征,是因为它们表现这种社会价值,而不是因为它们本身比较神圣(sacred)。自然生成物的价值无论是积极的,还是消极的(如禁忌),都是维系一个秩序社会的机制。所以,他将宗教的存在同巩固社会规范、维持社会制度联系在一起。他在探讨宗教尤其是神话的功能时,主要关注它们对保持社会秩序的意义。他的功能论则是偏向社会的、制度的。无论是马林诺夫斯基的心理功能论,还是拉德克利夫—布朗的结构功能论,对宗教的阐释都将宗教的存在与人类的现实存在联系在一起,并将它作为人类自我服务的工具。这种服务可能出于人生意义的需要,也可能是为了维持社会运转,保存传统经验,协调人与自然界的关系以及促进社会变迁,等等。"[①]以敖包传说故事等口传文学的形式延续民族文化,构拟族群历史充分体现了鄂温克族社会组织中个体和家族在社会变迁中的家庭与生存策略。

鄂温克族敖包祭祀仪式对于加强鄂温克族内部的社会制度的建构、行为规范的确立、传承传统文化价值观等方面,具有习惯法的作用。通过口传文学及祭祀仪式在游牧社会中强调个人与整体的关系,注重文化认同。以敖包祭祀仪式为纽带连接社会网络,维护游牧社会的平衡。鄂温克族敖包信仰作为多元文化的集成,在吸收不同文化的同时,也在不断地完成自我体系的建构。结构功能主义大师拉德克里夫·布朗曾经指出"一切文化现象都具有特定的功能,无论是整个社会还是社

---

① 庄孔韶:《人类学通论》第三版,北京:中国人民大学出版社,2016年,第252页。

会中的某个社区,都是一个主体。构成统一体的各个部分相互配合、协调一致,研究时只要找到各部分的功能,才可以了解它的真正的意义。"①敖包在鄂温克族传统社区中,早已成为必不可少的一部分,无论是村落还是家族,敖包的禁忌及其衍生的口传文学,在一定的空间和象征仪式的配合下共同构筑了鄂温克族社会最核心的精神观念。

一、教育与历史记忆功能

口传文学与敖包祭祀仪式之于社会最基本的功能和价值是群体口述和实践的历史,是具有历史记忆的,是可以让现代人与祖先沟通对话的。通过敖包祭祀仪式中的口述历史和传说,可以探查口传文化及祭祀仪式背后古人们的世界观和价值取向,以及先人的精神哲学和民族心理。翻看人类历史无论是传统宗教还是民间信仰,不仅培养了一些精修博学的萨满和高僧大德,也培育教授了一大批精通诸种文化的人才,为各民族社会的发展提供智力支持与帮助。"老人不讲古,后人失了谱",这是鄂温克族的传统谚语,意思是鄂温克族的传统知识都来自长辈的言传身教,而其中教育的手段都是通过劳动和仪式表达来完成的,尤其是萨满的唱词和说唱仪式。所以说,"不论是器物、风俗、字词、道德价值或是法律原则,只要我们深刻地了解了它们所具有的功能,自然会觉得上面所提及的'衍生的需要'或衍生的文化迫力概念的重要。为了行文的清楚及一贯起见,我们可称它们作'文化手段迫力',因为它们的性质是达到其他目的的手段。"②在鄂温克族社会中敖包祭祀仪式恰巧是这种文化手段迫力施展的媒介,长辈可以行使教育晚辈的权利,提出和观察约束家族成员行为的习惯法。在敖包祭祀过程中,整套规范的制度使得敖包达或者是萨满都会以讲故事和传说的形式来告诫约束人们,如对敖包不敬的人,在敖包附近乱扔垃圾或者无序放牧的人,都会受到"意外"的惩罚,而这种惩罚在人们的某种心理暗示下又是合理的必报,因此与敖包有关的禁忌通常是以故事和传说的形式来告诫

---

① 夏建中:《文化人类学理论流派》,北京:中国人民大学出版社,1997年,第122页。
② 马林诺夫斯基:《文化论》,费孝通译,北京:华夏出版社,2001年,第47页。

参祭人员的。

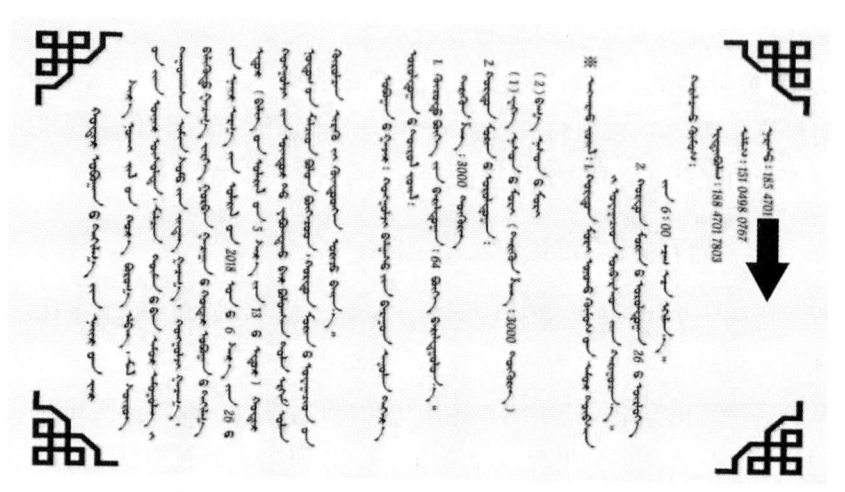

图3-5 嘎查敖包·呼迪日敖包祭祀仪式通知

鄂温克族在祭祀哈拉音敖包的过程中，家中的老人和邀请来的萨满会向祭祀敖包家族的成员讲述民族历史和家谱及有关的历史、民族的起源、家族姓氏的起源、祖先的故乡、迁徙史等。除此之外老人会向年轻人们传递教授与敖包祭祀有关的知识，尤其是禁忌和日常行为规范。告诫青年要热爱民族，注重团结，敬畏先祖，尊重孝顺老人，爱护教育小辈。犹如藏传佛教和穆斯林经堂教育一样，在鄂温克族历史进程中，萨满对于保护传承民族文化起到了非常重要的作用。已逝萨满奥云花的祭祀唱词中便沿袭了典型的鄂温克族对于民族历史口耳相传的特点：

> 黑龙江上有祖籍，雅鲁河畔有神座；海拉尔呼伦贝尔为住地，八个杜拉尔为娘家；十八岁成年时，告别雅鲁哈文家族。两只神鸟对飞，两条神蛇相连培育我的尊师，的示训戒我的祖神。承袭娘家祖神……①

---

① 满都尔图、周锡银、佟德富主编：《中国各民族原始宗教资料集成：鄂伦春族卷 鄂温克族卷 赫哲族卷 达斡尔族卷 锡伯族卷 满族卷 蒙古族卷 藏族卷》，北京：中国社会科学出版社，1999年，第146页。

萨满的唱词作为口传文学的一种形式,囊括了非常多的信息,而"民间文学真实而确切地反映了广泛的社会生活和劳动人民的思想感情,因为有多方面的认识作用。民间文学能帮助我们认识历史……"①在敖包祭祀仪式过程中讲述了索伦鄂温克族起源于黑龙江,经过雅鲁河迁徙到呼伦贝尔戍边定居,通过口述的方式传承民族的历史记忆,介绍自己是杜拉尔家族的,出嫁后成为了萨满,祭祀自己的祖先神,而两条蛇为自己的祖先神,这是鄂温克族哈拉和莫洪萨满传承的规矩。按照顺序交代准备供品之后向神灵祈福,祈福草原风调雨顺、五畜兴旺,最重要的是家族成员健康平安,这是其作为家族萨满的职责所在,在其唱词中展现得淋漓尽致。

鄂温克族敖包祭祀活动,在早期是具有很强的社会调节功能的,每年的祭祀仪式都是平衡家族关系调解成员内部矛盾,维护家族利益和内部秩序的重要平台。在对家族成员的约束教育方面,则反映了家族的共同权威和意志,家族内部成员必须无条件地服从。因此,以敖包为中心的民间信仰通过民间口传文学的方式,在鄂温克族社会中宣扬、肯定民族的古老传统,通过禁忌来维护传统,强化传统约束力之于鄂温克族社会的作用。而大量关于敖包祭祀的禁忌故事在宣扬民间信仰、价值观念、讲述真善美以及善恶有报等方面都起到了规范与教育的作用。因此可以说敖包祭祀仪式给予鄂温克族社会的教育约束功能对于鄂温克族民族传统文化的传承,起着举足轻重的作用。

在鄂温克族众多类型的敖包中,将军敖包和萨满敖包比较独特。对于历史上尚武的民族,很多鄂温克家族都有极强的家族荣誉感和责任感。在祭祀将军和仙登两类敖包的时候,家族长辈都会歌颂家族英雄事迹,从小培育灌输家族成员的荣誉感。通过萨满敖包的祭祀以纪念家族的"精神领袖",传颂家族萨满及家族优秀成员生前的丰功伟绩。在敖包祭祀仪式过程中的英雄故事、与敖包有关的神话传说的讲解,萨满或是老人绘声绘色地传颂那些杰出人物在鄂温克族历史上所作出的

---

① 钟敬文:《民间文学概论》,北京:高等教育出版社,2010年8月第2版,第45页。

贡献,充分地彰显英雄人物的勇于奉献、敢于牺牲和积极进取的大无畏精神,传播正能量,激励后人学习榜样的力量。与此同时,以口传文学的形式去教育、歌颂、传扬本民族的习惯法,其中包含着信仰、道德、亲情以及发展观念等民间传统。所以有人说,"检验民间信仰的性质,首先取决于民间信仰现象中的崇拜;只要有了崇拜,不论其崇拜的程度如何,就可以测定出它的民间信仰性质。这几乎是人类学研究原始信仰的一个带有普遍意义的命题,中国的民间信仰自然也不例外。这种崇拜,从原始信仰一直发展到现代依然存活着的民间信仰,始终是最基本的信仰形式。"①强大的口述史和传播能力是鄂温克人传承民族精神和历史文化的主要途径方法,而大多内容为通过口传文学的方式纪念颂扬民族英雄和祖先萨满的功绩品行。

鄂温克族自治旗伊敏苏木毕鲁图嘎查的额格都·杜拉尔家族成员通过祭祀本家的赫颇烈将军敖包,不但可以缅怀祖先纪念先人,还可以达到教育家族成员、培养家族荣誉感的目的。而祭祀强大的祖先的仙登敖包,更是人们为了纪念祖先萨满而举行的祭祀仪式,通常在祭祀活动中会给大家讲述家族萨满的法力和曾经治病救人的例子,最终目的是歌颂萨满祖先的品德。在没有现代通讯手段的时期,祭祀萨满通常会给很多人讲述与敖包和萨满有关的传说故事,而这些都是具有纪念和歌颂的目的。

二、行政与地标功能

鄂温克族的旗敖包、苏木敖包和安本敖包因为是官方所立官方所祭祀,因此本身就带有行政的性质,从清朝历经民国至今,巴彦呼硕敖包官祭敖包的地位没有改变过。官祭敖包的祭祀活动,不仅体现了国家政权在某一地区的公权力,也显示其所具有的行政权力。可以说是国家权威和官方权威在敖包祭祀地区的一种宣誓和在场。

---

① 乌丙安:《中国民间信仰》,上海:上海人民出版社,1995年,第13—14页。

表 3-3-1 呼伦贝尔境内中俄陆路国界鄂博(敖包)表①

事别 名别	方向	地点	设立年号	号数	附记
塔尔巴干达呼山	呼伦贝尔境内西北	塔尔巴干达呼山向北草地	雍正五年	58	塔尔巴干蒙古语"旱獭"也。达呼"斗篷"也。以山形似之故名。
察罕敖拉	呼伦贝尔境内西北	察罕敖拉向北贴近与沙罗岭上	雍正五年	59	山名,蒙古语"白色"为察罕,山为敖拉
塔奔托罗海	呼伦贝尔境内西北	塔奔托罗海向北贴近托罗海岭	雍正五年	60	塔奔蒙古语"五色"也,托罗海,山顶也。山有五顶故名
苏克特依	呼伦贝尔境内西北	苏克特依向北附近之最高处	雍正五年	61	山名,一作索克图
额尔瓜里托罗海	呼伦贝尔境内西北	额尔瓜里托罗海向北附近之最高处	雍正五年	62	山名,一作额尔库里托罗海
阿巴该图	呼伦贝尔境内西北	额尔古纳河西安,正对海拉尔河中间,在阿巴该图岭之凸处	雍正五年	63	山名,一作阿巴哈依图解见卡伦

表 3-3-2 《呼伦贝尔志略》鄂博续表②

备注	按:古无所谓鄂博之称。《清会典》载,游牧交界之所无山河为志者,全石为志,谓之鄂博。盖即封堆之说。土人又谓为敖包乃一音之转也。呼伦贝尔西北邻俄,分划国界,设立鄂博。自雍正五年,《恰克图条约》始查。当日东路鄂博。全案由布尔古特依山南、巴彦梁起向东至阿巴该图,共设六十三处。属于呼伦贝尔边界者凡六则,其终止之点也。右表所列准此。按《恰克图条约》第三条载,自察备考军敖拉卡伦之封堆至额尔古纳河岸,蒙古卡伦之封堆以外,两国派人验明妥议挖立封堆为界,是为呼伦设有国界鄂博之证。又初议自布尔古特山至阿巴该图设鄂博四十八处,旋于本

---

① 程廷恒、张家璠编纂:《呼伦贝尔志略》,海拉尔:内蒙古文化出版社,2003年,第110页。
② 程廷恒、张家璠编纂:《呼伦贝尔志略》,海拉尔:内蒙古文化出版社,2003年,第111页。

	续　表
	年定阿巴该图之约,设鄂博六十三处,鄂博界点结尾号数均在呼伦边界。又表列方向号数系由西向东计算。查旧有鄂博每处各设两个,年久备驰,悉为俄人残毁,迄今基址强半模糊。然其地点、名称、界点、号数存于政府案档,并散见各图籍者,犹可考证云。

鄂温克族因在清时期编入八旗驻防,因此也就因军事政治的原因产生了军队敖包,于中俄两国国界定立后建立巡边卡伦后,200年间的戍边岁月中,经历无数次战争的鄂温克人付出了巨大的牺牲,因此人们建立敖包祈求军队平安无事。从游牧社会敖包除了祭祀外还是古人利用划分地界和草场的标志,在国家层面上封堆建立敖包,则成为国家划分国界的标志。《黑龙江志稿》中就有相关记载:"三年黑龙江巡抚周树模奏查江省地处边陲三面邻俄其西北一面与俄接壤者原分水陆两路陆路自塔尔巴干达呼第五十八鄂博起至阿巴该图第六十三鄂博止计长一百八十余里水路自阿巴该图起至额尔古纳河口止计长一千四百余里陆路国界定于雍正五年阿巴该图界约水路则定于康熙二十八年尼布楚条约水有天然之河流陆有人为之鄂博界限本极分明乃历年既远河流不免迁移鄂博复多坍塌祇以地方荒僻人户稀零彼此尚能相安。"① 而今这些敖包已经失去宗教性的一面,或者说失去原有地标性的功能,而是强化了边界划分标的的属性,在整个清时期边界敖包的记载比比皆是,尤其是在中俄蒙边界上最为普遍,因此敖包在盟旗制度的基础上成为秩序化的象征符号。

敖包在北方草原是非常普遍的,在游牧文化之中的特性已经深入人心,统治者熟知这一点,在草原各部族游牧草场分界处多以敖包为界限划分,就此因地制宜将敖包的这一界标功能政治化和国家化,人们在原有习惯法的基础上更加遵守和维护敖包的疆界意识。但作为官祭敖包,巴彦呼硕敖包自清朝伊始,时至今日依然具有行政性与地域的特点。所以研究敖包的行政性与地标性的功能有利于我们去探寻敖包的分类与古老起源,也有助于研究清时期的边疆民族关系。

---

① 〔清〕刘锦藻撰:《清续文献通考》民国景十通本,第5752页。

三、传承民族文化功能

我们可以把敖包祭祀仪式和传说当成鄂温克民族历史记忆的社会文本,就很容易理解了。鄂温克族的民间传统和民族文化的世代传延,靠的就是父辈子辈的言传和身教,因此,口传文学和敖包祭祀仪式对于鄂温克族传统信仰、道德准则、宗教观念、价值观念、生态观念及历史记忆都具有传承的功能。马林诺夫斯基曾言:"传统的绵续,或是广义的教育,和法律及经济组织一同形成手段性质的文化的三方面。凡制度、风俗或其他文化设置,能满足这三方面手段性质的需要,与其能直接满足生活基本需要,是同样的重要。"①

除了学校教育以外,家庭教育是传统民族文化最为重要的教育方式和场所。传统文化不仅需要学校教育,更需要通过仪式信仰来传授。鄂温克族的敖包祭祀,不仅可以向参与者教授民族历史和民族知识,可以发展民族体育与民族传统艺术。每年的敖包祭祀仪式和瑟宾节,都是鄂温克族传统文化的展演,也是对鄂温克族同胞尤其是年轻人一次的教育培训,人们在敖包会上展示优秀骑术,参与摔跤、射箭比赛,以展现鄂温克族作为马背狩猎民族的优秀文化,而能歌善舞的鄂温克青年们则会表演各种舞蹈和民歌。作为森林草原民众最为盛大的节日,鄂温克人都会携全家来参加活动,因此很多孩子在呱呱学语的时候就来参加敖包祭祀活动了,从小的耳濡目染,使得孩子们从小就接触本民族的文化。因此传承文化自然就完成了代际传承。因此可以说,鄂温克族敖包文化及口传文学,不但是传承民族文化的媒介,也是鄂温克族传承文化的有力载体,时刻在影响着鄂温克族的信仰文化和现实生活。

集体观念或者说集体意识是涂尔干的社会关系理论的核心概念,而集体性信仰、倾向和守则,则是构成社会现象的社会原动力。人们在敖包会上都会带着孩子去,让孩子从小就接受传统文化的熏陶,如在祭祀仪式前会给孩子穿上鄂温克袍子,给孩子讲敖包需要带什么祭品,男人

---

① (英)马林诺夫斯基:《文化论》,费孝通等译,北京:中国民间文艺出版社,1987年,第45页。

应该站在哪个位置,应该做什么,什么不可以做等。而老人在过程中会讲一些传统故事和家族的历史,母亲会带着孩子去系哈达,父亲也会带着孩子喂桑。好久不见的人会在敖包上互相问候,小辈要给长辈请安。父母会在这里给孩子做一些礼节示范。民族的文化就是这样代代相传下去的。因此年轻人和孩子们感受祭祀敖包的神圣性以及自己作为民族一员对于民族文化传承的意义,同时便会以身作则去发扬传承民族文化。

敖包祭祀本身就具有祈福和娱神的目的,祭祀后的那达慕本身字面意思就有娱乐的含义。80年代随着敖包祭祀仪式的恢复,鄂温克族敖包祭祀不再单纯地过度地重视仪式和信仰内容,相比更加地重视敖包祭祀后的传统体育和娱乐活动。根据鄂温克族自治旗旅游局的统计,2012年鄂温克族自治旗瑟宾节敖包祭祀和那达慕参与人数近2万人,2018年达到了近5万人,可谓盛况空前。①

每年瑟宾节敖包会,鄂温克族自治旗民族宗教事务委员会和旅游局都会成立专门的工作组,组织策划敖包祭祀和瑟宾节的比赛。鄂温克族敖包会后的活动内容与蒙古族相似,主要是摔跤、赛马、射箭和歌

图3-6 瑟宾节那达慕上的摔跤比赛②

---

① 数据统计来源于鄂温克族自治旗旅游局。
② 拍摄人:黎霞;拍摄时间:2012年6月18日;拍摄地点:鄂温克族自治旗巴彦托海镇。

图3-7 参加祭祀的鄂温克族母子①

舞表演,每年也会有鄂温克语故事比赛、鄂温克语民歌大赛,以赛带传承的方式,大大地增加了传承的范围和广度,也使得鄂温克传统文化走上时代的舞台,使得鄂温克人对于自己的文化感到骄傲和自信。民族旅游的兴起,使得越来越多的游客来到鄂温克草原,观看瑟宾节活动,当地旅游收入大增,因此鄂温克族自治旗在敖包会场相继增加了传统歌舞的展演。演员都是普通鄂温克族群众,他们在参与敖包祭祀的同时,有偿参加展演,不仅传承了鄂温克族传统文化,还得到了经济回报,可谓名利双收。

四、民族团结与交流功能

我们所谓的"民间信仰(folk belief)是一个笼统的概念。尽管民间信仰缺乏系统的宗教教义和完善的宗教典籍,并且信仰的内容与日常生活混合,但它确实具有宗教的某些特征,如进行祖先崇拜、神明崇拜、岁时祭祀、生命礼仪、咒符法术等,因此它也成为人类学意义上的宗教。

---

① 拍摄人:黎霞;拍摄时间:2012年6月18日;拍摄地点:陈巴尔虎旗鄂温克族苏木。

中国传统的民间信仰与其说反映了人与自然/超自然的关系,还不如说反映了人与人的社会关系。"①敖包祭祀,是北方少数民族所共有的信仰文化和祭祀仪式,每次的敖包会都是各民族相互了解的机会,因为敖包祭祀而造就歌曲敖包相会的故事每年都在发生。埃文斯·普里查德说:"宗教首先是一个社会将其本身视为不只是个体的集合方式,而是社会用来维系其团结和确保其连续性的方式。一旦通过集体行动而获得存在,宗教就会获得一定程度的自主性,并且以各种方式进行扩散。"②每一年的鄂温克族敖包祭祀活动,都会吸引众多的人来参与,有的是祭拜,有的是参观,有的是体验民族文化,当然除了鄂温克族以外,周围各民族都会来,敖包会的商品交易区则是外来人参与敖包的主要因素之一。希望得到主祭敖包的祈福更是各民族群众的共同心愿。因此说鄂温克族的敖包祭祀是加强草原各民族团结共生的理想平台。

相传,由于之前战乱,巴彦呼硕敖包停祭很多年。1948年共产党领导的索伦旗成立,恢复了巴彦呼硕敖包祭祀活动,有很多离别多年的老相识在巴彦呼硕敖包会上重逢,高兴得都掉下眼泪。鄂温克族自治旗辉苏木一位著名摔跤手其木德斯登,在敖包山上见到之前的1931年呼伦贝尔巴彦呼硕敖包那达慕的著名的安本布库③古力格时跪下请安,并说"能活着见到您是我的幸福",说完便点上烟敬上古力格老人。一个是鄂温克族,一个是鄂温克人的达斡尔族女婿,两人表现出相亲相爱的一家人之情一直被传为佳话。

布特哈八旗总管衙门敖包祭祀词体现了多民族共同祭祀的内容:

> 在纳文江畔,布特哈,达斡尔民族、鄂温克民族及各族民众,同各位领导,聚集在尼尔基哈达上,共祭旗敖包,开祭。敖包祭品有一头青牛,一只羊,供品有45瓶巴特罕白酒,还有红

---

① 庄孔韶:《人类学通论》第三版,北京:中国人民大学出版社,2016年,第244页。
② [英]埃文斯-普里查德著:《原始宗教理论》,孙尚扬译,北京:商务印书馆,2001年,第67页。
③ 安本布库:满语汉译为冠军摔跤手,特指政府给予的摔跤冠军称号。

第三章 鄂温克族敖包祭祀仪式的口传文学研究

图 3-8 1931 年巴彦呼硕敖包摔跤冠军,安本布库:古日格①

酒、果品、糕点。现在,由八旬老人教寿昌主祭,八位达斡尔老人,一位鄂温克老人合祭,代表民众之意,向苍天祭祀。喷喷:母天神佛,父天神佛,详细听,敖包神佛请详听,政治的今天,布特哈达斡尔、鄂温克族,莫旗各民族人民,用三把香火为你们祭奠,宰牛杀牲为你们祭祀。几百年来,居住在这里的各族人民,在您的保佑之下,世世代代平安幸福地生活。为此,我们感激不尽。今天,因国家建立尼尔基水库,占地之需要,经我们共议,将尼尔基哈达上的旗敖包,喜迎到布特哈八旗总管敖包合并。今天,布特哈达斡尔人、鄂温克族和各族群众,共集在此,欢聚一起,为旗敖包喜卷送行。祈求神灵,继续保佑平注敖包辛巳年平安、幸福祥宁、繁衍昌盛,消除灾害,六畜兴旺,风调雨顺,农业丰收,祝愿布特哈繁荣昌盛吧。②

---

① 拍摄人:林格伦;拍摄时间:1931 年;拍摄地点:鄂温克族自治旗巴彦呼硕敖包。
② 资料提供单位:莫力达瓦达斡尔族自治旗鄂温克族研究会,来源日:2018 年 8 月 5 日。

从上文的祭词中,处处充满了团结和谐的意味,可以说敖包祭祀,尤其是官祭敖包的祭祀活动,很多都是各民族共同参与的,也是各民族团结友爱、相互交往交流交融的见证。

在鄂温克族生活的呼伦贝尔地区,敖包信仰也普遍存在于汉族同胞之中,很多汉族同胞从小就参加敖包祭祀活动,非常了解敖包文化,因此说敖包文化为当地各民族文化的共同体建构作出了贡献,通过敖包祭祀提供的交流平台,当地各族群众相聚在一起。鄂温克族自治旗是全国民族团结模范旗,每年瑟宾节的活动,各民族的表演充分地体现了当地的多元文化。随着各民族交往的加深,各民族的文化相互融合,使得民族之间相互尊重与信任,像石榴籽一样紧紧地团结在一起,形成了具有鲜明地域特色的民族关系。在敖包祭祀,尤其是旗敖包和苏木敖包的那达慕会场上,为大会提供后勤保障的都是汉族和其他民族的商家们,为整个活动提供了有力支撑。可以说敖包祭祀活动对于民族文化的相互融合以及加强民族团结起到了不可磨灭的作用。

在旅游发展中,宗教与民间信仰的旅游可以满足人们对于不同文化的求知欲,所谓读万卷书行万里路,实践是检验真理的唯一标准。呼伦贝尔地区生活着42个不同的民族,这里是游牧游猎文化核心区,以鄂温克族、鄂伦春族、达斡尔族、蒙古族为代表,而20世纪初代表农耕文明的汉族、朝鲜族、回族等相继移民到呼伦贝尔,不仅丰富了呼伦贝尔的区域文化和民族文化,各民族在这片沃土上相互交融,铸就了和谐稳定的边疆文化。而敖包祭祀活动由早期的民俗活动,逐渐演变成多民族交往沟通相互了解的平台,每年的敖包那达慕都有各民族的文化精品参与,这是敖包文化为铸就中华民族命运共同体所作出的突出贡献。

五、经济交往功能

随着全球化,中国经济高速发展,城市化和高生活节奏使得人们的生活空间和精神需求不断加大,拥挤、喧嚣的城市压抑着人们,因此很多人选择去寺院、文化景观的地方去避闲,隐匿于深山旷野的敖包和寺院,是人们旅游减压的圣地,尤其是呼伦贝尔大草原更是游客们向往的草原天堂,而敖包带有自然景观性的文化氛围,会帮助游客心灵放松和精神抚慰。敖包文化不仅开拓旅游者的视野,也给当地的敖包会带来旅游收入。每年的敖包会既是一次民族团结的盛会,又是一次商品交流会。

早期的敖包祭祀活动,都会有专门的牛、马、羊、骆驼的交易市场,这是最为传统的交易方式。清末民初呼伦贝尔草原的甘珠尔庙会和安本庙会,都是在祭祀完敖包后来自各地的牧民、猎民和商人们一起举行交换。当时有这样的记载:"人则索伦、额鲁特、布特哈、新旧巴尔虎各旗,喀尔喀、蒙古各部,内而燕晋,外而俄罗斯,各商以万记,畜则驼马牛羊以数十万计,货则金玉锦绣布帛菽粟轮舆鞍辔。凡蒙旗日用器物之属,无弗备。毡庐环绕,烟火上腾,周教十里,支帐于野,连车为营。偕妇子以公处者,弥望皆是。蒙言汉语,驼啸牛鸣,车驰马走之声,澈日夜不绝于耳。"[①]可见当时敖包及庙会的盛况,1926 年呼伦贝尔官方统计:甘珠尔集市的交易额为 47.72 万元。[②]

敖包祭祀及其集市很早就是鄂温克、达斡尔、蒙古、俄罗斯、汉等民族的交易平台,当时海拉尔安本庙会的集市,参与交易的鄂温克人占三

图 3-9 敖包会场的临时商业区[③]

---

① 程廷恒、张家璠编纂:《呼伦贝尔志略》,海拉尔:内蒙古文化出版社,2003 年,第 261 页。
② 李·孟和达赉、阿敏:《呼伦贝尔萨满教与喇嘛教史略》,北京:民族出版社,2013 年,第 238 页。
③ 拍摄人:黎霞;拍摄时间:2012 年 6 月 18 日;拍摄地点:鄂温克族自治旗巴彦托海镇。

分之二。随着改革开放及市场化的逐步深化,鄂温克族自治旗敖包祭祀后的那达慕大会,往往会吸引很多商家前来展销。很多草原牧民,将自己家的手工艺品和与牧业文化有关的商品拿到那达慕上来卖,深得游客们的喜爱。包括瑟宾节在内的敖包祭祀及相关活动会举行两天,四面八方的人都来参加,为了保持会场秩序井然,所以会专门划分指定的商品交易区。商业区主要是与农牧民有关的产品促销,还有简易饭店和娱乐设施,鄂温克奶茶、南屯牛排、维吾尔羊肉串、蒙古奶食在这里都可以买到。而具有鲜明地域特色的文创产品则是外地游客的最爱,逐渐成熟的管理运营模式使得"敖包经济"越来越红火。

敖包会不仅发展了当地的旅游业,还促进了鄂温克族敖包文化在内的非物质文化遗产的发展。丰富的仪式内涵,不仅带动了旅游业的发展,还使得当地传统手工艺文化逐渐地市场化,可观的收入使得更多的牧民加入到敖包经济发展之中,与此同时,他们从内心更加注重民族文化的保护与传承,可以说敖包文化让当地人利用自己的文化资本轻而易举地完成了经济资本和社会资本的转化。

图3-10 瑟宾节上的索伦鄂温克青年骑手[①]

① 拍摄人:黎霞;拍摄时间:2012年6月18日;拍摄地点:鄂温克族自治旗巴彦托海镇。

第三章　鄂温克族敖包祭祀仪式的口传文学研究

图 3-11　敖包会后为有贡献的牧民颁发奖品①

小结

本章,笔者用母题学方法重点分析了鄂温克族敖包祭祀仪式中的口头文学的口传文本,并将所分析的文本分为叙事体口头文学和韵文体口头文学。叙事体的口头文学文本包含了鄂温克族神话、历史传说、风物传说等民间文学的基本母题,在吸收各类传说故事情节的基础上展现了鄂温克族迁徙过程、生产生活、戍边卫国的历史变化,更涵盖了鄂温克族风俗信仰、民间艺术的变迁史;韵文体口头文学则在延续叙事体口头文学艺术特色的基础上,融合了当下变化发展着的日常生活面貌,以诗的语言、歌的形式传递了鄂温克族口头文学的语言精髓,为鄂温克族口头文学的程式化研究提供了重要依据。不论是叙事体口头文学还是韵文体口头文学,这些变化着的口头的艺术都以敖包祭祀文

---

① 拍摄人:乌日乌特;拍摄时间:2012 年 6 月 22 日;拍摄地点:鄂温克族自治旗罕乌拉鄂温克族嘎查。

化为纽带,记录着家族历史,传递着民族、国家在不同时期的文化底蕴,那些讲述口头文学的故事家、歌手们也成为了承载鄂温克族敖包祭祀文化的活的载体,将角落中隐藏着的口头艺术光辉散发到更远处。

第四章
鄂温克族敖包祭祀文化的跨文化比较研究

民间信仰或者说宗教,"既可以作为沟通不同文明体系之间道德伦理观念的可能途径,为建构全球化秩序架桥修路,也可以作为族群内部凝聚力和文化认同的象征"[①]。鄂温克族敖包祭祀仪式作为鄂温克族传统的民俗活动,在周围民族及外来文化不断地接触交往下,在排斥与交融之间形成了鄂温克族特色。与此同时,资本的介入和旅游业的兴起,外部环境的刺激使得鄂温克族敖包文化逐渐地发生着变迁,随之而来的是敖包文化为了适应时代发展而做出的不断重构。

第一节 鄂温克族敖包祭祀仪式中的宗教要素

呼伦贝尔市位于中俄蒙三国交界点,三国文化在这里交集,从生态环境上看是森林文化与草原文化的融合地区,也是世界萨满文化的核心区,中国敖包文化圈的中心点。因此在这种五彩多元的文化场域之中,鄂温克族敖包文化自然会吸收不同文化的精髓,以丰富自身的文化,而适应其自身与外部的发展传承。早在清中期呼伦贝尔草原就开始兴建藏传寺庙了,鄂温克族在坚持萨满信仰的同时,随着接触的增多,逐渐地接受了藏传佛教和汉传佛教以及关公信仰等。事实证明处在萨满文化核心区即敖包文化圈中的鄂温克族并不盲目排斥萨满教以外的宗教接触,这种包容的思想正是促进各民族文化交融的思想前提。

---

① 卢国龙:《原道》第12辑,北京:北京大学出版社,2005年,第52—63页。

而多元文化基因的注入,强化了鄂温克族敖包文化的时代生命力,因此不断地发展前行。

一、鄂温克族敖包祭祀文化与萨满教文化

众所周知,文化是不断地流动的,人类社会中没有一种文化是独立不变的,反而是伴随着人类的迁徙而发展变化的,绝对的文化静止是不存在的。一切文明的存在与发展都是自然环境与社会土壤合作的结果。多线进化论的提倡者斯图尔德认为,"文化与其生态环境是不可分离的,他们之间相互影响、相互作用、互为因果。"① 敖包信仰起源于人类早期,从灵石、神树崇拜等民间信仰形式都可以总结出,作为世代狩猎的鄂温克族来说,萨满教信仰是本民族最根本的信仰。萨满在鄂温克族的精神世界中长期占据着至高无上的地位,在所有的祭祀活动中,决定部落命运的重大事件的时候,往往是由萨满来决策的,萨满是鄂温克人所深信不疑的神灵使者。血祭、牲祭至今都是鄂温克族一些敖包祭祀活动中,极其重要的娱神、敬神仪式。而人们在对抗艰苦的狩猎环境时,如何得到心理慰藉与勇气呢?当然,萨满就是首当其冲的解惑法

图 4-1 萨满的仙登拍摄于 1929 年伊敏苏木③

---

① 夏建中:《文化人类学理论流派》,北京:中国人民大学出版社,1997 年,第 227 页。
② 夏建中:《文化人类学理论流派》,北京:中国人民大学出版社,1997 年,第 134 页。

宝。因此可以得出结论,"宗教在很大程度上是起源于纯粹个人的原因"①,也是萨满之所以长久存在于鄂温克族社会中的价值所在。如前文所述,鄂温克族的家族萨满在去世以后,家人和后世萨满会为其立祀仙登敖包,而已故萨满则作为家族里强大的祖先神而被后人所祭拜,从这一视角来看完全符合祖先崇拜的要素。

萨满在祭祀仙登和仙登敖包的时候,仪式性的昏厥与重生或者说通灵,都是具有象征意义的,是通过假死的阈限过程,通过自己的躯体及灵魂召唤使得神灵附体,仪式的结果使人相信神灵的存在,仪式的神圣性凸显。敖包仪式中的祖先崇拜与英雄崇拜,使得敖包的范式更加地具有结构性和萨满世界的哲学意义,甚至有助于信众们对于萨满信仰更加的虔诚。

> 在鄂温克草原上,没听说哪个鄂温克族哈拉没有自己的敖包的,也没听过谁家不祭祀敖包的,如果真有那样的人,也是个没有根儿的人,也是个冒牌鄂温克人。祭仙登和家族的敖包就是祭祀自己的老祖宗,老祖宗都不认的人,就没有了根子,那这个家族就该自己断了香火了。比如这个罗赛敖包吧,就是祭祀龙王爷呢,求保佑草场好,保佑牛羊啥的,萨满主持敖包的时候,更会灵验,威力更大,比起喇嘛我更相信萨满,因为我们的神能听懂鄂温克语,喇嘛可不会我们的语言。②

鄂温克人对于萨满信仰的坚持在周围民族中是出名的,1940 年出版的日文文献中这样记载:"蒙古族信奉喇嘛教(佛教),而索伦族则信奉萨满教。到目前为止索伦族出身的人当喇嘛的只有一人。而且他还不是自愿得道者,这个男子是兄弟五人中最小的,兄长们生下不久都有病夭折,所以他父亲想保住他的命与喇嘛商量,但是喇嘛说只有让他皈

---

① 拍摄人:林格伦;拍摄时间:1929 年;拍摄地点:鄂温克族自治旗巴彦托海镇。
② 被访谈人:MD,鄂温克族,鄂温克族自治旗伊敏苏木吉登猎民嘎查;访谈人:乌日乌特;访谈时间:2018 年 6 月 20 日;访谈地点:鄂温克族自治旗伊敏苏木塔坦达旅行营地。

依佛教得道的话才可以救他一命,要不然就不能保证,正因为这样他才当喇嘛的。萨满教是很盛行的。佛教需要庙(寺),萨满教却不需要寺院。只要进入索伦族部落之中,随处可听到萨满的敲鼓声。佛教里喇嘛主要是男的,尼僧是受限制的,但是萨满教的仙士不分男女。成为所谓的萨满(巫师)极为简单,只要在自己的家招待萨满,并跟他学就可以了。这一带盛行的萨满教分索伦萨满教和巴尔虎萨满教两个系,索伦萨满教多盛行于达斡尔族、索伦族以及居住于齐齐哈尔附近的雅鲁河索伦族中。"①由此可见萨满对于鄂温克族精神信仰方面的影响是很大的。

图4-2 索伦鄂温克盖玛萨满1932年伊敏②

上文已交代草原鄂温克族的敖包的形制与蒙古族相同,都是石碓柳条和中间的主杆亦称为神杆。有学者认为"根据敖包的这些形制特征认为敖包是山林的象征,是草原民族从森林迁徙到草原后的山林追忆。但是我认为敖包树与萨满教的树崇拜有更多的联系。神树、神杆崇拜是北方萨满的一大传统,如'宇宙树''氏族树''萨满祖树'以及'索

---

① 内蒙古大学、中共内蒙古地区党史研究所编:《内蒙古近代史译丛》第二辑,呼和浩特:内蒙古人民出版社,1988年,第202页。
② 拍摄人:林格伦;拍摄时间:1931年;拍摄地点:鄂温克族自治旗巴彦托海镇。

伦杆''祖宗杆'等神树、神杆。北方萨满在举行祭天、祭山、祭水仪式或求雨、求子仪式时一般都在神树下跳神做法或绕树而舞。"[1]认为这些都是祈神、求雨、求多子多福、出入平安的行为。游牧鄂温克人的敖包在形制上与森林的敖包有所差异,但根源来自于森林。敖包主杆即神杆是森林敖包树山神白纳恰的衍生。王其格认为:敖包树和敖包的神杆,并不是古代人类对于"山林意像"的简单追忆,而是与萨满教,尤其是万物有灵信仰中的神山、神树等神圣场域有关联。因此,更多更为深层的信仰精神在里面,而从敖包信仰内核也可推断其与祖先崇拜有着极深的渊源。

图4-3 20世纪30年代的满族神杆[2]　　图4-4 20年代东北汉族的神树小庙[3]

关于敖包起源的传说,也完全带有萨满教的特点,据鄂温克族自治旗民族事务局统计,全旗现有鄂温克族敖包和仙登共计80多座,其中以家族敖包、萨满敖包和罗赛敖包为主。每年都会祭祀这些敖包,活态的敖包祭祀活动表明,萨满教信仰及敖包信仰在鄂温克族聚居区中仍

---

[1] 王其格:《敖包祭祀与萨满文化》,内蒙古民族大学学报,2013年第6期,第16页。
[2] 赤松智城、秋叶隆:《满蒙の民族と宗教》,东京:大阪屋号书店,1941年,附图:第30页。
[3] 赤松智城、秋叶隆:《满蒙の民族と宗教》,东京:大阪屋号书店,1941年,附图:第64页。

然非常普及。可以说以祖先崇拜、万物有灵为核心的萨满教仍是鄂温克人敖包文化信仰的精神象征。在"文革"前鄂温克族每个家族都有自己的萨满,而家族内部出现问题,如祭祀敖包、牛羊走失、治病救人都需要萨满。萨满作为传统信仰的符号载体始终存在于鄂温克族敖包祭祀仪式的各个方面。

图4-5 鄂温克族格根萨满供奉的众神神龛①

山神白纳恰及敖包神树的祭祀过程都由萨满主持,这是最古老的万物崇拜,在牧区的敖包祭祀仪式中,除了罗赛敖包外供品大多选择牲祭,这是萨满教祭祀仪式中的特点,而喇嘛在主持祭祀仪式中是反对杀生的。敖包祭祀后的男儿三技也是以娱神为目的的,这都来自古老的萨满信仰的敬神娱神思想,同时也反映了萨满巫术的升天仪式,是一种古老的宗教思想的残存。无论是初民社会还是现代社会的萨满教,这一宗教思想都以信仰至高无上的神为中心,相信天地之间通过敖包能够进行具体的交流,而这种思想会因时因地发生不同的变化,以适应社会的发展,而萨满信仰的思想精髓始终作用于敖包文化和敖包祭祀仪式的过程之中。

---

① 拍摄人:乌日乌特;拍摄时间:2018年10月7日;拍摄地点:鄂温克族自治旗巴彦托海镇格根萨满家中。

二、鄂温克族敖包文化与藏传佛教文化

鄂温克族敖包信仰文化与萨满教有着千丝万缕的关系,信仰和文化一样都会因时代和周围环境的变迁而发生融合变迁,正如邢莉所说:"现存的某些新的方面(至少是其中的一部分)必须被卷入到传统意义的世界之中,而传统也必须被新的群体成员及其世界所理解。显然,群体的维系不仅是通过保留传统,更是通过对传统的再确定实现的。"[①]早期鄂温克人对于喇嘛教的态度早期是比较谨慎的,随着一部分鄂温克人戍边进入草原从事牧业生产,与此同时,从蒙古国迁徙而来的传统游牧民新巴尔蒙古人同样生活在呼伦贝尔草原。文化上的相近,加之生活在共同的地域,经过长期的相互交融共处,文化层面相互吸收,使得两个民族关系日益密切。鄂温克人逐渐从新巴尔虎蒙古人那里接受藏传佛教的思想,逐渐地在鄂温克族敖包祭祀活动中出现了喇嘛的身影,如今喇嘛主持祭祀鄂温克族敖包的情况非常普遍。在祭祀的供品方面,萨满主持的祭祀仪式中多用红布条,而今藏传佛教元素的加入,使得人们在装饰敖包的时候,都选择藏传佛教的宗教用品如哈达、经幡、风马旗、酥油灯、藏式薰香等,这在早期是没有的,而当地人很容易地就借鉴为我所用了。

历史上,鄂温克族自治旗有过两座比较出名的藏传寺庙,一座是清朝嘉庆七年(公元1802年)建立的广慧寺,在鄂温克族自治旗政府所在地的巴彦托海镇东南部,第二座寺庙是位于巴彦呼硕敖包山下的光远寺,是1881年建立的,当时香火很旺,也曾建立过敖包,名曰喀尔毕敖包,后毁于战火。清末民初的时候,"每逢农历六月十五,要在海拉尔的安本寺庙,举行盛大的庙会,除了蒙古人、蒙古喇嘛参加外,鄂温克人参加得最多,约占大会人数的70%。当时的鄂温克人所在的八旗中,也选自己的'达莫勒'(管理寺庙的人)负责安排本族的各种宗教物品和费用。"[②]无论是当时的庙会还是现在的鄂温克族自治旗的寺庙,都有很

[①] 邢莉:《当代敖包祭祀的民间组织与传统的建构——以东乌珠穆沁旗白音敖包祭祀为个案》,《民族研究》2009年第5期,第75页。
[②] 内蒙古自治区编辑组、《中国少数民族社会历史调查资料丛刊》修订编辑委员会:《鄂温克族社会历史调查》,北京:民族出版社,2009年,第316页。

多鄂温克人去拜佛祈福,因清时期索伦左右两翼(等于两个旗)都有喇嘛庙,但清朝政府为保持兵丁来源,一直禁止鄂温克族子弟当喇嘛。因此,这些庙由新巴尔虎和额鲁特蒙古的喇嘛来维持佛事。

图4-6 巴彦呼硕敖包祭祀仪式中喇嘛念经①

文化接触促使鄂温克族主动或被动地循序渐进地接收外来文化,鄂温克族是非常善于学习的民族,在重大节日和春节的时候,都会互相之间赠送哈达,去寺庙念经。游牧的鄂温克人在家里人去世时,都会请喇嘛来为亡者超度诵经。在缺医少药的年代,呼伦贝尔草原上懂得医术的喇嘛都会给鄂温克人看病医治,因此很多鄂温克人从那时开始慢慢接受了藏传佛教。蒙元统一西藏后,元朝统治者自上而下地推行藏传佛教,从那时开始藏传佛教开始东传蒙古草原和中原地区。清时期统治者为了使得自己的大后方稳固,在联谊和亲的基础之上,在蒙古草原大力推行藏传佛教,该政策被称为"兴黄教以安众蒙古"。鄂温克族自治旗辉苏木就有敖包称为格根敖包,据说是与活佛有关。辉苏木的海日汗敖包又称查干陶勒盖敖包,其早期为索伦八旗右翼旗的祭祀敖包,因此很早就邀请喇嘛主持祭祀,而且在敖包前还立有佛龛。海日汗敖包的形制是十三敖包,两面六个子敖包,中间为一座大型主敖包。据

---

① 拍摄人:黎霞;拍摄时间:2018年6月18日;拍摄地点:鄂温克族自治旗巴彦托海镇。

图 4-7　1931 年的广慧寺①

敖包家族的老人说十三敖包代表着佛教十三部教义经典,在藏传佛教中具有神圣的意义。

鄂温克族敖包在祭祀方面多以羊和牛为供品,从宗教禁忌来说是违背藏传佛教不杀生的教义的。但只要在喇嘛来之前将肉准备好,当地喇嘛是可以接受的,或者在屠宰之前提前念经,这些改变可以说是藏传佛教本地化的妥协,也可以说是在鄂温克族地区甚至是内蒙古地区的某种适应的结果吧。鄂温克族口传文学中关于敖包起源的传说中到底谁是降妖除魔的人,有的是萨满,有的故事则是喇嘛,这也说明萨满与喇嘛在不同的地区博弈与并行传播的体现。

反观在布特哈地区,萨满和家族男性成员依然是敖包树祭祀的主体,这里并不邀请喇嘛参加敖包树的祭祀活动。在鄂温克族自治旗的辉苏木、伊敏苏木、巴彦查岗苏木一些牧民在祭祀敖包的过程中也还是请萨满来主持。喇嘛参与罗赛敖包祭祀的较多。很多鄂温克族的老人更相信萨满,而年轻人则比较容易接受喇嘛参与敖包祭祀活动。因此藏传佛教在鄂温克地区的循序渐进地传播也是鄂温克族逐渐接受的过程。过去"萨满病重时,有的也请喇嘛念经、医病(吃喇嘛所配的药),但

---

① 拍摄人:林格伦;拍摄时间:1931 年;拍摄地点:鄂温克族自治旗巴彦托海镇。

萨满死了是不请喇嘛的。表面上虽然喇嘛和萨满没有冲突,但他们是互相歧视的。萨满教在索伦人中比较流行,是他们原来的宗教,但近来有些受喇嘛教的影响,现存萨满仍以索伦人为多"。① 现在的索伦鄂温克人宗教生活中,很好地处理了萨满与喇嘛的关系,并没出现冲突,在鄂温克聚居区萨满与喇嘛的关系非常和谐,两者保持着某种默契,这是我国保护宗教信仰自由和平等的真实写照。

史禄国认为,"东北亚地区的萨满教现象本身就体现了一些起源于南部的元素,尤其是佛教(喇嘛教)的一些元素……通古斯族中的大部分神灵的名字都借自蒙古人和满族人,而蒙古人和满族人是从喇嘛教徒那儿获得这些名字的……俄罗斯的学者认为,萨满鼓的传播中心在贝加尔湖流域,而且萨满鼓在喇嘛教的宗教音乐中占有重要地位。铜镜本身源于喇嘛教,它在萨满教中也十分重要,以至于只要有铜镜,萨满可以在没有服饰和鼓的情况下表演萨满巫术。"史禄国也发现,"一些萨满头饰也是从喇嘛教借引而来的……佛教(喇嘛教)促成萨满教的形成"。② 史禄国的观点有其研究价值所在,的确在索伦鄂温克、喀穆尼堪鄂温克以及鄂伦春族的萨满中都有铜镜的存在,形制也与达斡尔、满族、蒙古族相似,甚至游牧鄂温克萨满很多都有念珠,我们知道这是佛教用品。萨满鼓本身与喇嘛教中鼓形制相似,笔者并不认为是喇嘛教的影响和传入后萨满才有了萨满鼓,虽然在祭神仪式中,喇嘛教更加地赋予"神灵"的重要性,可以看出喇嘛教对于萨满教的影响。但是萨满教的产生并不是佛教的影响,萨满信仰作为人类最古老的宗教形式已是世界性的共识,史禄国这一点判断是显得过于机械,当然萨满教与喇嘛教的交融性才是我们谈论的重点。

前文提到交融与对抗是矛盾体二元对立统一的结果,早期萨满信仰在鄂温克族的社会中是根深蒂固的,清中后期藏传佛教开始在鄂温克族地区传播,但始终停留在官方层面,并没得到普通民众的认可。初

---

① 燕京、清华、北大1950年暑期内蒙古工作调查团编:《内蒙古呼纳盟民族工作调查报告》,呼和浩特:内蒙古人民出版社,1997年,207页。
② 米尔恰·伊利亚德:《萨满教:古老的入迷术》,段满福译,北京:社科文献出版社,2018年,第500—506页。

第四章　鄂温克族敖包祭祀文化的跨文化比较研究

图 4-8　20 世纪 30 年代海拉尔西屯的喇嘛医生①

期也是冲突不断，甚至出现激烈的排斥与对抗。鄂温克族关于萨满鼓的传说中有关于萨满与喇嘛关系的表述："自从出现了神通广大的萨满，萨满坐在一面大鼓上，腾云驾雾四处游走，为世间万物降魔除灾，为人类造福。萨满乘坐的神鼓是个两面紧包皮子的大鼓，有一回，喇嘛教和萨满教打仗，喇嘛们飞起一种叫作'敖曳拉'的法器降落下来，正好打中了萨满乘坐的皮鼓，把鼓打成两片。发出的声音惊天动地，一下就把喇嘛们震服了。从此，萨满就用单面包皮的神鼓来召集神灵和降服邪魔。"②故事内容很直接地反映了萨满与喇嘛之间的斗争且斗争很早就开始了。实际上鄂温克族家庭都会供奉自己的祖先神和萨满主神，某种程度反映了萨满对于鄂温克人的影响是根深蒂固的。

从喇嘛教与萨满信仰的关系，我们可以窥探早期鄂温克族与周围民族的关系交往史和宗教史，即在鄂温克人信仰萨满教的同时，外来的喇嘛教通过不同的途径进入鄂温克人的社会中，形成了鄂温克族的双

---

① 赤松智城、秋叶隆：《满蒙の民族と宗教》，东京：大阪屋号书店，1941 年，附图：第 59 页。
② 王士媛、马名超、白杉：《鄂温克族民间故事选》，上海：上海文艺出版社，1989 年，第 22 页。

重信仰中的一部分,但萨满教的包容性使得鄂温克人有选择地接受了喇嘛教,正如前文叙述的那样,在敖包祭祀中出现了萨满先祭祀、喇嘛后祭祀的这种鄂温克族独有的双重信仰为基础的敖包祭祀仪式格局。

三、鄂温克族敖包文化与满汉民间信仰比较

布特哈地区,因处在呼伦贝尔地区的东南端,大兴安岭阻挡了西伯利亚的寒流,太平洋的水汽在这里汇聚,因此形成了优越的自然环境、适应农业发展的气候,从而成为中国农业历史上有名的北大荒。满族萨满文化伴随着八旗制度进入鄂温克族社会,而后关东封禁。内地山东、河北汉族移民在清末民初和20世纪60年代的两次大迁徙,不但给呼伦贝尔地区的发展注入了活力,而且移民将自己的汉族民间信仰也带到了大兴安岭地区和呼伦贝尔草原,并且生根发芽。生活在阿荣旗的鄂温克族定居已久,很早就适应了定居狩猎和庭院农业,"每逢祭祀敖包时,全村人拿出一头牛或是一头猪来献祭敖包"。[①] 这样的祭祀供

图4-9 具有道教文化的萨满铜镜[②]

---

① 《中国少数民族社会历史调查资料丛刊》修订编辑委员会编:《鄂温克族社会历史调查》,北京:民族出版社,2009年,第98页。
② 拍摄人:王伟;拍摄时间:2010年;拍摄地点:鄂温克族自治旗辉苏木。

图：4-10 杜拉尔鄂温克民族乡祭祀敖包时的牛肉
和猪肉非常具有半农半牧经济类型特点①

品只有在农业社会出现,猪的饲养是农业田园经济的真实表现,因为游猎游牧文化是不可能养猪的。这一行为是定居农业庭院经济所决定的,而对于游猎和游牧经济是很难实现的。

清时期"满人崇拜关公是崇尚武力、顺应民间信仰潮流、祭祀祖先、传承霸业的需要。满清统治者入主中原后,尊关公为护国神,为关公不断加封帝号,广建关帝庙"②,为的是把关羽塑造成忠君忠诚的形象,以此来教授民心,以利于自己的统治,进入八旗体制的鄂温克人自然也会受到这一影响,因此早期在鄂温克族聚居的地区敕建有很多关帝庙。索伦士兵们深信祭祀关公可以在战场上保平安,现在的部分达斡尔人家仍然能看到关老爷的祭祀活动,随着清朝的覆灭八旗制度解体,关帝庙也失去了存在的价值。

索伦鄂温克萨满在做奥米那仁的仪式的时候,通常会讲到萨满的始祖尼桑萨满的传说故事,而满族萨满在做仪式的时候也会讲到尼桑萨满,这与鄂温克族萨满文化是相一致的。在鄂温克族萨满敖包祭祀

---

① 拍摄人：乌日乌特;拍摄时间：2018 年 7 月 2 日;拍摄地点：莫力达瓦达斡尔族自治旗杜拉尔鄂温克民族乡。
② 杜鹃、于鹏飞：《关公崇拜在清代的发展研究》,《中北大学学报(社会科学版)》2018 年第 3 期,第 16 页。

仪式和家族敖包祭祀仪式中,当萨满被灵魂附体的时候,都会按照属相去寻找家族成员与之对话。我们知道属相并不是鄂温克族的传统文化,而是借鉴于汉文化。后被鄂温克族萨满利用于自己的祭祀仪式和萨满发生之中。足以看出汉文化对于鄂温克族的影响是显而易见的。从事半农半牧的鄂温克族在与满汉等民族的接触后黄大仙、狐仙等民间信仰也成为这部分鄂温克人的民间信仰之一,但很多人并不能准确地区分萨满与大仙的区别。

图4-11 20世纪30年代的满族萨满① 图4-12 20世纪30年代的东北大仙②

前文提到鄂温克族自治旗辉苏木的哈克木敖包祭祀时在敖包石碓中,还有放置的带有八卦图的吉祥镜。而该苏木蒙高达特家族的萨满法衣上的铜镜背面是道教八卦图案。铜镜正面为黄铜镜,背面八卦,小的铜镜上还篆刻有十二生肖,很明显是买来的,虽然这种情况只是个

---

① 赤松智城、秋叶隆:《满蒙の民族と宗教》,东京:大阪屋号书店,1941年,附图:第37页。
② 赤松智城、秋叶隆:《满蒙の民族と宗教》,东京:大阪屋号书店,1941年,附图:第72页。

案,但萨满本人则认为这就是萨满教的铜镜,并对此深信不疑。铜镜上也篆刻着"太上老君"的字样。很显然这一铜镜是道教文化的法器,因此可以看出敖包祭祀文化,尤其是萨满文化也借鉴融合汉族道教文化的元素,应用于本民族宗教文化之中。

第二节 鄂温克族敖包祭祀文化的借鉴交融

呼伦贝尔草原上除鄂温克族以外,还居住着蒙古和达斡尔等少数民族,早在上个世纪20年代关于呼伦贝尔地区宗教信仰方面的共性就有著作记载了:"现今呼伦贝尔全境宗教虽为喇嘛教所概括,其实萨满教仍为各部人民所信仰,即索伦、达呼尔、陈巴尔虎、鄂伦春数族是也。派别,萨满教有两种。一种为本族人氏之萨满,即每一氏族均有其本族之萨满。凡某族氏中人民之疾病祸灾皆与彼有密切之关系。一种为非族氏之萨满,即所谓由狐仙或鬼魂等所成之萨满。凡信仰其神灵者,无论其为何种氏族亦皆与彼有密切之关系云。"[①]可以看出,史料中几个民族的萨满教很多方面是互通的,萨满文化之中是你中有我、我中有你的存续状态,而且是很早就开始持续了很长时间。呼伦贝尔地区作为中国历史幽静的后院,鲜卑、契丹、蒙古等游牧民族从这里将北方式的萨满教带到了中原内地。而近代呼伦贝尔在保持传统的狩猎游牧文化的同时,因为闯关东等历史运动而接受农耕文化,这对于鄂温克族敖包文化影响是巨大的。敖包在祭祀文化和仪式方面,融入各种文化元素,而这种融合多元文化的特点,体现了敖包文化包容豁达的一面,更是中华民族文化多元一体的有力佐证。

一、鄂温克族与蒙古族敖包祭祀文化的比较

在呼伦贝尔草原上蒙古族人口多于鄂温克族数倍,尤其是陈巴尔虎蒙古族与鄂温克族交往已近300年,相同生计方式,共同的居住地

---

① 程廷恒、张家璠编纂:《呼伦贝尔志略》,海拉尔:内蒙古文化出版社,2003年,第213页。

域,上百年的通婚史,使得两个民族关系非常密切。呼伦贝尔的蒙古族陈巴尔虎蒙古人同鄂温克人一样信仰萨满教。两个民族的萨满互相向各自大萨满拜师学艺。鄂温克族的萨满经常被邀请去主持陈巴尔虎蒙古敖包的祭祀仪式,反之亦然。游牧鄂温克族的旗敖包和苏木敖包形制结构也与陈巴尔虎蒙古一致,尤其是安本敖包是鄂温克族、陈巴尔虎蒙古族、达斡尔族共同主祭的敖包。

图4-13 陈巴尔虎呼德尔萨满供奉的神龛①

　　从敖包形制结构来看,鄂温克族与陈巴尔虎蒙古族都有十三形制的敖包。十三敖包有两种不同的排列,其一为一条直线上间隔排列敖包,其中心为一个较大的敖包(又称主敖包),在主敖包左右分列六个小敖包,主要代表为巴彦呼硕敖包。其二为"X"形敖包排列,中心为一个大敖包,在"X"形上分列三个小敖包,代表为白音德力格尔敖包。每个敖包石堆上插满枝叶茂密的柳木条,并缀饰红、黄、蓝等色布条。古代蒙古族信仰萨满教,而十三敖包分别代表天神、地神、火神、风神、雷神、

---

① 拍摄人:乌日乌特;拍摄时间:2018年10月6日;拍摄地点:陈巴尔虎旗呼德尔萨满家中。

雨神、马神、牛神、羊神、驼神、瘟神等神祇。在每个敖包的中心竖起直径约15—20厘米的红色木桩,木桩顶饰铜制经幢。在"X"形排列十三敖包的前方约100米处,又立木杆,为祭天杆。在祭天杆前方约100米处(多在山坡下平地上,十三敖包设于坡上高处)设供奉祭台,多为石砌长方形体或者水泥浇筑。很显然十三敖包受到了蒙古族的影响。祭祀时信奉者先到祭台前供奉祭品,祭品有白酒、鲜奶、奶制品、糕点及全羊等物,叩头祭拜。在仪式主持方面祭品台左右分坐喇嘛,击鼓诵经作法。祭祀者登坡至祭杆处叩拜,并献哈达饰杆,叩头而拜。秋叶隆在调查敖包祭祀仪式中也注意到,很多敖包都是十三形制的。因此,他将鄂温克族自治旗的敖包与陈巴尔虎甘珠尔庙的敖包、王爷庙的塔司拉海屯的敖包形制进行了比较,认为十三敖包是蒙古草原最为正规、最具有寓意的敖包类型。

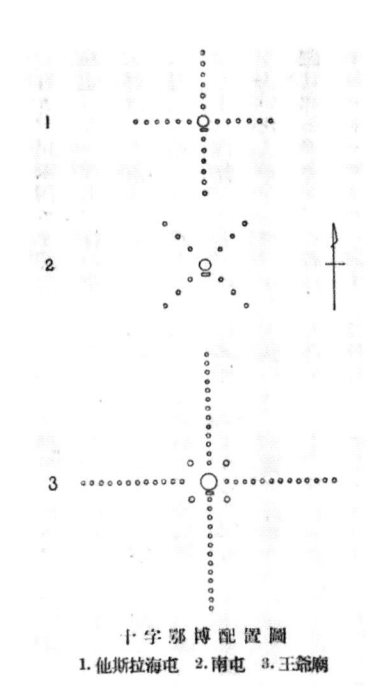

十字鄂博配置图
1. 他斯拉海屯 2. 南屯 3. 王爷庙

图4-14 秋叶隆对于十字形敖包的图解[①]

---

① 赤松智城、秋叶隆:《满蒙の民族と宗教》,东京:大阪屋号书店,1941年,第258页。

图4-15　陈巴尔虎家族敖包祭祀仪式的通知

　　鄂温克族的敖包祭祀仪式与周围蒙古族大多相似,生活在呼伦贝尔草原的陈巴尔虎蒙古人、额鲁特蒙古人以及1918年从俄罗斯贝加尔湖东南部逃难而来的布里亚特蒙古人三个部落的群众都信奉藏传佛教。因为相邻而居鄂温克族与蒙古族文化互通有无交融共存。祭祀仪式能够很好地反映出两个民族的共性。首先,敖包祭祀活动基本一致,都是请喇嘛或者萨满,祭祀时都有更换柳条、装饰敖包的习俗。其次,装饰敖包的时候,都会选择哈达和彩布条,只有萨满敖包不会放置带经文的哈达。再次,除了萨满敖包呼伦贝尔草原的蒙古族和鄂温克族,甚至达斡尔族都会请喇嘛来主持祭祀仪式。两个民族祭祀罗赛敖包的时候都会寻找奶食和糕点而不杀生,敖包祭祀仪式结束后都会举行规模大小不等的那达慕大会。最后从鄂温克族敖包祭祀文化中,可以推断出鄂温克族是受蒙古族影响,通过蒙古族作为媒介而接受的藏传佛教。

　　莫日格勒的鄂温克人在敖包"祭的形式上与蒙古人完全相同,即在高地上立起一大捆柳树。祭敖包时,人们都以氏族为单位排队祭敖包,在会上由鄂温克人的萨满主祭,并且举行赛马。"[①]陈巴尔虎蒙古族在祭祀大型敖包的时候也会以氏族为单位,每个氏族都有自己的氏族敖包和萨满敖包,祭祀时间也都选择在六七月份。

---

① 《中国少数民族社会历史调查资料丛刊》修订编辑委员会编:《鄂温克族社会历史调查》,北京:民族出版社,2009年,第311页。

第四章　鄂温克族敖包祭祀文化的跨文化比较研究

图 4-16　陈巴尔虎祭祀仙登①

图 4-17　陈巴尔虎额热更氏族敖包祭祀仪式②

① 摄影：程朝贵，内蒙古鄂温克族自治旗摄影家。
② 拍摄人：乌日乌特；拍摄时间：2012 年 7 月 14 日；拍摄地点：陈巴尔虎旗特泥河牧场。

同鄂温克族一样陈巴尔虎蒙古族特别重视家族内部的团结,这与游牧的生产生活方式息息相关,祭祀敖包的时候家族的老人也会讲述家族和民族历史。安葬死去萨满的仪式称之为将萨满送上"仙登"。安葬萨满的时候需要运来几车的石头,把石头堆成圈型,在中间放上没有轮子的篷车。为死去的萨满穿上衣物(就像活着一样),把念珠和铜镜挂在萨满的脖子上。如果是 boo(男萨满)则用其右手托起其右边的下巴,如果是 idugen(女萨满)则用其左手托起左边的下巴,放到篷车里帮萨满摆成盘腿而坐的样子,为其献上整只的羊肉。这时,为死去的萨满举行葬礼的萨满会说道:

> 走出了有墙的房子,
> 走进了岩石的房子,
> 走出了有梁的房子,
> 走进了山里的房子。①

整个祭词都是合辙押韵的,且非常具有朴素的哲学意味,非常隐晦地讲解萨满去世升天的过程,隐喻地说明萨满去世后会安葬在高山之上,而住在石头房子里则是说后代会为萨满立仙登敖包。因为陈巴尔虎萨满在去世后,会选择风葬,然后在风葬的地方立仙登,然后在仙登的附近立仙登敖包,并连续祭祀三年,但之后就不会祭祀了,索伦鄂温克一般是每年都要祭祀。在陈巴尔虎萨满的祭祀敖包的仪式中也会介绍民族和家族的历史和起源:

> 布如苏贵的布如图鲁盖,
> 汗山哈屯海,
> 白嘎勒湖博图格尔丘,
> 巴尔虎河巴日塔嘎图岗。②

---

① 访谈人:乌日乌特;被访谈人:呼德尔萨满;访谈地点:陈巴尔虎旗巴彦库仁镇;访谈时间:2018 年 10 月 6 日;翻译:布仁扎布,其乐木格。
② 访谈人:乌日乌特;被访谈人:呼德尔萨满;访谈地点:陈巴尔虎旗巴彦库仁镇;访谈时间:2018 年 10 月 6 日;翻译:布仁扎布,其乐木格。

萨满的唱词中,讲到了白嘎勒湖和陈巴尔虎河流,就是陈巴尔虎蒙古人曾经居住的贝加尔湖地区和巴尔古津河流域,在萨满的唱词中始终保留着对于祖先故土的历史记忆,这与上文鄂温克族的萨满介绍自己的祖先来自贝加尔湖和黑龙江上游的唱词涵义相一致,都在给听众后代传递关于本民族的历史记忆。禁忌方面早期的陈巴尔虎敖包与鄂温克敖包除女萨满外都禁止女性参加,禁止在敖包上吵架酗酒等。很多陈巴尔虎人拜鄂温克萨满为老师,也有鄂温克人向陈巴尔虎萨满学习,两个民族萨满文化相互交织,交融共存。

二、鄂温克族与达斡尔族敖包祭祀文化的比较

无论是从历史上还是现实情况来说,达斡尔族始终与鄂温克族相邻而居,清以前在黑龙江北岸外兴安岭地区,清前期达斡尔族又与鄂温克族一同南迁至嫩江及大小兴安岭地区。因此两族无论是从生产生活

图4-18 鄂温克族自治旗达斡尔族著名萨满:黄阁萨满[①]

---

① 拍摄人:林格伦;拍摄时间:1931年;拍摄地点:鄂温克族自治旗巴彦托海镇。

方式还是从文化语言上都有相似性。而从人类学讲,共同的自然环境与地域很容易产生相同的文化和生计方式。林耀华先生总结过,"由于人们生活的地理和社会环境的不同,风俗习惯也往往表现出地方(区域)性的特色。因此即便是同一民族的支系,不同地区的风俗习惯也很不相同。然而地理环境和社会环境相似又使几个民族的风俗习惯,处处表现雷同"①。达斡尔族的敖包信仰文化与鄂温克族就极其相似而又独具特色。

达斡尔人与鄂温克人见面后,会互相称呼对方为自己的"塔拉列",意思是自己和对方的关系是姑舅亲。在呼伦贝尔当地,尤其是布特哈地区鄂温克族与达斡尔族的族际通婚非常普遍,因此大部分鄂温克族都会说达斡尔语。鄂温克族在萨满敖包和家族敖包祭祀过程中也会邀请达斡尔族萨满参与主持。鄂温克族自治旗巴彦托海镇的达斡尔萨满斯琴挂,每年主持的祭祀活动,鄂温克族邀请的占大多数,而她的鄂温克族徒弟也很多。反观达斡尔族著名萨满黄格萨满的老师便是索伦鄂温克萨满贵萨满,可见两族萨满文化相辅相成。达斡尔族的敖包的结构和形制与鄂温克族相差无异,牧区达斡尔族敖包以石碓、柳条和神杆为主。在农区生活的达斡尔族的敖包基本是石碓,并没有柳条,这与林区的鄂温克族敖包基本相似。禁忌方面达斡尔敖包也不允许女性攀登,萨满敖包也必须由萨满来祭祀。

萨满的丧葬方面:萨满去世和普通人一样穿戴好新的衣服,生前所用的念珠、护心铜镜和神鼓,根据已故萨满的遗嘱随葬或是传给下一个萨满。萨满也要进行风葬,待尸体腐烂风干然后把遗骨堆集在一起,上面用很多石头掩盖起来,在石碓的北方高处立一敖包,叫仙登敖包。而萨满死了以后,不能说死而是说"上仙登"了。之后新的萨满或者其他家族的萨满每过几年,必祭祀一次上代萨满的仙登。

向仙登敖包祭祀羊的仪式的颂词与鄂温克族的内容和仪式过程除语言外基本一致,达斡尔祭祀仙登敖包的祭祀词:

---

① 林耀华:《民族学概论》,北京:中央民族大学出版社,1997年,第449页。

第四章　鄂温克族敖包祭祀文化的跨文化比较研究

图 4-19　鄂温克族自治旗达斡尔族郭布勒哈拉仙登祭祀仪式[①]

用香给神灵进献的羊薰洁,包括羊的四肢和全身洗礼,羊的两只耳朵抹上圣洁的牛奶洗净,再把牛奶倒在羊的腰上。"信仰——是用有生命之物祭祀并请来的",杀祭祀羊时将羊头指向西南方向并心中默念"小辈儿和孩子们迫切地等待神的到来",请收下我们敬上的贡品,吉祥神马载着"五行(金、木、水、火、土)给上天的神送上祈福",在盛汤的木碗里放入羊的脾、肝脏、肾脏、肋条(最小的肋条),并心中祈祷去灾祈福。

准备好这些意味着全羊祭祀仪式准备就绪,开始祭祀的时候,点上三支香,洗礼祭祀用的羊肉。今日我们完成心中的心愿,从远方赶来祭拜祖先,希望获得您的恩惠。上千只羯羊中我们挑选了最好的,上万只膘肥体壮的羯羊中我们挑选了最肥美的。希望上苍、敖包永远帮助我们,萨满的灵魂永远保佑家族兴旺。上苍、萨满、山水、牲畜的灵魂拜托您永远保佑我们,使我们家族兴旺、健健康康、无灾无祸、风调雨顺、牲畜

[①] 图片提供人:阿尼日,鄂温克族自治旗郭布勒哈拉家族成员。拍摄时间:2018 年 7 月 21 日;拍摄地点:鄂温克族自治旗巴彦托海镇。

图 4-20　鄂温克族自治旗达斡尔莫日登家族敖包碑①

繁殖、子孙后代充满智慧、把福气分享给子孙后代。②

索伦鄂温克族奥云花萨满的祭祀词：

> 汇集了各部村落的人们，在太阳刚升起的时候，宰杀了棕色的羯羊，整只羊献给尊贵的神灵。场地上飘扬的五彩绸缎，光辉耀眼。那精致的花纹酒壶，洋溢着浓郁酒香。我双手捧起祝福的神器，祝愿部落村庄的孩子们，生活繁荣兴旺，健康成长。我虽然神通不高，却在天天看护着你们，保佑着亲戚族人平安，保佑着马牛羊五畜兴旺。我虽然才力不及，却时时在祝福着你们，祝福病人康复健康，祝福孩儿们健康成长，祝福大家太平安康。③

两段祭祀分别是达斡尔和鄂温克族祭祀萨满的颂词，颂词中交代祭祀的仪式过程和必备的祭祀用品如牛奶、哈达等，这既是告知神灵也

---

① 拍摄人：黎明；拍摄时间：2012 年 6 月；拍摄地点：鄂温克族自治旗巴彦托海镇。
② 资料提供人：阿尼日；达斡尔语翻译：才旦。资料获取时间：2018 年 7 月 21 日。
③ 满都尔图、周锡银、佟德富主编：《中国各民族原始宗教资料集成：鄂伦春族卷　鄂温克族卷　赫哲族卷　达斡尔族卷　锡伯族卷　满族卷　蒙古族卷　藏族卷》，北京：中国社会科学出版社，1999 年，第 149 页。

第四章　鄂温克族敖包祭祀文化的跨文化比较研究

是在潜移默化地教育下一代,交代敖包祭祀的仪式知识。其中祭祀的目的都是祈求神灵的保佑,祭祀用的是羯羊,向神灵进献美酒,已达到娱神的效果,希望神灵高兴之后,更加地保佑子孙后代健康平安,吉祥如意,希望草原风调雨顺,牛羊肥壮,这是人们内心的一种美好祈愿,并把对美好生活的憧憬寄托于山水敖包神灵之上。

图 4-21　达斡尔萨满斯琴挂的敖包祭祀仪式①

在祭祀山神白纳恰传说与祭祀方面同鄂温克人相差无异。在达斡尔族猎人心里,森林中所有的动植物都是"白纳恰"的,它是森林的主宰者。猎人和采集者是否能丰收而归,都是要由白纳恰决定和赐予的。因此达斡尔人在狩猎和伐木放排的时候都要祭拜白纳恰。认为只要敬畏供奉白纳恰,白纳恰会赐予人类猎物和财富,反之如果不尊重白纳恰山神,就会得到惩罚。

在祭祀罗赛敖包河神方面与鄂温克族也基本一致,都认为龙神和水神都在水里而不是在天上。达斡尔族在遇干旱的时候,"由莫昆或屯落中之年长妇女发起,约集各家妇女各带一只鸡到河边祭河神。这种

---

① 拍摄人:敖志远;拍摄时间:2018 年 7 月 2 日;拍摄地点:莫力达瓦达斡尔族自治旗杜拉尔鄂温克民族乡。

229

集会男子不能参加,只能有一二人应邀前去帮忙。首先将供祭的鸡杀死,将带毛的鸡皮挂在插好的三角木架上,将鸡肉煮熟。由主祭的巴格其或通达祭文的男子致词,祈求降雨解除干旱,然后参加者共餐鸡肉,并各持桶或盆在河边相互泼水,以示降雨"。①

图 4-22　20 世纪 30 年代达斡尔萨满神龛②

阿荣旗查巴奇鄂温克民族乡的鄂温克族在干旱的年头也要举行祭"敖包"求雨仪式。"他们所祭的'敖包'是一棵大树。现在查巴奇村的东北,离村约一华里处有一棵大树,在树枝上挂着红布条,这树就是求雨的'敖包'。传说这棵'敖包'树上有神,过去有个汉人砍了这棵树的枝子,修补了大轮车,结果这人上山去打柴回来被车压断了骨头。他回来后买了点心、酒等东西祭了这棵树以后才治好了。每逢祭'敖包'时,全村的人拿出一头牛或一头猪来献祭'敖包'。祭完'敖包'后人们互相

---

① 内蒙古自治区编辑组、《中国少数民族社会历史调查资料丛刊》修订编辑委员会:《达斡尔族社会历史调查》,呼和浩特:内蒙古人民出版社,1985 年,第 257 页。
② 赤松智城、秋叶隆:《满蒙の民族と宗教》,东京:大阪屋号书店,1941 年,附图第 62 页。

泼水,特别是对寡妇泼水泼得厉害,他们认为这样龙王爷就会下雨了。"①比较之后可以归纳出森林索伦人在天旱的时候为了求雨而祭祀敖包的时候也会由年纪大的妇女主持,在维古奇猎民村求雨祭祀时也是杀鸡,而不是杀牛羊,仪式最后也是相互泼水,以示久旱逢甘霖,人人沾喜气。

三、鄂温克族与鄂伦春族敖包文化的比较

鄂伦春族与鄂温克族在历史上属于同源民族,因民族识别而成为两个民族,清时期都居住在黑龙江北岸地区,鄂伦春族被称为山岭上的人,而鄂温克族的称谓相对于鄂伦春有山上下来的意思。两个民族有很多相似的神话传说,共同的英雄故事。禁猎前都从事狩猎生产,且都信仰萨满教,"很多鄂温克萨满的老师是鄂伦春族萨满,也有鄂伦春族萨满拜鄂温克萨满为师的。"②鄂伦春族同胞与鄂温克族同胞相见时可以用各自语言交流沟通,互相能听懂对方的语言。可以说鄂伦春与鄂温克族的关系,早先即是一个民族的不同部族。鄂伦春族与鄂温克族的很多姓氏是一致的,如柯尔特伊尔氏族、白依尔氏族等。据那丁元老人说:鄂伦春人和鄂温克人是一起从黑龙江下来的。在格尼河有一个鄂伦春人的氏族,名叫卡尔他基鲁(柯尔特伊尔),他是属于鄂温克人杜拉尔氏族的一部分,所以与鄂温克人的杜拉尔氏族不通婚。我们问鄂温克老人两个民族的这两个姓的关系时,他说鄂伦春人叫鄂温克人的杜拉尔就是卡他基鲁,鄂温克人叫鄂伦春人的卡他基鲁就是杜拉尔。当我们问这两个氏族为什么不通婚时,他说:"一个姓还能通婚吗?"③鄂温克与鄂伦春的亲缘关系是极其密切的剪不断理还乱的程度。

鄂伦春族也是跨国民族,俄罗斯官方称其为埃文基人(Evenki),

---

① 内蒙古自治区编辑组、《中国少数民族社会历史调查资料丛刊》修订编辑委员会:《鄂温克族社会历史调查》,呼和浩特:内蒙古人民出版社,2009年,第112—113页。
② 内蒙古自治区编辑组、《中国少数民族社会历史调查资料丛刊》修订编辑委员会:《鄂温克族社会历史调查》,北京:民族出版社,2009年,第101页。
③ 内蒙古自治区编辑组、《中国少数民族社会历史调查资料丛刊》修订编辑委员会:《鄂温克族社会历史调查》,北京:民族出版社,2009年,第25页。

而鄂温克族在俄罗斯也被称为埃文基,足以看出鄂伦春与鄂温克在俄罗斯是一个民族并未分开。大兴安岭的鄂温克人称鄂伦春人为自己的堂兄弟,这种亲戚关系鄂伦春语和鄂温克语称为"乌耶列"。两个民族间相同姓氏之间是不能通婚的,从这一点说明两族同源是事实存在的。

图4-23 祭祀山神白纳恰①

在信仰方面,鄂伦春族与布特哈地区的鄂温克族一样都信奉山神白纳恰。很多鄂伦春族与鄂温克族的狩猎场是重叠的。因此彼此非常熟悉。鄂伦春人对于白纳恰的信仰是非常虔诚的,他们认为狩猎是否丰收完全是白纳恰说了算的。因此在狩猎前会选择一颗粗树来祭祀,在树的中下部用火炭画出白纳恰的形象。日本学者泉靖一在调查绰尔河流域的鄂伦春人时写到他们信奉"ori—borkan(山神),这是遍布宇宙即山岭的伟大的神,在山中每行十里就能遇见。据说山神的形象刻在部落北面的一棵大树上,但通常不刻山神像。大迁徙时只要到某地定居下来,就立即请萨满在小山岗上选址造石台(称作'ao'),上面插一木杆(称作'tol')。每年春秋到此祭山神,乞求狩猎丰收。届时备置许

---

① 照片提供人:曲文;拍摄时间:2006年;拍摄地点:鄂伦春自治旗。

多酒肉,萨满为了呼唤山神并使之附于所插木杆,在此跳神,尔后部落的人们才大摆酒宴。"①可以看出鄂伦春人信仰白纳恰是由来已久的,而且萨满主持祭祀山神的仪式。祭祀时间也与鄂温克族相似,选择在每年的春季,且仪式结束后都有娱乐活动,呼伦贝尔市南木鄂伦春民族乡的鄂伦春族猎人就是泉靖一笔下的绰尔河流域的鄂伦春人。这里的鄂伦春人与扎兰屯萨马街鄂温克民族乡的猎民走动密切,禁猎之前经常结伴狩猎,而且在山上互相去祭拜各自立祀的敖包树和山岭上的敖包,从来不会因为不是自己立祀的敖包,而不去祭拜,他们认为神灵都是一样的,都需要发自内心的敬畏。

图 4-24 鄂伦春旗托扎敏乡境内的敖包②

人们走进大兴安岭林区的甘河、诺敏河流域,在很多的高山之巅,都有用石头块堆起来的"敖包"。关于"敖包"的来历,在鄂伦春猎民中

---

① 〔日〕泉靖一:《大兴安岭东南部鄂伦春调查报告(续)》,李东源译,《黑龙江民族丛刊》1987年第1期,第65页。
② 拍摄人:吴庆宝;拍摄地点:鄂伦春自治旗托扎敏乡陶力罕村;拍摄时间:2021年1月。

广泛流传着这样一个故事：

> 从前有一个鄂伦春猎人，在深山老林里狩猎好几天，连一只子也没有见到，翻山越岭，在一个"达瓦"岭上搭起了仙仁柱过夜。突然在深夜里岭上来了一位穿着狍皮衣，白发苍苍，七十多岁的老猎人，也说什么都没有猎着，到这里过夜。猎人说："您老是从哪儿来这里的？"老猎人回答说：是从后边的达瓦岭来的。猎人心想：我狩猎走过这里的山岭，那里没有鄂伦春猎人，也没有听说过这位老猎人。他正在猜疑中，老猎人说："你要能听我的话，每天过岭时在岭巅放一块石头，堆放的石头块越多越好。"说完，老猎人打马而去，在黑夜里不见了。天亮后，这位猎人心里半信半疑，狩猎回岭时，在岭巅放了一块石头，就在岭下的仙仁柱里睡觉了。第二天一早又去狩猎，

图 4-25　绰尔河流域的鄂伦春族萨满[①]

可真不同于往日，狍子、野猪都很顺利地打着了。

[①] 拍摄人：永田珍声；拍摄地点：内蒙古扎兰屯；拍摄时间：1938年。

从此以后他来回过岭,在岭巅堆放一块一块的石头,石头块堆得越多,狍子、野猪打得也越多起来。其他鄂伦春猎民,发现他狩猎总是获取那么多,问他是否有秘诀时,他回答说:"这山里有'白纳恰',来回过岭堆放石头块,放得越多越吉利。"从这以后,鄂伦春猎民来回过岭,在岭巅堆放一块一块的石头,称为"敖包",然后跪下叩头,敬奉"白纳恰"。以后,猎民们在很多的高山岭巅,都堆放石头块,成为祭祀"敖包"。[①]

以上关于敖包的故事的母体及类型学角度分析,鄂伦春人的敖包起源及祭祀与山神白纳恰的故事相吻合,祭祀方式只是在供奉肉食和酒以外添加了另一个元素即石头,这是敖包构成的基本物理要素。无论是白纳恰信仰还是敖包信仰都源于古老的狩猎生活和萨满信仰。生活在山岭上的鄂伦春人同样认为神灵或者具象所指的山神是居住在高山大树和巨石之中的,而这些都是有灵性的。部分学者认为鄂伦春的敖包信仰是受了邻近达斡尔族和鄂温克族的影响,在大部分鄂伦春族中是没有敖包信仰的,具有这种敖包信仰的人群主要是居住在靠近达斡尔族和鄂温克族的聚居区,因此受到了影响,从文化传播的视角来看这个推断是成立的,在鄂伦春社会也是被接受的一种说法。

四、鄂温克族敖包文化的跨界比较

自中俄 1689 年《尼布楚条约》至 1858 年的《瑷珲条约》,我国 150 万平方公里的土地被沙俄侵占,可以自由行走泰加林及黑龙江两岸的世居民族鄂温克人成为了跨界民族。在此之后,相同地域发展道路却不尽相同。我国的鄂温克族在萨满信仰和神树及敖包祭祀等方面与俄罗斯、蒙古的鄂温克族有很多相似之处,毕竟是跨境的同源民族文化差异不大。但蒙古国研究鄂温克的资料很少且基本涉及语言,这里主要

---

① 满都尔图、周锡银、佟德富主编:《中国各民族原始宗教资料集成:鄂伦春族卷 鄂温克族卷 赫哲族卷 达斡尔族卷 锡伯族卷 满族卷 蒙古族卷 藏族卷》,北京:中国社会科学出版社,1999 年,第 402 页。

讲俄罗斯的鄂温克族。俄罗斯鄂温克族在萨满去世后，也是采用风葬的方式，有的地区是采用将萨满遗体放进棺材但是不实行土葬而是将其放在其生前指定的地点，"和大部分西伯利亚部落一样，游牧的通古斯族会把服饰放在萨满坟墓边"。① 索伦鄂温克萨满去世的时候也会将萨满生前的服饰放在仙登附近，莫日格勒鄂温克的萨满去世后，家人会将去世萨满的法衣挂在其仙登的地方。在俄罗斯远东地区的养马的鄂温克人在萨满去世时也会在放入棺材后按照遗嘱安放到指定的地点但不能下葬。

对于岩石的崇拜在俄罗斯的鄂温克人当中更加地具体化了，鄂温克人认为氏族的祖先和神灵居住在岩石里面，根据老人的讲述，"圣开拉翁"仪式是很久以前作为全氏族共同的仪式在氏族圣地——神圣的山岩（"布嘎得"）举行的。这一全氏族的巫术仪式进行的第一天，据说萨满走到氏族神圣的山岩下面，在那里寻找氏族神"东涅·母顺"，即"神——土地之主"②。萨满祈求"土地之主"帮助乡亲们行猎。这种祭祀岩石的仪式可以理解为"招来野兽、保证丰收"，这是在俄罗斯鄂温克猎人中最为常见的仪式，人们把勒拿河附近的岩画和岩石比作圣石，认为其是土地神居住的地方，萨满祭祀时会用动物的皮毛作为祭祀品，这样就可以打到猎物。跨境南移敖鲁古雅鄂温克人在祭祀岩画山石的时候也是祈求狩猎丰收猎人安康。在呼伦贝尔草原的游牧鄂温克人会在祭祀敖包的时候将动物的耳朵及毛串起来，翻到敖包的柳树上，这样神灵就会保佑五畜兴旺不断繁衍。而且在鄂温克族敖包信仰之中，敖包本身就是神灵的居所，也是敖包所在地域的主人即地域之神。

在俄罗斯布里亚特猎人的"密林（原始森林）众魂灵主神，被认为是鄂温克萨满们死后的灵魂变成。布里亚特猎人每逢外出打猎之前，都要为这些密林主神举行祭祀仪式。布里亚特萨满教中的密林主神崇

---

① 米尔恰·伊利亚德：《萨满教：古老的入迷术》，段满福译，北京：社科文献出版社，2018年，第148页。
② [苏]A.Ф.阿尼西莫夫：《西伯利亚埃文克人的原始宗教·古代氏族宗教和萨满教：论原始宗教观念的起源》，于锦绣译，北京：中国社会科学出版社，2016年，第23页。

拜是其狩猎业艰难的虚幻反映。由于狩猎业的种种困难,迫使他们向常年处于密林之中的具有较高技艺的猎人祭祀一个鄂温克萨满乞求保佑"。① 这种崇拜也反映了布里亚特和鄂温克两个民族具有密切联系这一事实,说明在狩猎文化及萨满信仰方面鄂温克人影响了游牧布里亚特人,而布里亚特人在狩猎当中的祭祀信仰方面表现的尤为突出。

祈神娱神的最终目的都是相同的获得更多的生活食物和生产资料,在语言学角度看,布嘎德或布嘎在中国的鄂温克语中有地域、天和神的意思。关于娱神进献的动物和使用的材料也可以发现一些共同之处,鄂温克"猎人们进入泰加森林,并从那里运回河柳和小落叶松树。用河柳布置某些类似的丛林,仿造新的覆盖着灌木林的烧毁的林区——驼鹿和野鹿最喜欢栖息的地方,又用小落叶树按照一定的秩序摆好,形成了泰加森林。然后,用木头和榆树刻成野兽和鸟的雕像。这些雕像是按照扮演的动物的生活方式来摆布的:在河柳的树枝上摆上全部驼鹿、野鹿群,在泰加森林的落叶松林里均匀地摆上其余的野兽和鸟。埃文克老人不知疲倦地讲述着猎人们在仪式中所作所为的故事,报告了各种氏族传说"。② 我们看到,在仪式当中也是选择了柳树来代表茂密的泰加林,这绝对不是偶然,柳树生于河边,是最为茂密的树种,某种程度来讲蕴含着繁殖的寓意。在索伦鄂温克族祭祀罗赛敖包的仪式当中也会用纸剪一些鸟和鱼类,早期也是用草做的偶像,来进献给龙神。柳树也同样具有生命力旺盛繁茂的寓意。同时在莫日格勒鄂温克人中每个氏族有氏族的神称为嘎勒布勒,而这些嘎勒布勒大多都是鸟,且与氏族起源有关系,规定本氏族的人不能伤害这种鸟。

---

① 满都尔图、周锡银、佟德富主编:《中国各民族原始宗教资料集成:鄂伦春族卷 鄂温克族卷 赫哲族卷 达斡尔族卷 锡伯族卷 满族卷 蒙古族卷 藏族卷》,北京:中国社会科学出版社,1999年,第622页。
② [苏]А.Ф.阿尼西莫夫:《西伯利亚埃文克人的原始宗教·古代氏族宗教和萨满教:论原始宗教观念的起源》,于锦绣译,北京:中国社会科学出版社,2016年,第23页。

第三节　鄂温克族敖包祭祀文化的变化与重构

文化是随着人类社会的发展不断发生变化的,当然变化的动力纵向地说也许是部族迁徙,横向地说也许是生产方式的转变等一系列社会因素造成的文化变化。当然文化变化的内容包括物质文化和非物质文化的动态变化。民族学家林耀华先生所讲的文化变化与本书的情况比较接近,"简单地说,就是指或由于民族社会内部的发展,或由于不同民族间的接触而引起的一个民族文化系统,从内容到结构、模式、风格的变化"①。随着我们国家社会经济快速发展,鄂温克族传统文化同时发生动态改变,敖包祭祀文化作为民间信仰的一个重要环节必然会发生改变。或是有意识的或是无意识的,都在经历着现代化和世俗化的整合。当然,人是文化变化的主体,现如今鄂温克族敖包文化与之前相比,无论是祭祀仪式结构、祭祀主持人、祭祀群体、信众、禁忌和敖包的种类都发生了改变,而这变化多与外来文化有着直接或间接的关系。但需要我们客观地去了解这一变化过程,以兼容并包的视角去对待这一过程和结果。因此,笔者认为鄂温克族敖包信仰文化的未来发展变化,离不开现代化与世俗化的双重作用。

一、现代化与鄂温克族敖包祭祀文化的变化

敖包祭祀仪式是鄂温克族重要的文化符号,社会环境与自然环境的改变是鄂温克族敖包文化变化的主要诱因。从外在动力的角度讲,主流文化冲击,不同民族之间的文化交往交融,以及各民族间的文化交流,都是导致文化变化的原因。从内在动力的角度讲,鄂温克族内部面对现代化的影响不能视而不见听而不闻,因此主动去寻求改变以适应现代社会是其内在态度转变的主要原因,"并非由于仪式与象征是人类学研究的偏好,而是由于它们作为一个社会或族群生存状态与生存逻

---

① 林耀华:《民族学概论》,北京:中央民族大学出版社,1997 年,第 396 页。

辑的凝聚点而存在,它本身处于变化之中,同时也是表现和参与社会文化变迁的重要变量"[1]。近代,鄂温克族敖包文化经历了衰落期,20世纪80年代后开始逐渐地恢复,新世纪随着国家对于非物质文化遗产保护力度的加大,以及大力发展民族文化产业和旅游业,使得"民间信仰习俗经过从'土改'到'文革'的漫长休眠期,目前正普遍复归并应运而生"[2]。对于鄂温克族敖包祭祀仪式及传说的重构或者是部分的建构,是当地人对于本身的文化的一种解释性延续,也是建构族群认同的一种途径,这种通过敖包祭祀和民间传说所表达的原生情感,都是对外来文化的一种潜在回击的表现。而鄂温克族萨满文化所具有的包容性,正是鄂温克族敖包文化变迁的前提,因此,鄂温克族敖包文化及鄂温克人的心理在逐步的变迁中完成了自我调适。

之所以说鄂温克族敖包文化能主动地去适应和吸收外来文化,主要是因为外来文化所带来的文化魄力,不得不让人们去改变点什么。当然"人的主体性是促进文化演化的内在动力,一旦这种主体性与新的文化资源、新的价值观念相结合,就形成新的文化调适能力。社会文化正是通过这种不断形成和增强的调适能力得以丰富和发展。"[3]正如英国人类学家弗思所说:"人类不是消极地住在世界各地,而是改变环境的积极因素。任何民族,不论是野蛮的还是文明的,都曾在某种程度上改造过环境……这种努力和成就表明,支配一切的不是环境而是文化。"[4]鄂温克族敖包文化的变迁和文化调适过程并不属于自觉的变迁,而是现代化造成的结果。随着社会文化流动的日益频繁,鄂温克人的信仰不断地发生着变化,曾经鄂温克人坚定地信仰萨满教,也在与喇嘛教相处的近300年间不断地发生着妥协与动摇。当然人是信仰的主体,对于喇嘛教的了解和持续的接触使得鄂温克人开始逐渐地接受了喇嘛教,但这种接受可以说是有限度的,与其说接受与涵化,不如说是萨满与喇嘛在某种场域下的有机结合。

---

[1] 郭于华主编:《仪式与社会变迁》,北京:社会科学文献出版社,2000年,第164页。
[2] 乌丙安:《论当代民俗文化的剧变》,《民俗研究》1996年第2期,第29页。
[3] 包路芳:《变迁与调试——鄂温克社会调查研究》,中央民族大学博士学位论文,2005年。
[4] 雷蒙德·弗思:《人文世界》,费孝通译,北京:商务印书馆,1991年。

直到20世纪30年代,喇嘛教仍然得不到鄂温克人的承认。"据说索伦族素与喇嘛无缘,但是随着文化进步,萨满失去了原来的神力,其品质亦恶化,也治不好疾病了,所以20多年前喇嘛教势力开始渗入。现在有5名喇嘛作为医生居住在索伦族部落之中,他们给病人吃药,可是萨满是不开药的,声称只依靠神力治病。这作为野蛮人的迷信已很深地渗透到他们的生活之中,不是轻而易举能消除掉的。索伦族现在还信奉成吉思汗以前的古代就曾盛行的萨满教。据上述兴安北省的调查,该旗有264名喇嘛,都是布里雅特及陈巴尔虎等蒙古族,索伦族出身的只有1名,信仰喇嘛教在族内得不到承认。"[①]而今鄂温克族逐渐地选择性地接受了喇嘛教,尤其是喇嘛在游牧鄂温克族的敖包祭祀及丧葬方面的作用已经与萨满不相上下了,这与萨满在"文革"后的衰退不无关系。

(一) 仪式的变化

我们通常所说的"节日是人们关注到天体、四时的变化对人类生活的影响而厘定的,由此逐渐形成了调试社会生活行为的仪式生活"[②]。随着仪式逐渐地进入各个学术研究视野,人们对其概念的讨论也日渐增多。有人认为仪式只是一种象征符号,有学者则认为仪式是维护社会平衡,或是组合调整社会关系的结构框架。在特纳看来,"所谓仪式,从功能方面来说,可被看作一个社会特定的'公共空间'的浓缩。这个公共空间既指一个确认的时间、地点、器具、规章、程序等,还指称由一个特定的人群所网络的人际关系"[③]。现代文化的冲击使得鄂温克族敖包信仰与仪式也必然随之变迁。这些变迁可以看作是鄂温克族文化与现代化互动中进行的行为模式整合。与时俱进,能使这一信仰民俗不至于在现代化的过程中迅速消退,满足敖包信仰文化自身的不断完善。

---

① 内蒙古大学、中共内蒙古地区党史研究所编:《内蒙古近代史译丛》第二辑,呼和浩特:内蒙古人民出版社,1988年,第169页。
② 邢莉、邢旗:《内蒙古区域游牧文化的变迁》,北京:中国社会科学出版社,2013年,第547页。
③ 彭兆荣:《人类学研究仪式述评》,《民族研究》,2002年第2期,第92—93页。

第四章 鄂温克族敖包祭祀文化的跨文化比较研究

马鹿、狍子、驯鹿是鄂温克族在狩猎时代的主要的敖包祭祀品,进入牧区的鄂温克人主要的祭品是牛羊,农区的敖包祭祀用品在牛羊基础上增加了猪,当然这种变迁与生产生活方式的改变是分不开的。在阐明研究敖包祭祀仪式变迁的同时,我们需要更加地关注敖包仪式在社区和社会中的存在及其是如何应用的。在整个的祭祀仪式中,应切实地重点观察仪式行为和仪式感,分析仪式中的象征符号与社会权利及社会规范的关系。注意分析仪式是如何体现社会认同,又是如何完成社会动员的,当然要意识到敖包仪式本身就具有分化、整合、瓦解公共社会关系的作用。鄂温克族敖包祭祀仪式在不断的融合与排斥之间完成了变迁重构,而信仰群体自身则对敖包信仰和仪式加以保护和改造,以适应未来的发展传承。这也非常符合费孝通先生所指出的全球体系之中的地方或族群在文化全球化中表现出的同质性与异质性的二元特点。

图 4-26 参加敖包祭祀的鄂温克青年[①]

前文介绍鄂温克族敖包在大多数时候由萨满来主持祭祀,随着与蒙古族的全方位接触以及藏传佛教的影响,使得牧区鄂温克族的敖包

[①] 图片提供人:黎霞;提供时间:2018 年 6 月。

活动逐渐由喇嘛来念经和主持。这种萨满教与藏传佛教的互动融合,使得鄂温克敖包具有自然的和谐性,同时也是敖包祭祀不断适应异文化的结果。

作为呼伦贝尔三大敖包之一的巴彦呼硕敖包,继承以前索伦八旗敖包的地位成为了官祭敖包,鄂温克族自治旗对于巴彦呼硕敖包具有绝对的祭祀权,民众则是自由祭祀,其实政府作为祭祀主体,主要是在于主场宣誓,即官祭敖包的地位体现和国家公权力的体现。政府的这两种体现,无疑是表达了自己对于民众信仰的一种官方态度。"现代社会家族制度的解体,使旗政府成为一个凝聚当地人的象征,每年一次的政府祭祀,强调了这一点,这是政府祭祀在当代的重要性和必要性。政府通过这种组织行为,宣告秩序和威望。政府的威信需要民众的认同,这种认同需要符号和仪式的运作。在政府组织并提供了一个祭祀的契机后,民众在一个大的规矩下进行自由表达对神灵的敬畏、献祭。因此这里体现出两个层次的仪式,一个是政府表现出来的,另一个是民众表现出来的,这两个仪式在程序上是重合的,在意义上各有侧重,以一种整体的方式表现出来。"[①]因此可以说在鄂温克族敖包祭祀仪式的变化过程中,当地政府的态度至关重要。

敖包信仰文化的发展是一个不断演化和吸收的过程,从早期的岩石岩画崇拜到敖包树白纳恰的崇拜,再到现在石堆、柳树形制敖包的崇拜,可以映射出敖包形制的变迁。许多宗教和信仰都具有普世的观念与禁忌,鄂温克敖包信仰也不例外,甚至可以说从现代价值观角度去看似乎一些鄂温克族敖包禁忌是"不公平"的或者是"歧视性"的。过去祭祀敖包时不允许女性参加(女萨满除外),"索伦族祭'敖包'时绝对不允许妇女参加。索伦族的一个村(小村,15户左右人家的村子)或五六个家庭就拥有一个'敖包'的很多。这种小型祭'敖包'活动中作为家庭成员允许妇女参拜"[②]。但是随着经济、社会、文化的发展,现在的鄂温克

[①] 王伟:《索伦鄂温克宗教信仰:仪式、象征与解释——兼论萨满式文明与中国文化》,首都师范大学博士学位论文,2011年,第116页。
[②] 内蒙古大学、中共内蒙古地区党史研究所编:《内蒙古近代史译丛》第二辑,内蒙古人民出版社,1988年,第204页。

族敖包祭祀很多时候都有女性参加,而萨满敖包则是女性在敖包 50 米外参加。在调查时,很多人认为巴彦呼硕敖包不显灵的原因之一,是与旅游开发使得女性可以上敖包有直接关系,在当地人眼里这些敖包已不具有神圣性,不过是旅游建筑罢了。

敖包在平时生活中,尤其是供奉以后也有不少禁忌:行人不能骑马从敖包旁边经过,一定要下马才准通行。敖包附近不能捕鱼捞虾、打柴伐木、围猎杀生等等,因此直到今天,敖包山上的自然环境都保护得比较好。敖包文化中的藏传佛教文化也比较浓厚,受藏传佛教格鲁派的影响特别强。祭祀时有喇嘛诵经、摆供,甚至祭祀活动也由喇嘛来主持。拜祭者除了绕敖包泼洒奶食,还要向喇嘛叩头,接受灌顶礼,有着浓厚的藏传佛教文化内容。

从文化的角度看,"仪式及其意义通过仪式过程所构筑的有形世界和无形世界来表达,在这里,仪式的要素共同构筑了一个符号,这个符号为民众提供心灵的安顿。就组织者的目的而言,也需要这样一个符号,作为当地文化的某种象征。因此,仪式并没有表达出完全独立的神圣与世俗意义的分离,无论对于组织者还是参与者来说,现代敖包祭祀都已不仅是纯粹的宗教仪式,更是文化习俗传统的表达"。[①]

鄂温克祭祀仪式有洒奶祭、火祭、血祭等几种。祭祀形式中的奶祭即把鲜奶、奶油、奶酒一滴一滴地洒在敖包上。洒奶酒而祭,这是鄂温克族最崇尚的礼仪。现在的鄂温克敖包祭祀仪式中很多都撒奶酒。火祭,在敖包前焚烧一堆干牛粪或干树枝,排列成队绕火转三圈,并叨念着自己氏族的姓氏,手捧祭品,把全羊肉投入火堆里燃烧。鄂温克族的萨满教认为火是最圣洁的,因而以火祭敖包。

现在的鄂温克族祭祀中的火祭,主要是指祭祀敖包仪式中的喂桑,多融合了藏传佛教的祭祀因素。血祭的习俗是最原始的祭祀形式。血祭又叫红祭,即杀牲祭祀。他们认为牲畜为天所赐,故杀牲以报天。这是鄂温克族祭祀中普遍应用的祭祀形式,从祭祀敖包树,到萨满的法事

[①] 王伟:《索伦鄂温克宗教信仰:仪式、象征与解释——兼论萨满式文明与中国文化》,首都师范大学博士学位论文,2011 年,第 119 页。

活动都有该仪式。如今有喇嘛主持的祭祀罗赛敖包时不能见血,为了娱神是不能杀生的,如果杀生神不会高兴,因而不会降雨。人们认为神需要纯洁的奶食,所以需要供奉牛奶制作的奶制品。祭祀后的那达慕大会,会让神更加高兴而降雨,保佑草场风调雨顺。

(二) 信众的变化

敖包信仰文化作为鄂温克民族文化的象征和载体,不但是鄂温克族作为一个族群的文化象征符号,而且是他们情感和精神的依托,可以看成是一种民族认同。"所谓民族认同,是指一个民族的成员相互之间包含着情感和态度的一种特殊认知,是将他人与自我认知为同一民族的成员的认识。"[1]鄂温克族既有信仰萨满教者,也有信仰喇嘛教者,但对于敖包的信仰始终是鄂温克人精神世界和生活的一部分,随着与外界交往的日益增多,各民族文化的相互交融,鄂温克族敖包信仰的信众也在发生着变化。其中对于敖包的信仰虔诚度不同地区不同年龄段的人也是有不同,老人大多坚定敖包信仰,也懂得敖包祭祀仪式及其礼仪禁忌。

生活在牧区的中年人虽然受过无神论的教育,但是文化水平有限,且因生活地域限制很少接触外来文化。为了保佑家族、牧场、牲畜兴旺,人们对于敖包的信仰都很虔诚,因此也可以说多少带有功利性。在祭祀敖包的人群中不仅限于鄂温克族、达斡尔族和蒙古族,还包括一定数量的当地汉族群众,每逢祭祀敖包时,他们也会携酒带肉前来祈福还愿。作为敖包信仰者,鄂温克族每年祭祀敖包时都会带各自的家族成员来祭祀敖包,从刚出生的孩子到步履蹒跚的老者都会换上节日的盛装参加祭祀活动。在鄂温克苏木瑟宾节祭祀敖包活动间隙,采访了一位带着孙子祭祀的老者,当问道:"你为什么带孙子来这祭祀敖包呀,天又冷,孩子还小生病怎么办?"老人回答说:"咱们鄂温克人就信敖包,要是不带他(孙子)来,他就会忘了自己是什么人,敖包是什么都不知道,那还是鄂温克人吗? 得来,干啥不来呢。"[2]

---

[1] 王建民:《民族认同浅议》,《中央民族大学学报》1991年第2期,第56页。
[2] 访谈人:乌日乌特;被访谈人:HXGZB;访谈地点:鄂温克族自治旗巴彦呼硕敖包;访谈时间:2018年6月18日。

生活在牧区的鄂温克牧民对于敖包的信仰还是较为虔诚,而生活在城市里的鄂温克人,其子女对于敖包的信仰不是很虔诚,甚至对敖包祭祀仪式的意义也是一知半解。有过牧区生活而今生活在城市中的鄂温克人还是会参加祭祀活动,但其子女从小生活在城市中接触的文化更加糅杂,对于敖包的认知度与其父母相差甚远。这也是现代化造成的影响之一。

早期参加祭祀的民众必须穿干净整洁的传统的鄂温克袍子,来祭祀的达斡尔族蒙古族也是一样必须穿袍子,这样显得对敖包祭祀的尊重,在这种神圣的时空场域之中,穿着传统服饰被认为是懂礼貌讲传统的表现,以及鄂温克族自我与他者在服饰上面的认同。在20世纪90年代初期由于受现代化的影响很多年青人穿着牛仔裤等服饰来祭祀而受到训斥,但时至今日依然有外来的人穿着普通便装来祭祀。好的现象是随着经济水平的提升物质文化得到满足,祭祀敖包的鄂温克人都穿自己的民族袍子,因此鄂温克族信众的变化在服饰态度上呈现U型的变化,即早期都穿,90年代不穿,2010年前后又开始都穿民族服装参加祭祀了,这种族群的集体意识的回溯,是当地民族文化良性发展民族文化重构的有力证明。从信众的肢体语言上也有所变化,80年代恢复敖包祭祀后很多民众的肢体语言只是磕头献系哈达转敖包,而今随着传统萨满信仰的恢复以及藏传佛教的影响,信众的肢体语言也有所变化,如喂桑及熏洁仪式、抛洒龙塔,学习系统的赞颂词等,由于信众的肢体语言在仪式的作用下,在敖包祭祀神圣空间中不断地强化,人们在这种祭祀氛围和情境中体验到敖包祭祀的特殊意义,并以形式化与仪式化来达到集体认同和集体表征的目的。

(三)敖包种类和数量的变化

鄂温克族敖包在近三百年的时间里从类型、结构和数量上发生了巨大的变化,类型方面从森林简单的岩石、白纳恰、敖包树到草原的石碓、神杆、柳条和四柱桅杆式的敖包,结构上由单一的树木,变成了石头和柳条的变异,数量相比过去有史料记载的鄂温克族敖包增加了非常多。敖包从简单的山神崇拜,到萨满敖包、家族敖包、罗赛敖包,到与政治事件相关的军队敖包、将军敖包和旗敖包等。

鄂温克族进入草原后与蒙古族的交往日益密切，相互影响，相互融汇。现在的鄂温克敖包有七个敖包并列，以正中最大者为主体，两旁各陪衬三个小敖包，名为"七曜之神"，也有一个大敖包居中，东、南、西、北各陪衬三个小敖包，这是由十三个敖包组成的敖包群。按地域分，有的归一姓所有，或数姓所有，或一家私有，或一旗共有。按性别分，有男人祭祀的敖包和女人祭祀的敖包。现在牧区鄂温克族的大型敖包或者说官祭敖包大多是以十三个敖包和七个敖包为主，家族敖包则由原来单一的石堆敖包发生变化，多以小型十三敖包为主。随着民族文化的自觉重构，很多纪念性敖包出现，例如复建当中的海蓝察将军敖包和寺庙敖包。由于旅游的刺激，很多旅游点也设立敖包，以满足游客的需求，但是这一类敖包大多得不到当地人的承认，被认为是一种作秀行为。

在林区的索伦鄂温克猎民中敖包的种类也在发生变化，据鄂温克社会历史调查来看，布特哈地区的敖包形制多为敖包树即山神白纳恰，而今，在阿荣旗维古奇猎民村山塯农牧场还有一种新立的罗赛敖包，是因为该地猎民禁猎转产后开始从事农牧业生产，为了保佑草场风调雨顺、农业丰收而设立，这在之前是没有的。当地的敖包树是掌管家族和风水的，而现在将其功能分开，也是一种新的变化。鄂温克族自治旗一些地区除了罗赛敖包外，专门建立了主管牛羊的敖包，这都是新的变化。

二、世俗化与鄂温克族敖包祭祀文化的变迁

世俗化是西方宗教社会学提出来的理论概念，学界对于世俗化并没有确切的定义，主要用来形容在现代社会发生的一种变化，即宗教逐渐由在现实生活中无处不在的地位和深远影响退缩到一个相对独立的宗教领域里，政治、经济、文化等层面逐渐去除宗教色彩。席纳尔在为经验研究中的世俗化概念一文中，认为"世俗化具有六种含义。第一，表示宗教的衰退，即指宗教思想、宗教行为、宗教组织失去其社会意义。第二，表示宗教团体的价值取向从彼世向此世的变化，即宗教从内容到形式都变得适合现代社会的市场经济。第三，表示宗教与社会的分离，宗教失去其公共性与社会职能，变成纯私人的事务。第四，表示信仰和行为的转变，即在世俗化过程中，各种主义发挥了过去由宗教团体承担

的职能,扮演了宗教代理人的角色。第五,表示世界渐渐摆脱其神圣特征,即社会的超自然成分减少,神秘性减退。第六,表示'神圣'社会向'世俗'社会的变化"①。作为官祭敖包的"巴彦呼硕敖包祭祀仪式体现出现代敖包祭祀已成为当地的一张文化名片,它所具有的不仅是宗教意义,也兼有娱乐、庆典等世俗意义。这说明传统的宗教活动如今处在一个过渡时期,正在经历由传统到现代的过渡"②。所以说,由于鄂温克族敖包信仰的开放性使得信仰文化的本身没有脱离世俗,在敖包的传承过程中在不断地吸收各种文化的同时也发生着对抗与妥协。在经济快速发展,社会文化交往日益更新的时代,作为鄂温克族社会文化的一部分敖包信仰文化也会有多种方式去传承发展。

(一) 那达慕大会

每种信仰都有一种文化,这种文化与其信仰本体相辅相成,甚至文化的表现形式可以成为信仰传承的载体,起着推波助澜的作用。那达慕或者说"奈日"起源于早期的狩猎游牧时代,生存竞争与商品交换是传统游牧社会与经济发展的基本形式。鄂温克族敖包的信仰传承,不仅仅在于信众本身的虔诚,也在于敖包文化对于游牧社会所具有的功能价值。敖包祭祀仪式的神圣性与随后的那达慕大会的相辅相成直接提升了人们参与敖包祭祀的热情,这样无形中使得那达慕大会辅助和保护了敖包信仰的发展与传承。

敖包信仰是北方少数民族共同的信仰,很早就有关于呼伦贝尔地区的蒙古族、达斡尔族、鄂温克族对于敖包的信仰祭祀仪式的文字记载。《呼伦贝尔志略》载:"亦为例祭之重典……岁于五月或七月,由各旗致祀,合祀鄂博,在海拉尔河北山上,每三年举行大祭(即为挑缺年期)一次,以五月为祭期。旗大小官员咸集,延喇嘛诵经,以昭郑重……祀事告终后,一般人民赴场竞技,作驰马、角力种种比赛。"③同蒙古族一样,鄂温克族在祭祀敖包时也会举行那达慕大会,来参加的人也是非

---

① 希尔·米歇尔:《宗教社会学》,(英文)纽约:基础图书公司,1973年,第228—251页。
② 王伟:《索伦鄂温克宗教信仰:仪式、象征与解释——兼论萨满式文明与中国文化》,首都师范大学博士学位论文,2011年,第119页。
③ 丁世良、赵放:《中国地方志民俗资料》,北京:书目文献出版社,1989年,第501页。

常得多,这不仅是一次鄂温克族的盛会,更是各民族的盛会。

　　随着旅游的发展以及国家对非物质文化遗产的关注和投入加大,鄂温克族敖包文化及那达慕文化越来越得到地方政府及鄂温克民族内部的重视,每年鄂温克族自治旗都会举行那达慕大会,旗政府专门成立那达慕的组织委员会,设立专项资金。大会设立的奖金丰厚,刺激了牧民的参与度,牧民经济生活水平的提高,民族文化传承意识也随之提高了。那达慕不仅反映了鄂温克敖包文化的综合性,也表现出作为敖包文化一部分的那达慕大会所具有的娱乐、经济和教育等多种功能,成为加强社会联系的纽带。陈巴尔虎旗鄂温克族苏木在 2012 至 2018 年敖包及那达慕大会投入八十多万元,其中用于鼓励牧民参加那达慕大会各类比赛的奖金和补助共计 18960 元。[①] 赛马、摔跤占奖金总额的三分之二。在调研的中间,问及前来参与祭祀敖包的鄂温克牧民的目的时,回答中大多数是为了祈祷家庭幸福牧业丰收,最重要的是参加那达慕大会,既可以观看歌舞表演和各种比赛,还可购买一些生活必需品,同亲人朋友聚会。

(二) 民族节日

　　鄂温克族"敖包具有牧民聚会的功能,这同时也是一种公共的文化诉求"[②],鄂温克族非常注重礼节,鄂温克族的节日主要有春节(阿涅)、清明(罕奇)、瑟宾节等。鄂温克族为数不多的几个节日中,瑟宾节是群众参与度最高,最具民族文化特色的节日,鄂温克族瑟宾节也是仪式内容丰富,民族经济活动和娱乐节目最多的节日。在瑟宾节中祭祀敖包是重中之重,是维系民族团结、传承教育民族文化的一个很好的平台,参加祭祀敖包时,男女老幼都会参加,很多刚出生的孩子也会被带到敖包祭祀的现场,希望求得神灵的保佑,所以鄂温克人大多很小就接触了敖包文化。瑟宾节的召开不仅得到国家和政府的大力支持,一些商家企业也会借此机会赞助大会经费和项目,以达到宣传的目的。

　　民族节日不仅是民族内部认同的一种方式,也是传承敖包信仰文

[①] 引自 2018 年陈巴尔虎旗鄂温克族苏木瑟宾节统计材料。
[②] 邢莉、邢旗:《内蒙古区域游牧文化的变迁》,北京:中国社会科学出版社,2013 年,第 512 页。

化的载体。因为瑟宾节是民族节日,所以这一天很多人都会约定俗成地去参加活动,去那达慕大会,鄂温克族自治旗在每年的瑟宾节中都会投入大量的资金来吸引和鼓励鄂温克牧民参加活动。2018年鄂温克族瑟宾节活动给予牧民的活动补助近百万元,同年8月举行的鄂温克族自治旗成立60周年的庆祝活动,活动主办方给予参加文化演出、赛马、摔跤的牧民每人每天200元的补助。政府的扶持和资金的奖励使得更多的普通鄂温克族群众参与到了瑟宾节的活动中来,传承民族文化的同时自己也达到了增收的目的。鄂温克族自治旗瑟宾节大会包括敖包祭祀那达慕大会等相关的活动,都由鄂温克族自治旗政府组织主办并成立专门的机构,服务体系日趋完善。敖包的祭祀由鄂温克族自治旗民族宗教事务委员会和鄂温克族研究会协调负责,从敖包的祭祀到组织日趋民俗化和专业化。政府官祭的巴彦呼硕敖包使得民族节日更加具有民族性与地域特色,现代化的元素也融入到了鄂温克族敖包的祭祀活动中,这种既保持民族文化的原生性,同时又与时俱进的发展观念是鄂温克族瑟宾节能够继续发展的重要因素。

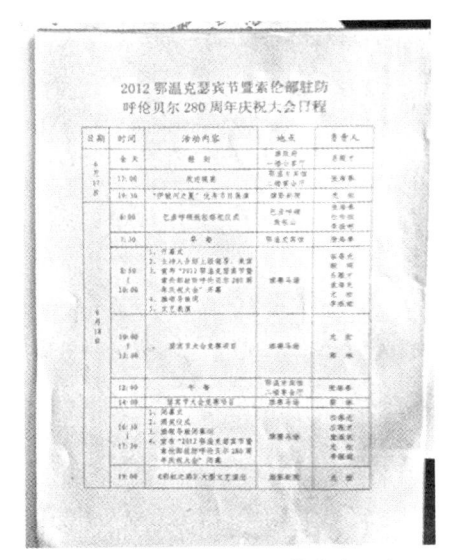

图 4-27 瑟宾节那达慕大会日程　　图 4-28 瑟宾节各类比赛奖金

(三) 旅游

文化旅游以其资源消耗低,带动系数大,就业机会多,综合效益好的优势而被各地政府所提倡。习近平总书记在党的十九大报告中提出,要"推动中华优秀传统文化创造性转化、创新性发展",这也为呼伦贝尔当地民族旅游业的发展指明了方向,既在保护优秀传统文化的同时将其转化成带动经济发展的产业,与此同时,在民族文化发展方面要不断地与时俱进有所创新。作为拥有中国最大、保持游牧文化最好的草原,全国最大天然林区大兴安岭的呼伦贝尔市,已经成为了中国全域旅游最火爆的地区。曾经翦伯赞笔下的呼伦贝尔,这个中国历史的后院已经打破了平静,成为少数民族文化产业高速发展的地区。2017年呼伦贝尔市全年接待国内外游客1721.1万人次(不含一日游),同比增长10.8%,其中,接待国内游客1649.54万人次,同比增长10.98%,接待入境过夜游客71.56万人次,同比增长6.35%;旅游业总收入607.4亿元,同比增长15.1%。[①] 鄂温克族自治旗针对本地区多元民族文化的优势,全方位打造"全域游、四季游、全民游"的发展模式,全旗接待游

图 4-29 外地游客的帐篷[②]

---

① http://www.northnews.cn/2018/0408/2819835.shtml 正北方网。
② 拍摄人:黎霞;拍摄时间:2012年6月18日;拍摄地点:鄂温克族自治旗巴彦托海镇。

客 64.2 万人次,同比增长 7%,旅游业综合收入完成 6.6 亿元,同比增长 10%。① 这其中"敖包经济"中的代表巴彦呼硕敖包景区每年收入近千万元,早已成为远近闻名的民族旅游品牌。

呼伦贝尔草原旅游的快速发展,大大地提高了鄂温克族的经济收入,与此同时,鄂温克族同胞也认识到自身传统文化的巨大商业价值,因此很多人逐渐地转变观念开始重视传统文化,并且尝试将其转化为民族旅游产业。国家在发展保护非物质文化遗产的同时也提倡地方政府和少数民族自身的保护意识,一首《敖包相会》传唱大江南北,巴彦呼硕敖包是电影《草原上的人们》的外景地。作为呼伦贝尔原生态旅游的精品路线之一,每年的敖包祭祀都会吸引大量的游客前来观看体验,巴彦呼硕敖包祭祀仪式体现出现代鄂温克敖包祭祀已成为鄂温克族自治旗民族文化的名片,它所具有的不仅是宗教意义,还有节日庆典、旅游等世俗意义。鄂温克敖包文化不仅在旅游带动下逐渐复兴,也作为非物质文化遗产的一部分焕发出勃勃生机。敖包文化带来旅游收入的同时,也使得鄂温克人更加认识到了传承民族文化的重要性。

三、鄂温克族敖包祭祀文化重构的因素

文化重构,即文化的重新构建,即对于已有某个文化现象的再加工和再创造。也是人们对于已有的文化现象的再次认知。一个民族文化的发展,不仅需要民族内部自身不断地发展调适以适应社会,满足人们的精神和物质需求,这一过程还需要国家和政府的推动,以及社会经济资本的参与和刺激。外部大环境的变化对于小民族文化的发展作用和意义显而易见。鄂温克族从饲养驯鹿狩猎到游牧和农业生产,多是不同时期政治决策的结果,社会变迁带来了文化的调适,敖包信仰也经过了不断的文化调适,在不断地适应自然环境和社会环境的同时也在积极地整合民族文化,不断地吸收和借鉴外来文化,去粗取精,将其纳入本民族的文化之中,以增强自身民族文化的调适能力。而"敖包祭祀在

---

① http://www.ewenke.gov.cn/Item/35759.aspx,鄂温克族自治旗人民政府 2018 年政府工作报告。

新时期的重新建构并非只是对一个族群共同记忆的回忆,也并不止于对自己族群归属的认知和感情依附"①。历史上鄂温克族敖包信仰文化要得到政府的承认与支持,如清代巴彦呼硕敖包就是由索伦八旗组织官祭,时至今日政府依然拥有对敖包祭祀的主办权,各族群众可以自由参加祭祀,鄂温克族自治旗政府通过提供这样一个仪式表达了对群众信仰敖包的一种态度。

当地政府把鄂温克族的敖包文化作为呼伦贝尔地区的地域文化符号加以民族化和现代化,敖包文化的传承发展在改革开放前出现了断代,20世纪80年代敖包祭祀开始重新恢复。而"非物质文化遗产的设立体现了对民间传统的尊重和国家政策的宽容。就地方政府而言,通过对敖包祭祀的仪式保留,支持了传统文化的延续,而又往往通过附加的话语、程序,完成了对传统的重新塑造。这种祭祀仪式既是对传统的回应,又是对传统的传承、创建。"②鄂温克族自治旗政府每年负责巴彦呼硕敖包的修缮经费,各苏木的敖包修缮以及祭祀活动经费也由各苏木政府承担。

通过民族节日的带动、政府的各种扶持、旅游业的刺激,以及每年召开的各类那达慕大会,使得鄂温克族敖包文化在各种世俗因素的影响下,正在慢慢地复兴和发展创新,鄂温克敖包祭祀仪式和传承正在恢复,并且融合了一些其他民族的文化与宗教的元素,使得祭祀仪式、祭祀体系和祭祀组织不断地发展完善。鄂温克族敖包祭祀文化既是民族文化重构的体现,也是鄂温克族敖包文化的再加工。从民族学的角度看,政府主导下的鄂温克族敖包文化的重构,对于传承鄂温克族民族文化,巩固群体的历史记忆,发展地方经济具有重要的作用。同时,对于加强区域社会认同、增强民族自信心与凝聚力、繁荣民间文化生活都具有一定的积极作用。

敖包祭祀及游艺活动,是民俗群体确认维系、改善社会关系和权力

---

① 邢莉:《当代敖包祭祀的民间组织与传统的建构——以东乌珠穆沁旗白音敖包祭祀为个案》,《民族研究》2009年第5期,第82页。
② 土伟:《索伦鄂温克宗教信仰:仪式、象征与解释——兼论萨满式文明与中国文化》,首都师范大学博士学位论文,2011年,第117页。

的一种方式。在民族文化的重建过程中,不仅仅是文化碎片的整理或者说整合,而是通过集体行为实现文化传承。但是政府主导下的敖包文化重构使得敖包信仰的原有理念被悬置,原有功能正在丧失或再造。而一些缺乏地方性知识,尤其是缺乏民族宗教知识的宣传和规划,使得鄂温克族敖包信仰日益失落原有的宗教精神而成为一种地方文化。我们说文化需要自觉,民族文化也是一样,全球化的冲击使得人们越来越重视文化的多元,随着社会、经济、文化的变革,市场化进程的加速,当地政府主导的文化重构,其目的不仅在传承和发展鄂温克族敖包文化,更多的是推动旅游业。然而,这种利用政府主导下的敖包文化重构,指导民间信仰的传承与发展,会对敖包信仰文化本身带来怎样的影响,仍是值得我们去深思的话题。

四、鄂温克族敖包祭祀文化重构的意义

一种发达且有生命力的文化,无一不是在各种因素的作用下,通过不断地发展与重构完成传递的。"文化重构并不是一蹴而就的大改组,它是由文化调适而实现的过程。实现一项具体的文化重构,必须遵循文化调适的各种基本规则,它也是先由具体的个人按照随机的可能接触这一组外来作用,然后作出纯属个人的无序反馈。只有这一无序反馈持续一定的时间后,才会引起该种文化维系起来的众多成员的关注,才会触及到该种文化的结构本身"。① 鄂温克族敖包文化的重构,不仅是鄂温克族自身文化的重构,更是适应社会变迁的调适必要手段。大传统与小传统之间的互动,当地政府的扶持与旅游业的共同刺激下,给鄂温克敖包信仰文化逐渐地注入了新的发展动力。鄂温克族人意识到了本民族文化的价值,通过敖包祭祀及那达慕大会,使得鄂温克文化成为焦点,构成了丰富多彩的文化场域,鄂温克人非常自豪自己的民族文化。由于自身文化得到外界的关注与认同,鄂温克人对于传承民族文化会更有责任感,文化的自觉性油然而生,这对于发展民族文化促进社会和谐是具有极其重要的意义的。

---

① 罗康隆:《文化适应与文化制衡》,北京:民族出版社,2007年,第106页。

当地政府主导的鄂温克族敖包文化的重构，使得敖包信仰文化不断地适应社会，既保持了信仰的核心价值观，又吸收了其他文化的优良养分。民族文化需要内外部的协调，当地政府作为外部条件为鄂温克族敖包信仰的重构创造了良好的环境，作为敖包信仰传承载体的鄂温克人本身更需要发挥其主观能动性。主客观因素的共同作用才能使得鄂温克敖包信仰传承良性地发展。一系列的文化重构的结果是：鄂温克族自上而下地自觉关心敖包文化，之前停祭的敖包得到恢复，旅游市场与自身精神的双重需求，使得人们乐于通过敖包祭祀活动来展现民族文化，并从中获益。旅游与经济的开发是一把双刃剑，几乎每一个旅游点都有一个敖包，敖包成为当地的旅游文化符号的同时却得不到当地人的认同。各类的敖包祭祀活动使鄂温克族自治旗的旅游业人气旺盛，"敖包经济"带动了当地第三产业的发展，相邻地区的宾馆、出租车、餐饮、娱乐迅速发展，旅游资源优势成为当地的经济优势。极具活力和富有雄厚群众基础的敖包文化促进了当地的发展，通过文化的重构使得鄂温克传统文化与现代化有机结合。

敖包信仰文化的重构，带动了整个鄂温克族地区的发展，挖掘传统文化、发展传统体育，都得益于敖包文化重构的连锁反应。原有的旅游项目仅停留在男儿三艺和篝火晚会，而今拓展了许多新的旅游文化形式，牧民既是当地人又是游客的导游。随着旅游业的发展，特别是呼伦贝尔全域旅游的提升，政府对于民族文化为主题的项目投入明显加大，对于草原民俗旅游展开了积极的对外宣传，并且相关的政策扶持力度非常大。近些年国内外大型旅游公司相继在呼伦贝尔投资置业，当地与旅游相关的基础设施日臻完善。这一系列的政策和经济措施对于鄂温克族的传统文化的重构与发展起到积极的作用。敖包经济给当地带来了甜头，人们对于文化保护的意识加强，对于敖包的修缮力度加大，敖包周边的草原生态得到恢复。一系列的文化重构对于鄂温克族民族文化的发展具有深远的影响。

与此同时，旅游业已经被纳入内蒙古地区少数民族实现现代化的长远发展规划之中，但旅游业在积极促进民族文化发展重构的同时也带来一些负面的影响，如外部资本的强势介入，在打造鄂温克族民族文化和鄂温克族敖包文化牌的同时,却没有文化权利的主体即所有者鄂温克人的参与。正如巴彦呼硕敖包每年以天下第一敖包的对外旅游接待的同时,每年收入近千万,但是众所周知巴彦呼硕敖包属于鄂温克族主祭,在夏季旅游旺季巴彦呼硕敖包门票收入非常可观,但牧民日常祭祀却要收门票,这就造成了鄂温克族群众与旅游开发商的矛盾,因此当地政府应妥善处理好类似的问题。当地的鄂温克族文化精英们认为鄂温克族的民族文化在旅游经济方面已经成为了外地投资商的"提款机"了。

外来资本的介入逐渐地改变了鄂温克人作为狩猎游牧民族的价值取向。很多鄂温克人仍然不喜欢自己的家园被过度地旅游开发,因为近几年旅游收入不断增加的同时,本地人与外来旅游者的摩擦也随之增多,如外来车辆在草原肆意驰骋破坏草场植被,随便进入鄂温克人的家族敖包和萨满敖包。更多的普通牧民认为自己的生活被"外人"所打扰。当地的自然环境受到破坏,生态安全逐渐地被人们所重视。鄂温克人针对旅游开发的态度也出现分歧,很多人不再盲目地接受外来资本,而是选择理性地去对待,他们认识到旅游开发稍有不慎就会由建设者转换成破坏者,如果过于将自己的传统文化商业化是危险的,也认识到保持传统文化是非常重要的。当地鄂温克人对于外地投资企业对本民族文化故意歪曲夸大宣传的行为非常不满。因此在发展民族旅游的同时,需要注重文化的理解和开发力度上的适可而止,应该充分地保障鄂温克族对于传统文化重构和发展方面的话语权,更要保护鄂温克人对于传统文化的利益的既得权力。

小结

鄂温克族敖包祭祀文化与口传文学是在萨满教的作用下形成的,而藏传佛教与其他民间信仰的融入,使得鄂温克族敖包文化不断地丰富多元。其中同样具有敖包信仰的蒙古族、达斡尔族敖包文化与鄂温克族敖包文化的关系非常密切,相互之间的交往、交流和交融共同铸就呼伦贝尔敖包文化圈。市场化与旅游业对于敖包文化的发展影响巨大，鄂温克族敖包文化在大发展的同时也遇到了诸多挑战。敖包祭祀文化和口传文学，从祭祀仪式、信众和禁忌等方面都发生着变化，而且也会长期地处于变化的过程之中。因此政府需要管控市场资本对于鄂温克敖包文化的负面影响，应积极宣传正能量，从边境发展的层面来看，鄂温克族敖包文化的传承和重构对于鄂温克族传统文化的复兴以及民族地区和谐的民族关系都是有益的。

结　语

　　作为拥有悠久历史的民族,无论时代如何变革都没有改变鄂温克人的精神信仰,以及对于本民族文化的热爱。因为居住环境和外来文化的影响,鄂温克族敖包形制产生了不同的变化,森林鄂温克人的敖包具有原生性,而草原鄂温克族的敖包则具有游牧文化的特点,两者之间的差异与所处的自然环境和社会环境息息相关。因为社会环境的不同,有关鄂温克族敖包起源的传说也不尽相同,森林中的敖包传说中的萨满是主宰者,而草原的敖包传说喇嘛则是主角,但因为不同的变体不但丰富了鄂温克族的口传文学,还证明了文化是随着人类的迁徙史不断流动不断变异的。无论是岩画、敖包树、家族敖包,还是萨满敖包,都是鄂温克族敖包文化的核心元素,家族敖包的祭祀中萨满或是家族长者会讲述家族的历史;同样萨满敖包祭祀的时候,萨满则会口述已故萨满生前的丰功伟绩;官祭的旗敖包和苏木敖包因为与鄂温克族戍边卫国有关,因此主持人会向每一位参加者讲述自己鄂温克族祖先的英雄故事和卓越贡献。鄂温克族的口述历史和口传文学就是这样不断积累起来的,并且代代相传,最终形成了敖包文学。

　　鄂温克族敖包信仰文化蕴含和推崇和谐共生的生态观,而萨满教天人合一、感恩自然天地、图腾崇拜、敬祭祖先、遵从自然规律等思想已根植蕴涵于敖包口传文学之中。鄂温克族敖包文化在社会转型的过程中起到了平衡游牧社会的作用。在市场经济的冲击下,呼伦贝尔游牧社会正在发生着变化,资本市场的介入也在不断地改变鄂温克人的价值观和区域内的人际关系。小家庭该如何面对社会风险呢? 此时鄂温克族敖包祭祀仪式及口传文学在这过程中发挥了巨大的作用,很多游牧家庭开始以家族敖包为媒介增加相互合作,共同面对外来风险,这种家庭策略的理论前提就是敖包祭祀文化。家族敖包祭祀中的仪式感,家族敖包中的文化宣讲,使得参与者之间更加的认同。与敖包有关的传说、故事和民歌不断地以各种方式各种渠道去传播,长辈在敖包祭祀中,不厌其烦地给予下一代的传统教育都是通过口传文学来完成的。因此说鄂温克族敖包的口传文化是有根的,是根植于当地社会的,它不仅是鄂温克族传统文化的结晶,还能够凸显出多元文化因素。鄂温克族的口传文化不但具有地域性、部落性、家族性的特点,而且还能完全凸显其教育与传承历史记忆的功能。

参加敖包祭祀活动,聆听与敖包有关的传说和故事,不仅是沟通族群历史与祖先对话,而且还是鄂温克族民族凝聚力的一种体现,某种程度上说更是民族内部认同的一种方式。鄂温克人对于敖包与藏传佛教的双重信仰,使得两种信仰得到了有机融合。多元文化的影响也使得敖包信仰发生着变化,藏传佛教逐渐在敖包祭祀仪式中占据主角,现代化的冲击使得越来越多的年轻人对于敖包的信仰不会像自己的父辈那样虔诚,经济的刺激让人们在敖包的禁忌中学会了变通。鄂温克族敖包信仰的传承受到多元文化的影响,传承方式多样化,民族节日那达慕大会使得人们积极地参与敖包祭祀活动,伴随着旅游和当地政府主导的民族文化的重构使得敖包文化重新焕发了活力。敖包文化也是多元文化相互交融,多种宗教包容共存的和谐文化。敖包文化特有的开放性和包容性,使得鄂温克族敖包文化在漫长的历史长河中随着居住环境和民族间的不断交往,海纳百川,美美与共,源源不断地吸收其他民族的文化,融合不同宗教信仰的精华。使得鄂温克族敖包文化集自然崇拜、萨满文化和藏传佛教于一体,形成了狩猎文化、游牧文化、农耕文化和商品经济诸多因素交融共存的文化载体。

信息全球化的今天,以敖包祭祀文化及口传文学为代表的鄂温克族传统文化同其他少数民族文化一样接受着诸多的挑战,如何在保留传统文化的同时去接纳外来文化,是我们应该思考的问题。而作为鄂温克族精神文化的一部分,鄂温克族口传文学尤其是敖包文学是否能够抵御外族无神论甚至是本民族内部的质疑也是我们不应规避的问题。但从积极的角度去看,鄂温克族敖包祭祀的多元化对于鄂温克族文化的保护与传承是非常重要的,而与鄂温克族敖包相关的口传文学,对鄂温克族文化的重构与发展是具有积极意义的,是值得我们去发扬和传承的。

参考文献

一、论文

［1］AlPollard-Urquhart:《苏尼特右旗的一次敖包祭祀》,刘迪南译,《西北民族研究》2001年第2期。

［2］波·少布:《蒙古努图克人原始文化遗存对其发展的影响》,《民族理论研究》1988年第2期。

［3］波·少布:《蒙古族女性敖包的文化内涵》,《内蒙古社会科学》2002年第5期。

［4］卜英姿:《呼和浩特地区敖包与敖包文化现象略述》,《赤峰教育学院学报》2001年第5期。

［5］鄂·苏日台:《论"敖包文化"的形成与演变》,《内蒙古社会科学》1994年第3期。

［6］鄂·苏日台:《呼伦贝尔民族敖包祭萨满教与民间文化》,《祭礼·傩俗与民间戏剧——'98亚洲民间戏剧民俗艺术观摩与学术研讨会论文集》,1998年。

［7］范玉梅:《土族宗教信仰述略》,《世界宗教研究》1997年第1期。

［8］何日莫奇:《蒙古族妇女敖包探源》,《内蒙古社会科学》2000年第2期。

［9］贺·宝音巴图:《〈蒙古秘史〉中的大树崇拜之谜》,《内蒙古师大学报》1988年第4期。

［10］金钢:《论敖包祭祀的实质》,《内蒙古社会科学》1999年第2期。

［11］李崇辉:《从"神树"造型的文化视野看北方民族宗教文化的审美发展》,《内蒙古社会科学》2008年第5期。

［12］刘文锁、王磊:《敖包祭祀的起源》,《西域研究》2006年第2期。

［13］马昌仪:《敖包与玛尼堆之象征比较研究》,《黑龙江民族丛刊》1993年第3期。

［14］孟盛彬、郝海迪:《达斡尔族萨满敖包祭祀仪式的田野考察》,《寻根》2011年第5期。

［15］那木吉拉:《日韩学者敖包研究综述》,《中国第七届草原文化百家论坛会议论文策》,2010年。

［16］钠钦:《作用中的敖包信仰与传说——在珠腊沁村的田野研究》,《田野观察》2004年第4期。

［17］泉靖一、李东源:《大兴安岭东南部鄂伦春族调查报告》,《黑龙江民族丛刊》

1986年第4期。
[18] 任洪生：《蒙古族敖包习俗的文化渊源考述》，《青海民族研究》1999年第3期。
[19] 色·斯钦巴图：《阿尔泰语民族树木崇拜概略》，《新疆师范大学学报》1991年第1期。
[20] 沙宪如：《蒙古族祭祀风俗述略》，《辽宁师范大学学报》1994年第2期。
[21] 宋小飞：《从蒙古族"敖包文化"看其原始美术特征》，《内蒙古民族大学学报》2005年第4期。
[22] 陶理、汪汾玲：《敖包新考》，《东北史地》2007年第1期。
[23] 涂建军：《鄂温克族的节日习俗》，《内蒙古民族大学学报》2004年第4期。
[24] 王其格：《祭坛与敖包起源》，《赤峰学院学报》2009年第9期。
[25] 吴金凤：《蒙古贞敖包的历史与传承》，《满族研究》2008年第2期。
[26] 吴金凤：《蒙古贞十三敖包及其所体现的民族性格特征》，《黑龙江民族丛刊》1998年第1期。
[27] 吴雅芝：《从神话传说和风俗习惯看鄂伦春人的自然生态观》，《中央民族大学学报（哲学社会科学版）》2004年第4期。
[28] 吴占柱：《黑龙江柯尔克孜族敖包》，《黑龙江民族丛刊》2008年第3期。
[29] 谢高娃：《浅谈蒙古族祭敖包活动的由来和演变》，《黑龙江民族丛刊》1991年第4期。
[30] 邢莉：《蒙古族敖包祭祀文化的传承与变迁——以2006年5月13日乌审旗敖包祭祀为个案》，《中央民族大学学报》2009年第5期。
[31] 学·蒙赫达资：《试论以宝格德乌拉为代表的敖包文化》，《呼伦贝尔学院学报》2006年第5期。
[32] 姚凤：《黑龙江沿岸通古斯满语民族鄂温克人与鄂伦春人的某些自然崇拜》，《黑龙江民族丛刊》1990年第1期。
[33] 张曙光：《自愿、自治与平衡——关于白音敖包祭祀组织的考察》，《内蒙古民族大学学报》2008年第2期。
[34] 郑隆：《略述内蒙古北部边疆部分地区的"石头墓"和"石板墓"》，《内蒙古社会科学》1990年第1期。
[35] 呼格吉乐玛：《"通古斯"鄂温克萨满仪式及其象征意义探析》，内蒙古师范大学硕士学位论文，2008年。
[36] 丽艳：《蒙古族水崇拜》，内蒙古师范大学硕士学位论文，2009年。
[37] 王桂兰：《论蒙古族敖包文化实践中的传统与现代性》，《内蒙古民族大学学报》2016年第6期。
[38] 额尔德木图：《敖包、文化记忆与游牧社会——来自杜尔伯特的个案研究》，内蒙古师范大学硕士学位论文，2002年。
[39] 冯建英：《那达慕民俗体育文化在内蒙古和谐社会建设中的作用与发展战略》，《内蒙古师范大学学报》2017年第4期。

［40］苏叶、刘志民、包呼格吉乐图：《蒙古国那达慕的起源与发展》，《体育文化导刊》2012年第6期。
［41］杨红：《传统固守与现代重塑——毛乌苏沙漠中的敖包祭仪及其音乐》，《中国音乐》2011年第3期。
［42］王美玲：《从生态观简述蒙古族的祭敖包》，《语文学刊》2014年第10期。
［43］张殿典：《从满语祭祀器具词语探萨满教祭祀文化》，《黑龙江社会科学》2017年第1期。
［44］赵阿平：《满-通古斯语言与萨满文化（四）》，《满语研究》1999年第2期。
［45］吴吉莫：《达茂旗巴音宝格达敖包的民族学研究》，内蒙古师范大学硕士学位论文，2011年。
［46］马征：《传统与传统的再发明——肃北蒙古族敖包文化研究》，兰州大学硕士学位论文，2017年。
［47］纳钦：《蒙古村落多层次信仰——珠腊沁村传说与祭祀民俗个案研究》，中央民族大学博士学位论文，2003年。
［48］齐智：《敖包祭祀："一种发明的传统与生活化的传统"探析——以辽宁蒙古贞地区关山"旗敖包"为例》，内蒙古师范大学硕士学位论文，2012年。
［49］特木尔巴根：《肃北蒙古族的宗教信仰特征》，《内蒙古师范大学学报》2007年第3期。
［50］邢莉：《当代敖包祭祀的民间组织与传统的建构——以东乌珠穆沁旗白音敖包祭祀为个案》，《民族研究》2009年第5期。
［51］王立平、韩广富：《蒙古族传统生态价值观的形成及现代意义》，《中央民族大学学报》2010年第5期。

二、著作

［1］［苏］А.Ф.阿尼西莫夫：《西伯利亚埃文克人的原始宗教·古代氏族宗教和萨满教：论原始宗教观念的起源》，于锦绣译，北京：中国社会科学出版社，2016年。
［2］巴图宝音搜集整理：《鄂伦春民间故事集》，呼和浩特：内蒙古人民出版社，1981年。
［3］《中国少数民族社会历史调查资料丛刊》修订编辑委员会：《鄂温克族社会历史调查》，北京：民族出版社，2009年。
［4］［英］弗雷泽：《金枝》，徐育新、汪培基、张泽石译，北京：新世界出版社，2006年。
［5］［英］维克多·特纳：《仪式过程：结构与反结构》，黄剑波等译，北京：中国人民大学出版社，2006年。
［6］［英］一作奥纳·鲍伊：《宗教人类学导论》，金泽、何其敏译，北京：中国人民大学出版社，2004年。
［7］敖嫩：《鄂温克民族民间故事集（上）》，海拉尔：内蒙古文化出版社，2008年。

[8] 李·孟和达赉、阿敏：《呼伦贝尔萨满教与喇嘛教史略》，北京：民族出版社，2013年。
[9] 毕桪主编：《民间文学教程》，北京：中央民族大学出版社，2011年。
[10] 杜梅收集整理：《鄂温克族民间故事》，呼和浩特：内蒙古人民出版社，1989年。
[11] 关小云：《鄂伦春族萨满文化遗存调查》，北京：民族出版社，2010年。
[12] 郭淑云：《中国北方民族萨满出神现象研究》，北京：民族出版社，2005年。
[13] 海西希：《蒙古的宗教》，耿昇译，北京：中国藏学出版社，2016年。
[14] 吕光天：《鄂温克族》，北京：民族出版社，1987年。
[15] 满都尔图等主编：《中国各民族原始宗教资料集成：鄂伦春族卷 鄂温克族卷 赫哲族卷 达斡尔族卷 锡伯族卷 满族卷 蒙古族卷 藏族卷》，北京：中国社会科学出版社，1999年。
[16] 孟慧英主编：《当代中国宗教研究精选丛书·原始宗教与萨满教卷》，北京：民族出版社，2008年。
[17] 米尔恰·伊利亚德：《萨满教：古老的入迷术》，段满福译，北京：社科文献出版社，2018年。
[18] 内蒙古自治区编辑组、《中国少数民族社会历史调查资料丛刊》修订编辑委员会：《达斡尔族社会历史调查》，北京：民族出版社，2009年。
[19] 内蒙古自治区编辑组、《中国少数民族社会历史调查资料丛刊》修订编辑委员会：《鄂伦春族社会历史调查（一）、（二）》，北京：民族出版社，2009年。
[20] 秋浦：《萨满教研究》，上海：上海人民出版社，1984年。
[21] 全国人民代表大会民族委员会办公室编：《阿荣旗查巴奇乡索伦族情况》，内部资料，1957年。
[22] 色音：《东北亚的萨满教：韩中日俄蒙萨满教比较研究》，北京：中国社会科学出版社，1998年。
[23] 史禄国：《北方通古斯的社会组织》，吴有刚、赵复兴、孟克译，呼和浩特：内蒙古人民出版社，1984年。
[24] 汪立珍：《鄂温克族神话研究》，北京：中央民族大学出版社，2006年。
[25] 汪立珍：《鄂温克族宗教信仰与文化》，北京：中央民族大学出版社，2002年。
[26] 王士媛、马名超、白衫编：《鄂温克族民间故事选》，上海：上海文艺出版社，1989年。
[27] 乌云达赉：《鄂温克族的起源》，呼和浩特：内蒙古大学出版社，1988年。
[28] 晓克：《草原文化史论》，呼和浩特：内蒙古教育出版社，2007年。
[29] 邢莉、金锦沂：《蒙古族的敖包与韩国的社郎堂的比较》，《亚细亚民俗研究》第1辑《东亚民俗文化国际学术讨论会论文集》，北京：民族出版社，1997年。
[30] 邢莉、邢旗：《内蒙古区域游牧文化的变迁》，北京：中国社会科学出版社，2013年。

［31］庄孔韶主编：《人类学经典导读》，北京：中国人民大学出版社，2008年。
［32］徐占江主编：《中国莫日格勒鄂温克人》，海拉尔：内蒙古文化出版社，2013年。
［33］鄂晓楠、鄂苏日台：《使鹿部落民俗艺术》，海拉尔：内蒙古文化出版社，2011年。
［34］程廷恒：《呼伦贝尔志略》，哈尔滨：黑龙江出版社，2016年。
［35］萨敏娜、吴凤玲：《达斡尔族斡米南文化的观察与思考——以沃菊芬的仪式为例》，北京：民族出版社，2011年。
［36］内蒙古自治区鄂温克族研究会、黑龙江省鄂温克族研究会编：《鄂温克地名考》，北京：民族出版社，2007年。
［37］李宏复：《萨满造型艺术》，北京：民族出版社，2006年。
［38］那仁毕力格：《蒙古民族敖包祭祀文化认同研究》，沈阳：辽宁民族出版社，2014年。
［39］王霄冰：《仪式与信仰》，北京：民族出版社，2008年。
［40］字·蒙赫达赉：《鄂温克苏木的鄂温克人》，海拉尔：内蒙古文化出版社，2003年。
［41］迪木拉提·奥玛尔：《阿尔泰语系诸民族萨满教研究》，乌鲁木齐：新疆人民出版社，1996年。
［42］孟慧英：《尘封的偶像——萨满教观念研究》，北京：北京出版社，2000年。
［43］庄孔韶：《人类学概论》，北京：中国人民大学出版社，2006年。
［44］赛音吉日嘎拉：《蒙古族祭祀》，北京：民族出版社，2001年。
［45］宝音巴图：《蒙古族树的信仰》，海拉尔：内蒙古文化出版社，1997年。
［46］夏建中：《文化人类学理论流派》，北京：中国人民大学出版社，1997年。
［47］刘玉照、张敦福、李友梅：《社会转型与结构变迁》，上海：上海人民出版社，2007年。
［48］拉铁摩尔：《中国的亚洲内陆边疆》，唐晓峰译，南京：江苏人民出版社，2010年。
［49］彼得·施托姆普卡：《社会变迁的社会学》，林聚任等译，北京：北京大学出版社，2011年。
［50］郝苏民主编：《西北少数民族仪式考察——滩舞·仪式·萨满·崇拜·变迁》，北京：学苑出版社，2010年。
［51］康纳顿：《社会如何记忆》，纳日碧力戈译，上海：上海人民出版社，2000年。
［52］郑杭生主编：《中国社会结构变化趋势研究》，北京：中国人民大学出版社，2004年。

三、国外著作

［1］［韩］孙晋泰：「朝鮮の累石壇と蒙古の鄂博に就て」，『民俗学』第五卷，昭和八年(1933年)。

［2］［日］大間知篤三：『大間知篤三著作集』第六卷，未来社，1982年版，第103—242页。
［3］［日］後藤腹富男：「モンゴル族におけるオボーの崇拜—その文化における諸機能—」『民族学研究』，1913年、1914年、1956年。
［4］［日］吉田順一：「近現代内モンゴル東北地域の変容とオボー」，早稲田大学アジア地域文化エンハンシング研究センター編『アジア地域文化学の構築—21世紀COEプログラム研究集成—』。
［5］［日］江上波夫：「匈奴の祭祀」『ユーラシア古代北方文化』，全国書房，1984年。
［6］［日］秋葉隆：「朝鮮の民俗に就いて—特に満蒙民族との比較」，ソウル，1937年。
［7］［日］秋葉隆：「鄂博と鄂博祭」，赤松智城、秋葉隆共著「満蒙の民族と宗教」，大阪屋号書店，1941年。
［8］［日］佐野賢治：「十三塚と十三オボ：比較民俗学の一視点」，『日本民俗の伝統と創造』，弘文堂，1988年。
［9］［日］上牧瀬三郎：《ソロン族的の社會》，株式会社生活社，1940年。
［10］［日］东省铁路经济调查局编辑：《呼伦贝尔》，东省铁路经济调查局，1929年。

四、俄文研究著作

［1］Герасимова К. М. Культ обо как дополнительный материал для изучения этнических процессов в Бурятии//Этнографический сб. – Улан-Удэ, 1969. - Вып. 5.
［2］Манжигеев И. А. Бурятские шаманистические и дошаманистические термины. – М. , 1978.
［3］Галданова Г. Р. Доламаистские верования бурят. – Новосибирск, 1987.
［4］Дугаров Д. С. Исторические корни белого шаманства. – М. , 1991.
［5］Тумунов Ж. Т. Ага и агинцы. – Улан-Удэ, 1993.
［6］Нацов Г. Д. Материалы по истории и культуре бурят. – Улан-Удэ, 1995. - Ч. 1.

附　录

附录一　鄂温克族敖包及仙登名录表

1. ALTABO SINDANG　阿勒塔布仙丹,在莫和尔图嘎查境内,位于莫和尔图河西岸、珠日索沃特北面。鄂温克语仙登是陵墓之意。因哈赫日·阿勒塔布萨满遗体安放此处而得名。

2. AMOGGO OWO　阿莫古敖包,鄂温克语,(村)北敖包之意。因坐落在莫和尔图村北山而得名。

3. BOKTO SINDANG　博克图仙登,在阿拉坦敖希特嘎查境内,位于扎如木台村南,在仙丹高勒东侧。鄂温克语,孤山(萨满)陵墓之意,何族、何氏、何人陵墓不清。

4. GOSANI OWO　古萨尼敖包　在阿拉坦敖希特嘎查境内,位于海拉尔区哈克乡西南约5公里处。鄂温克、满语,是(清代索伦八旗左翼四旗)旗敖包。

5. GUI FU SINDANG　贵福仙登,位于巴彦嵯岗苏木所在地东南2.5公里处,莫和尔图河东侧。鄂温克语,贵福陵墓之意,因涂格敦·额格都古·涂格敦·贵福萨满遗体安放此处而得名。

6. HILGASONG OWO　细拉嘎松敖包,在扎格德木丹嘎查境内,窑恩吉勒嘎德仁山上,竖有一座敖包,位于扎格德木丹村和扎罗木得之间。赶集往来牧民,拔下一撮马鬃牛尾,系在敖包树上,以此来求得山神保佑、旅途安全。细拉嘎松是鄂温克语,是马鬃、牛尾等的粗长毛之统称。

7. HUNGJESU OWO　宏杰苏敖包,在莫和尔图嘎查境内,位于莫和尔图村西南,在哈日给河北侧。宏杰苏是鄂温克人名,这是他们家族供奉祭祀的敖包。

8. JANABO SINDANG　扎那布仙登,位于莫和尔图嘎查阿格敦嘎山谷中,鄂温克语,扎那布陵墓之意。因把杜鲁基尔·托木钦·杜拉日·扎那布萨满遗体安放此谷而得名。

9. JULUGU OWO　珠鲁古敖包,位于莫和尔图村南1公里处,是(莫和尔图)村南敖包之意,是全苏木牧民供奉的苏木敖包。

10. MEYING OWO　梅英敖包,位于莫和尔图村东南3公里处。梅英是鄂温克、满语,意为部队、军营。清代为军营所供奉祭祀的敖包。

11. NENQEBU SINDANG　能切布仙登,在阿拉坦敖希特嘎查境内,位于扎如木台村东南。鄂温克语,能切布陵墓之意,因涂格敦·额格都古·涂格敦·能切布萨满遗体安放此处而得名。

12. SIND ANG GOOL　仙登高勒,在莫和尔图村北3公里处有一座山岭为仙登高勒(萨满陵墓山之意),何族、何氏、何人陵墓不清。

13. SINDANG GOOL　仙丹高勒,在扎格德木丹嘎查北4.5公里处,位于卧讷黑河南岸。因涂格敦·额格都古·涂格敦·巴迪萨满遗体安放在此山而得名。

14. OL GODDANI OWO　乌拉高格达尼敖包,是山杨高山敖包之意,此处有敖包遗址,是何族、何氏、何人敖包不清。

15. TARAGANG OWO　塔日干敖包,位于扎格德木丹村东北,扎格德木丹河东侧。鄂温克语,庄稼敖包之意。村民曾在此种糜子,为了年年获得丰收,牧民们在此竖立了敖包以祭祀供奉。

16. BOLJIGE SINDANG　布勒吉盖仙登,在巴彦托海镇南约15公里,位于巴彦塔拉达斡尔民族乡西北1公里处。鄂温克语,布勒吉盖陵墓之意,因鄂温克族杜鲁基尔·雅勒—哈瓦那·布勒吉盖萨满前世萨满遗体安放此处而得名。又因该地是在伊也其山上,也称伊耶其仙登。

17. DALI OWO　大利敖包,在巴彦诺日嘎查境内,位于大利特格歇勒南侧,辉河小岛屿上。鄂温克语,大利敖包之意。这是清代索伦右翼正黄旗第三佐鄂温克人与大利商号汉人共同祭祀的敖包。

18. EVENGKI SINDANG　鄂温克仙登,位于吉拉塔林苏古日山嘴东侧,在吉拉塔林洪考日南侧平地上,是鄂温克陵墓之意。19世纪,清代索伦右翼正黄旗第三佐一个鄂温克族萨满遗体安放此处而得名,何氏何名不详。

19. HEPUNGGE OWO　贺朋格敖包,位于锡博桥西北,莫达木吉村东侧,在辉河北岸。是清代索伦右翼正黄旗杜鲁基尔·锡阿林—哈瓦那·贺朋格家族敖包。

20. HILGASONG OWO　细拉嘎松敖包,位于辉河北岸,在西博山东北侧。细拉嘎松为马鬃牛尾等的粗长毛的统称。海拉尔和北辉苏木之间赶集往来者,常拔下一撮马鬃或牛尾毛系在敖包树上,以此来求得山神保佑,旅途平安。

21. LOSOYI OWO　鲁萨伊敖包,位于巴彦塔拉乡东侧,在伊敏河左岸。鄂温克语,龙王敖包之意。因杜鲁基尔·雅勒·哈瓦那·文德祖先,在此处竖立敖包供奉祭祀龙王爷而得名。文德是索伦右翼正黄旗一佐人,20世纪30年代因受土匪骚扰而南迁伊敏维特很地区。

22. HOSO OWO　浩斯敖包,在巴彦塔拉乡南,伊敏河西岸。鄂温克语,浩斯意为树木茂密的河湾子,敖包浩斯为有敖包的河湾子,这是杜鲁基尔·雅勒·哈瓦那·文德家族供奉祭祀的敖包。

23. HIDAR SINDANG　锡达日仙登,位于巴彦托海镇南约10公里处山东坡半山腰,此处有一大块台阶般平地,为鄂温克族达特·锡达日·达特氏大萨满遗体安放处而得名。

24. AAJE SINDANG　阿杰仙登,在木毛丹北渡口西侧宝恩根库莫山上,位于巴图鲁萨满仙登东南侧。鄂温克语,阿杰陵墓之意,因杜鲁基尔·雅勒—哈瓦那·阿杰萨满遗体安放此处而得名。阿杰是巴图鲁萨满的女儿,也是巴图鲁萨满的转世萨满。

25. BAAMA SINDANG　巴玛仙登,在谢沃特嘎查境内,位于嘎查西北8公里,赫棱南1.5公里处。这里有座山叫玛恩图,又叫巴玛仙登,鄂温克语,巴玛陵墓之意,因杜鲁基尔·雅勒·哈瓦那·巴玛萨满遗体安放此处而得名。

26. BAATOR SINDANG　巴图鲁仙登,位于木毛丹北渡口西侧宝恩根库莫山上,阿杰仙丹西北侧。鄂温克语,巴图鲁陵墓之意,因杜鲁基尔·雅鲁·哈瓦那·巴图鲁萨满遗体安放此山而得名。

27. BADARQING SINDANG　巴德日钦仙登,在额格都古宝龙嘎查境内,嘎查东14公里处,都西山西南有座小土山为巴德日钦仙登,因达特·孟高·达特·巴德日钦萨满遗体安放此处而得名。

28. BAYING HONGKOR OWO　巴音·洪考日敖包,这是达特·孟高·达特氏供奉祭祀的敖包。

29. BOLJIGE SINDANG　布勒吉盖仙登,在乌日切希嘎查境内,位于嘎查东南8公里处,在莫贡索沃特偏东南。鄂温克语,布勒吉盖陵墓之意,因杜鲁基尔·雅勒·哈瓦那·布勒吉盖萨满遗体安放此处而得名。

30. BOSOH OWO　拔什呼敖包,在乌日切希嘎查境内,位于额格都古敖荣山北侧、莫达木吉村东南。鄂温克语,领催(清朝官名)敖包之意,因达特·孟高·达特乌热松领催家族敖包在此处而得名。

31. DAWARELE OWO　达瓦列勒敖包,在达瓦列勒勃托上,曾霹雷击死了杜鲁基尔·雅拉—哈瓦那氏的鄂温克人。萨满及其信徒认为,霹雷击死人则是天意,他(她)的灵魂能转世为萨满,因此,曾在该处设敖包祭祀。

32. DEENDE SINDANG　德恩德仙登,在乌日切希嘎查境内,位于敖包索沃特北侧约10公里处,在安图散·阿木吉东南。鄂温克语,德恩德陵墓之意,因杜鲁基尔·锡阿番·杜拉日·德恩德萨满遗体安放此处而得名。

33. DELI OWO　德里敖包,在辉道嘎查境内,位于辉道村南2.5公里处,锡格登高勒山西坡。鄂温克语,棚板敖包之意。在19世纪末,在该山上霹雷击死杜鲁基尔·雅勒—哈瓦那氏一个人。萨满教认为,霹雷击死人则是天意,其灵魂便是舍文即神灵,可转世为萨满。于是在击雷之处搭棚,将死者遗体放在棚板上风葬。据传,在20世纪30年代,此人显灵转世给杜鲁基尔·雅勒·哈瓦那·宝日夫,他就是著名的宝日夫萨满。

34. EBVBU SINDANG　额伯布仙登,在完工陶海嘎查境内,位于坡日得阿木吉东南侧。鄂温克语,额伯布陵墓之意,因何音·伊格杰日·何音·额伯布萨满遗体安放此处而得名。

35. EDDEGU OROONG OWO 额格都古·敖荣敖包,据说,在春夏阳光明媚时,登额格都古敖荣山上望去,西能看到陈巴尔虎宝格德乌拉山,东能见到锡尼河地区巴音罕乌鲁山,因此被认为是风水极好的神圣之山。因此,索伦右翼正黄旗第一佐杜鲁基尔·雅勒·哈瓦那氏在山上竖立敖包供奉祭祀。实际上从清代开始,索伦右翼正黄、正红二旗,东西两辉和伊敏三苏木都共同祭祀该敖包。到新中国成立前,信仰群众祭敖包的集体财产达 400—500 只羊,30—40 头大畜。

36. EMUNG SOWOTENI SINDANG 额门·索沃特尼仙登,鄂温克语,尖子山上的陵墓之意。在海拉尔和辉苏木之间高地上有座尖子山拔地而起。从尖子山顶上西能看到辉河流域,东能见到伊敏河彼岸,索伦八旗人认为,这是块风水极好的地方,因此,把杜鲁基尔·雅拉·哈瓦那·敖宝迪(女)萨满前世大萨满遗体安放在这里。

37. EMEGEL BVTTVNI SINDANG 额默格勒·勃托尼仙登,杜鲁基尔·雅勒·哈瓦那·尼图布萨满遗体安放此处而得名,是马鞍小丘上的陵墓之意。

38. GEGENG OWO 格根敖包,在完工陶海嘎查境内,位于伊克京伙古桥东南高地上。是何音·额格都古·何音、杜鲁基尔·额格都古·杜拉日·达特· 锡达日·达特等姓氏的人共同供奉祭祀的敖包,人们称格根敖包,活佛敖包之意,因每逢祭祀都请一名活佛而得名。

39. HAAKVMV OWO 哈库莫敖包,哈库莫山在其周围众多漫坡中属最高,西傍辉河,东依胡日嘎阿木吉湖,被认为是风水极好的地方。于是索伦右翼镶红、镶蓝二旗达特·锡达日-达特、何音·额格都古·达特二氏牧民迁来后,就在哈库莫山上竖立敖包,共同供奉祭祀。新中国成立后,南辉地区的牧民也都在此敖包山上聚会。

40. HANDESONG SINDANG 韩迭松仙登,在乌拉仁布拉日嘎查境内,位于苏木东南约 12 公里处,在尼什昆锡鲁铁山上。鄂温克语,韩迭松陵墓之意,因韩迭松萨满遗体安放此处而得名。韩迭松是索伦右翼正红旗鄂温克人,姓氏不详。

41. HARAGGE SINDANG　哈热给仙登,在哈库莫嘎查境内,位于谢沃特河西岸。鄂温克语,哈热给陵墓之意。因哈热给萨满遗体安放此处而得名。据说,哈热给萨满是18世纪的老萨满,姓氏不详。

42. HENGKIR OWO　横吉勒敖包,在巴音乌拉嘎查境内,位于嘎查西北约6公里处,在谢沃特河东岸。横吉勒是凹凸不平的意思,因敖包山东坡坍塌成凹凸不平而得名。该敖包由达特·孟高·达特氏供奉祭祀。

43. HIDAR OWO　锡达日敖包,在西博嘎查境内,位于西博山东南,在伊郎海日罕山之北,鄂温克语,是鄂温克族达特·锡达日·达特氏敖包。清代属索伦右翼正黄旗第三佐管辖,日伪时期属东辉苏木,解放初期到1958年为止属辉苏木管辖,现在被锡尼河西苏木占用。

44. ILANG HAIRHANG　伊郎海日罕,位于辉苏木东北处,在得伯勒景山东南,额门索沃特山西北。伊郎海日罕为鄂温克语,三座山岳之意。索伦八旗旗民认为,雄伟的南、中、北三座山岳是风水宝地,因此,把杜鲁基尔·雅了·哈瓦那·巴特鲁萨满前世萨满遗体安放在中岳上,因而人们又把中岳称作巴特鲁萨满仙登。

45. NISHUNG MOHORNI SINDANG　尼什昆·木浩日尼仙登,是小木浩日山上的陵墓之意,因杜鲁基尔·雅勒—哈瓦那萨满遗体安放此处而得名。

46. OWO SOWOTT　敖包索沃特,在乌日切希嘎查境内,位于嘎查东4公里处,在莫贡索沃特北侧。鄂温克语,敖包尖子山之意,是杜鲁基尔·锡阿番·杜拉日氏供奉祭祀的敖包。

47. OWODE SINDANG　敖宝迪仙登,敖宝迪陵墓之意,因杜鲁基尔·雅拉·哈瓦那,敖宝迪(女)萨满前世萨满遗体安放此处而得名。

48. OWONG SINDANG　敖文仙登,位于莫达木吉西侧,辉河北岸。鄂温克语,敖文陵墓之意,因杜鲁基尔·古然·杜拉日·敖文萨满遗体安放此处而得名。

49. ONTO SINDANG　乌恩图仙登在乌日切希嘎查境内,位于嘎查东3公里处、莫贡索沃特西坡。乌恩图陵墓之意,因杜鲁基尔·雅拉—哈瓦那·乌恩图萨满遗体安放此处而得名。

50. OYOOHOOR SINDANG 乌优花日仙登,在额格都古宝龙嘎查境内,位于都西山南侧,在巴德日钦仙登东南。乌优花日陵墓之意,因杜鲁基尔·雅鲁·哈瓦那·乌优花日萨满遗体安放此处而得名。

51. OYOO SINDANG 乌优仙登,位于乌日切希湖西南,在萨满森古日东北侧。乌优陵墓之意。

52. PILDE SINDANG 批勒德仙登,在乌日切希嘎查境内,位于额格都古敖荣山东南脚下,是批勒德陵墓之意。因涂格敦·阿本迁·批勒德之父索恩伯萨满遗体安放此处而得名。

53. SAMANG OWO 萨满敖包,在乌日切希嘎查境内,位于嘎查西侧,在洪考日苏古日东南。这是达特·孟高·达特氏供奉祭祀的敖包。

54. SELGE SINDANG 斯勒格仙登,在伊勒利特嘎查境内,位于莫贡索沃特山东南、毛希高格达山西南3公里处、毛劳兴山谷西岸。斯勒格陵墓之意,因达特·孟高·达特·斯勒格萨满遗体安放此处而得名。

55. SINDANG SUGUR 仙登苏古日,鄂温克语,陵墓山嘴之意,因在哈库莫山南山嘴安放着何音·额格都古·何音氏三代世袭萨满遗体而得名,又称伊郎仙登或称哈库莫仙登。

56. SINDANG SOWOTT 仙登索沃特,在额格都古宝龙嘎查境内,位于嘎查东南15公里、灭干索沃特东北4公里、都西山西南5公里处。鄂温克语,陵墓尖子山之意,何氏萨满之陵墓不详,据说是18世纪的老墓。

57. SINDANG SUGUR 仙登苏古日,位于莫达木吉村西侧,在额格都古敖荣山西北、辉河北岸,是陵墓山嘴之意。据传,因索伦八旗官兵从布特哈地区迁来不久后去世的杜鲁基尔·古然·杜拉日氏萨满遗体安放在此山嘴而得名。后又将转世萨满敖文萨满遗体和敖文萨满的学生杜鲁基尔·锡阿林·哈瓦那·苏格杰布萨满遗体均安放在此山嘴之上。

58. SOLPONG SINDANG 索罗彭仙登,在伊勒利特嘎查境内,位于扎其柱村东南。鄂温克语,索罗彭陵墓之意,因杜鲁基尔·雅勒·

哈瓦那·索罗彭萨满遗体安放此处而得名。

59. SOWODI OWO　索沃迪敖包，在谢沃特嘎查境内，位于澍沃特机井西北35公里处。

60. ORONQEN OWO　敖荣千敖包，位于吉登嘎查境内，居民点东山上，属于布勒吉尔哈拉敖荣千莫哄的敖包。每年都有祭祀活动和小型那达慕。

61. SUHENDE SINDANG　苏恒德仙登，在额格都古宝龙嘎查境内，位于得伯勒景山南侧，莫贡迪拉山上。鄂温克语，苏恒德陵墓之意，因杜鲁基尔·锡阿林·哈瓦那·苏恒德萨满遗体安放此处而得名。

62. SUJJEBO SINDANG　苏格杰布仙登，位于莫达木吉村西侧，在额格都古敖荣山西北，辉河北岸。鄂温克语，苏格杰布陵墓。杜鲁基尔·锡阿林·哈瓦那·苏格杰布遗体安放于仙登苏古日山嘴山上而得名。仙登苏古日本来是杜鲁基尔·古然·杜拉日氏连续2世萨满遗体安放处。但苏格杰布是著名的敖文萨满的徒弟。苏格杰布对自己的师父十分崇拜。根据他生前遗嘱"活着是她的徒弟，死去后是她的奴才，把我安放在师傅跟前"，将其葬于师傅东南侧。

63. TVNGGV OWO　彤果敖包，在哈库莫嘎查西4公里处，原属索伦右翼正黄旗第一佐管辖，是何音·额格都古·何音家族供奉祭祀的敖包。

64. TVNGGV SINDANG　彤果仙登，在哈库莫嘎查境内，位于吉如额德勒格渡口右侧。鄂温克语，彤果陵墓之意，因何音·额格都古·何音·彤果父亲萨满遗体安放此处而得名。

65. YENG OWO　英敖包，位于英阿木吉西南侧。在辽阔的原野中的一块低洼处，有一个镜子般清澈、碾子般圆的湖泊，这就是额格都古宝龙地区英阿木吉，湖底多处有泉眼，水源旺盛，再大的干旱，也从不枯竭。在方圆几百平方公里的无水草原上，索伦右翼正黄旗第二佐几十户、几万头（只）牲畜春夏秋季的饮水问题，都靠这个湖来解决，所以被认为是风水极好的地方。于是达特孟高·达特氏祖先，在湖西南竖立敖包供奉祭祀龙王爷，求得龙王爷保佑。

66. YUNGQANG OWO　永常敖包，在辉道嘎查境内，位于乌拉希西南侧。何音·伊格吉日·何音·永常祖先敖包,永常系索伦右翼镶红旗人。

67. AQQANG OWO　阿日昌敖包,在维纳河泉水场内,紧靠万能泉西北侧小土包上,曾长有一棵榆树,在树根下洞穴群中栖居着许多小蛇虫,无毒而能治各种皮肤病,群众十分信仰崇拜,并当作敖包来供奉祭祀,称其为阿日昌敖包,是圣泉敖包之意。在"文化大革命"中,造反派破四旧、立四新,把树砍掉,把蛇都杀尽灭绝。"文化大革命"之后,信奉的群众自发地又在龙图赫山上,竖立敖包供奉祭祀,复称其为阿日昌敖包。

68. BOKTO OWO　博克图敖包,在维特很嘎查境内,位于伊敏维特很村中。鄂温克语,孤山敖包之意,是杜鲁基尔·雅勒·哈瓦那氏供奉祭祀的敖包。

69. GOIHOLJING OWO　高伊浩勒景敖包,清代索伦右翼镶蓝旗柯勒塔基尔·兑希烈当了章京回来路过高伊浩勒景山时,又猎得一头鹿而感到十分吉利,于是在高伊浩勒景山上竖立敖包供奉祭祀,敖包以山得名,又称柯勒塔基尔敖包。

70. HODIR OWO　呼迪日敖包,位于伊敏苏木南约40公里,在红花尔基镇西6公里处。鄂温克语,碱泡子敖包之意,因敖包两侧各有一个碱泡子而得名。传说,这两湖之间常有一匹绿色马出没,被认为是匹宝马、神马,而这里被称作是风水宝地,所以清代索伦右翼正红旗杜鲁基尔·额格都古·杜拉日、哈赫日·特格·哈赫日两氏族竖立敖包供奉祭祀,至今已有两百多年。传说,海拉尔福盛公一位汉人用石头砌成一个大院捕捉这匹绿马,但始终未能成功。

71. HOQIHANG SINDANG　浩其罕仙登,鄂温克语,浩其罕陵墓之意,因有位杜鲁基尔·雅勒—哈瓦那氏萨满遗体安放此处而得名。

72. JANGKAI OWO　张凯敖包,在毕鲁图嘎查境内,位于伊也其高岸之上。这是杜鲁基尔·额格都古·杜拉日·张凯家族供奉祭祀的敖包。

73. JEEDD AALNI SINDANG　哲日德·阿勒尼仙丹,哲日德阿勒谷陵墓之意。索伦右翼正红旗杜鲁基尔·古然·杜拉日氏大萨满遗体安放此谷而得名。

74. BAYING SUGUR OWO　巴音苏古日敖包，巴音苏古日山嘴深深地向伊敏河河床伸进，使得南北流向的伊敏河在山嘴西南部甩了个大湾，环绕山嘴后，复向北流逝。这样，山嘴之西南、南、东南、东、东北两面五方均被伊敏河环绕，同时，山嘴顶部拔地而起，形成了高高的尖子山。从山顶往南观看，伊敏河水绕了几个迂回，形成了精美图案，令人叹服大自然的鬼斧神工。索伦八旗旗民认为，这座美丽的山嘴，是风水极好的地方，所以称其为富饶的山嘴。清嘉庆七年（1802年），索伦右翼四旗鄂温克人在巴音苏古日山嘴（今旅游点）南坡脚下，伊敏河河湾北岸建立了一座寺庙称光远寺，庙名由嘉庆皇帝所赐，并在山顶上竖立敖包，由右翼四旗牧民共同供奉祭祀，至今已有两百多年历史。鄂温克族老百姓称其为巴音苏古日敖包，现在统称巴音胡硕敖包。

75. HANG GODDANI OWO　罕高格达尼敖包，在罕乌拉嘎查境内，鹤立鸡群的罕高格达，与其周围众山相比显得尤为壮观，给人一种极为神圣的感觉，被认为是风水极好的地方。清代呼伦贝尔副都统在罕高格达山上竖立了此敖包，由索伦八旗、厄鲁特一翼一旗各族人民共同供奉祭祀。现在，原锡尼河东苏木4个嘎查牧民共同祭祀。

76. HOLKINI OWO　浩尔基尼敖包，杜鲁基尔·锡阿林·哈瓦那·宁考萨满遗体安放在浩尔基山南坡下。宁考萨满是鄂温克人，是索伦左翼正黄旗第三佐人，据传是个非常了不起的萨满。后由萨满后裔在浩尔基山上竖起敖包供奉祭祀，人们称其为浩尔基敖包。在东苏木，巴音乌拉嘎查境内。

77. AMBANG OWO　安本敖包，清雍正年间，索伦八旗兵丁驻守呼伦贝尔不久，在呼伦贝尔城北3公里处，海拉尔河北岸一座大山上竖立了一个敖包，由索伦八旗牧民共同祭祀，呼伦贝尔副都统往往亲自主持仪式，因而鄂温克人称其为安本敖包，意为大臣敖包、都统敖包。

78. KUNGKUR OWO　孔客日敖包，在清代属索伦右翼镶白旗第一佐管辖，日伪时期，系索伦旗莫尔格勒苏木辖区，现在被额尔古纳市所辖。在清末民初是 QIMQAGIR-DOLGIAD, TUSID（其木查基特·道尔基雅德·图锡特）章京供奉祭祀的敖包。图锡特是索伦右翼镶白旗人,是莫尔格勒苏木章京。现今的鄂温克苏木孟和苏木达,便是他的直系孙子。孔客日是鄂温克语,因为敖包山一侧像被掏空了一样凹进去而得名。该敖包山被额尔古纳市划去之后,图锡特后裔将敖包南迁至鄂温克苏木境内,并改称巴音德力格尔敖包。

79. SINDANE 仙登乃,仙登乃是山名、山谷名、泉名,属鄂温克语,是陵墓(的)之意。据传,在清代,因索伦右翼镶白旗第一佐的一个鄂温克族萨满的遗体安放在仙登乃(达瓦干)山南侧而得名。

80. HADA OWO 哈达敖包,在毕鲁图嘎查境内,位于霍台盆地西侧6公里处。这是清代时期就有的古老地名,是当地和鄂温克族自治旗伊敏苏木维特很嘎查哈赫尔氏共同供奉祭祀的敖包。

81. WEILEGUQI OWO 维古奇敖包树又称玛胤敖包,位于阿荣旗音河达斡尔鄂温克民族乡维古奇猎民村敖包山,据说建于1920年前后,是额格都·杜拉尔家族及额格都·达特家族共同祭祀的敖包树,当地称其为白纳恰。已有百年历史。

82. TEGEDE OWO 特格德敖包,额格都·杜拉尔·落霍家族敖包,位于阿荣旗音河达斡尔鄂温克民族乡维古奇猎民村北15公里处的山峁农牧场内。特格德鄂温克语为狩猎夏营地之意,清时期原布特哈八旗雅鲁阿巴雅鲁千鄂温克猎民的放牧猎马和牛的营地,现为当地杜拉尔络霍家族的农牧场。

83. CHALEBAQI OWO 查巴奇敖包树,位于阿荣旗查巴奇鄂温克民族乡,查巴奇猎民村西,是一棵榆树,已有几百年历史,为清时期布特哈八旗涂格顿阿巴阿荣千猎民祭祀的敖包树。

84. DULAR OWO 杜拉尔敖包,位于莫力达瓦达斡尔族自治旗杜拉尔鄂温克民族乡杜克塔尔村境内,属于全乡的敖包,每年都有祭祀活动。

85. BAIYIGIRI OWO 白依格日敖包,位于莫力达瓦达斡尔族自治旗巴彦鄂温克民族乡巴彦街民族村,属于白依格日千氏族敖包,每年都有祭祀活动。

86. HAHERI OWO 哈赫尔敖包,位于扎兰屯萨马街鄂温克民族乡北部,索伦部落旅游点附近,哈赫尔家族男性成员韩杰所立,属于哈赫尔家族敖包。

87. BOOKETOO OWO 博克图达瓦敖包,位于牙克石市博克图镇北博克图大岭上,是过去布特哈地区鄂温克人去呼伦贝尔草原甘珠尔庙会路过的地方,因山高岭大所建敖包,祈求来回平安,"文革"后废止,90年代恢复祭祀,来往的鄂温克人单独祭祀,无大型祭祀活动。

88. DANBA KURJI 丹巴酷热吉,丹巴陵墓的意思,丹巴是莫日格勒鄂温克东古造勒套哈拉人,丹巴萨满的敖包位于他的酷热吉(仙登)西边,名为"卡拉曼其尔宝日堪尼敖包",位于陈巴尔虎旗鄂温克苏木孟根诺尔嘎查境内。

89. SINGARING HADAAR 西阿林哈达日,鄂温克语意为黄色的石砬子,位于扎兰屯市区南8公里处,紧靠雅鲁河右岸,在石砬子中间有一个石洞。传说当年石洞内盘踞着一条大蛇,清代,古然浅杜拉尔氏的一个猎人射杀了那条大蛇,此后,古然浅氏族几乎灭种。萨满说:"你们氏族在这座山上竖立敖包来祭祀蛇神吧。"于是,西阿林哈达日山顶上堆石立起了古然浅敖包,至今遗址尚存。

90. 旭日珠拉仙登,旭日珠拉萨满的陵墓,位于伊敏苏木苇子坑嘎查,那和塔哈拉布勒吉尔莫洪的旭日珠拉的仙登。每年都有祭祀其仙登和仙登敖包活动。

91. 达斯滚仙登,达斯滚萨满的陵墓,位于伊敏苏木苇子坑嘎查附近,那和塔哈拉布勒吉尔莫洪达斯滚萨满的仙登,每年都有祭祀活动。

92. 沙其玛勒达瓦敖包,扎兰屯市东大岭岭上有一条用人工凿出来的路,蜿蜒曲折盘延在东坡上,上这座山需很长时间才能攀到山顶,路途陡峭,但不危险。上西坡顶就能鸟瞰扎兰屯全貌,这个山顶就有敖包,人称"沙其玛勒达瓦"敖包。人们每次路经这里,都要下车拜谒,给敖包添加树枝,或磕磕头,或双手合十虔心祷告。

93. 布勒吉尔罗赛敖包,位于伊敏苏木苇子坑嘎查,维纳河边,属于那和塔哈拉布勒吉尔家族供奉祭祀。

94. 柯尔特伊尔哈拉罗赛敖包,位于伊敏苏木吉登猎民嘎查北部,伊敏河边,属于家族的罗赛敖包。每年都有祭祀活动。

95. 哈赫尔哈拉敖包,鄂温克族自治旗伊敏苏木红花尔基嘎查境内,红花尔基镇北、额德勒格山顶,每年农历的五月初五祭祀。

96. 苇子坑敖包,属于杜拉尔·雅鲁哈瓦的氏族敖包,位于鄂温克族自治旗伊敏苏木苇子坑嘎查。

97. 巴达日呼敖包,属于杜拉尔·雅鲁哈瓦的氏族敖包,位于鄂温克族自治旗伊敏苏木毕鲁图嘎查孟根诺尔东南侧。

附录二　鄂温克族仙登统计表

统计日期 2018 年 6 月 18 日

哈拉·莫洪	仙登名称	数量
杜拉尔·额格都杜拉尔	丁格仙登(特尼河)。 盖玛仙登(维纳河林场附近)。 音吉花日仙登。	3
杜拉尔·音哈瓦	巴布贴仙登。	2
杜拉尔·雅勒哈瓦	浩其罕仙登——杜拉尔·雅勒哈瓦·萨满。姓名不详。 乌恩图仙登——杜拉尔·雅勒哈瓦·乌恩图萨满。 乌优花日仙登——杜拉尔·雅勒哈瓦·乌优花日萨满。 索罗鹏仙登——杜拉尔·雅勒哈瓦·索罗鹏萨满。 敖宝迪仙登——杜拉尔·雅勒哈瓦·敖宝迪萨满。 额默格勒·勃拖尼·仙登——杜拉尔·雅勒哈瓦·尼图布萨满。 尼什昆木浩日尼仙登——杜拉尔·雅勒哈瓦·萨满(名字不详)。 阿杰仙登——杜拉尔·雅勒哈瓦·阿杰萨满。 巴玛仙登——杜拉尔·雅勒哈瓦·巴玛萨满。 巴图鲁仙登——杜拉尔·雅勒哈瓦·巴图鲁萨满。 布勒吉盖仙登:又称伊叶其仙丹——杜鲁基尔·雅勒哈瓦·布勒吉盖萨满前世萨满。	12
杜拉尔·古然	苏古日仙登——杜拉尔·古然·杜拉尔萨满。 敖文仙登——杜拉尔·古然·杜拉尔敖文萨满。	2

续 表

哈拉·莫洪	仙登名称	数量
杜拉尔·希阿林哈瓦	苏恒德仙登——杜拉尔·希阿林哈瓦·苏恒德萨满。 苏格杰布仙登——杜拉尔·希阿林·哈瓦·苏格杰布萨满(莫达木吉村西侧)。 艾布仙登——杜拉尔·额格都·杜拉尔·艾布萨满(伊敏苇坑嘎查)。	3
杜拉尔·希阿盼·杜拉尔	德恩德仙登——杜拉尔·希阿盼·杜拉尔·德恩德萨满。	1
杜拉尔·托木贤·杜拉尔	扎那布仙登——杜拉尔·托木贤·杜拉尔·扎那布萨满。	1
涂格顿·额格都·涂格顿	能切布仙登：涂格顿·额格都·涂格顿能切布萨满。 巴迪仙登——涂格顿·额格都·涂格顿·巴迪萨满。 贵福仙登——涂格顿·额格都·涂格顿·贵福萨满。	3
涂格顿·阿本千	批勒德仙登——涂格顿·阿本千·批勒德萨满之父恩伯萨满。 拉海仙登——涂格顿·阿本千(维纳河林场境内)。	2
达特·额格都·达特	额格都达特仙登。	1
达特·希达日·达特	博黑仙登,西博山东边。	1
达特·孟高·达特	巴德日钦仙登——达特·孟高·达特巴德日钦萨满。 萨满敖包——达特·孟高·达特萨满敖包。仙登名字不详。 斯勒格仙登——达特·孟高·达特斯勒格萨满。	3
何音·额格都·何音	仙登苏古日——何音·额格都·何音三代世袭萨满,又称伊朗仙登(哈库莫山)。 彤果仙登——何音·额格都·何音彤果父亲萨满。	4
何音·伊格基尔何音	额伯布仙登——何音·伊格基尔·何音·额伯布萨满。	1
哈赫日哈拉	阿勒塔布仙登——哈赫日·阿勒塔布萨满。 巴音希日呼热仙登。	2
萨玛基日何音	照龙嘎萨仙登——辉苏木完工陶亥嘎查境内。	1
白依基尔哈拉	白依吉日仙登。	1

续 表

哈拉·莫洪	仙登名称	数量
柯尔特基尔哈拉	莫吉格仙登。	1
布勒吉尔	旭日珠拉仙登达格森仙登。	2
照老格特哈拉	丹巴仙登(位于陈巴尔虎旗鄂温克苏木孟根诺尔嘎查)。	1
姓氏不详萨满仙登	鄂温克·仙登——清代索伦右翼正黄旗第三佐一位鄂温克萨满遗体安放处。 博克托仙登——何氏族不详。 韩迭松仙登——索伦右翼镶红旗鄂温克人,姓氏不详。 哈热给仙登——18世纪的鄂温克萨满,姓氏不详。 乌优仙登——乌优萨满陵墓之一姓氏不详。 仙登乃——索伦右翼镶白旗第一佐的一位鄂温克萨满遗体安放此处(鄂温克苏木)。	6
姓氏(哈拉)(统计时间2018年6月)	杜拉尔共计:24座。涂格顿4个座。达特5座。白依基尔1座。 何音3座。哈赫木2座。柯尔特基尔1座。布勒吉尔2座。何音6座。照老格特哈拉(通古斯鄂温克)1座。 姓氏待考6座。	共计55

附录三 内蒙古知名敖包名单

制作评定单位:内蒙古社会科学院 公布时间:2016年6月17日

一、呼伦贝尔市(8座)	1. 鄂温克族自治旗巴彦呼硕敖包 2. 鄂温克族自治旗达斯宏卦赛敖包 3. 鄂温克族自治旗将军敖包 4. 陈巴尔虎左旗毛盖宝格达乌拉敖包 5. 陈巴尔虎右旗宝格德乌拉敖包 6. 莫力达瓦达斡尔族自治旗总管衙门敖包

续 表

	7. 陈巴尔虎旗艾莫根敖包
	8. 陈巴尔虎旗图布乌力吉图敖包（安本敖包）
二、兴安盟（4座）	9. 科右中旗哲里木盟十旗会盟敖包
	10. 科右前旗巴音居日和山敖包
	11. 科右前旗满族屯查干敖包
	12. 扎赉特旗博格达乌拉敖包
三、通辽市（5座）	13. 扎鲁特旗罕山敖包
	14. 扎鲁特旗甘珠尔敖包
	15. 库伦旗风水敖包
	16. 通辽市科尔沁区哈布图·哈萨尔神祇包
	17. 奈曼旗斯布呼勒敖包
四、赤峰市（6座）	18. 阿鲁科尔沁旗高格斯台罕乌拉敖包
	19. 阿鲁科尔沁旗哈布图哈萨尔敖包
	20. 巴林右旗赛罕汗山敖包
	21. 巴林右旗巴音罕山敖包
	22. 克什克腾旗巴彦吉如贺苏力德敖包
	23. 克什克腾旗赛罕海日汗敖包
五、锡林郭勒盟（12座）	24. 西乌珠穆沁旗乌兰五台敖包
	25. 东乌珠穆沁旗柴达木巴音敖包
	26. 锡林浩特市区额尔德尼敖包
	27. 阿巴嘎旗衮扎布敖包
	28. 阿巴嘎旗成吉思汗宝格达乌拉敖包
	29. 苏尼特右旗巴彦敖包
	30. 苏尼特左旗十三查干敖包
	31. 正蓝旗乌何日钦敖包
	32. 正蓝旗旗敖包
	33. 正镶白旗旗敖包
	34. 镶黄旗翁贡敖包
	35. 太仆寺旗布格顶敖包
六、乌兰察布市（3座）	36. 察哈尔右翼中旗锡勒敖包
	37. 四子王旗额尔登敖包
	38. 四子王旗汗乌拉敖包

续 表

七、呼和浩特市(4座)	39. 土默特左旗卡(恰)台吉敖包 40. 土默特左旗呼和敖包 41. 玉泉区呼和敖包 42. 武川县蜈蚣坝敖包
八、包头市(3座)	43. 达茂旗巴彦宝格达敖包 44. 达茂旗那日图敖包 45. 石拐区吉布胡朗特敖包
九、鄂尔多斯市(14座)	46. 鄂托克旗巴特尔·乌兰敖包 47. 鄂托克旗乌仁都什敖包 48. 鄂托克旗原巴达仍贵敖包(今陕西省靖边县巴都古敖包) 49. 鄂托克前旗包日陶勒盖敖包 50. 杭锦旗阿拉坦孙布尔敖包 51. 乌审旗高正胡热呼敖包 52. 乌审旗原金肯敖包巴特尔敖包(今陕西省榆林市金肯敖包) 53. 乌审旗特格敖包 54. 准格尔旗点力素敖包 55. 伊金霍洛旗道劳岱(会盟)敖包 56. 伊金霍洛旗明安毛都敖包 57. 伊金霍洛旗成陵甘德尔敖包 58. 康巴什新区伊克敖包 59. 达拉特旗翁衮敖包
十、巴彦淖尔市(5座)	60. 乌拉特前旗将军敖包 61. 乌拉特前旗塔石敖包 62. 乌拉特中旗嘎拉登敖包 63. 乌拉特中旗海流图敖包 64. 乌拉特后旗潮格温都尔敖包
十一、阿拉善盟(6座)	65. 阿拉善左旗巴音笋布尔敖包 66. 阿拉善左旗诺颜敖包(王爷敖包) 67. 阿拉善左旗希拉布日都敖包 68. 阿拉善右旗莎拉玛敖包 69. 阿拉善右旗特布希敖包 70. 额济纳旗巴彦博格德敖包
十二、乌海市(2座)	71. 甘德尔敖包 72. 海南区德木楚格音敖包
十二盟市共计(72座)	

附录四　伊敏苏木吉登猎民嘎查那达慕日程表

时间	活动
4:30—6:00	祭祀敖包
7:00—8:30	赛马五千米和十千米
8:30—9:00	开场仪式（马队表演）
9:00—9:10	政府领导讲话
9:10—9:20	清华、理工及嘉宾讲话
9:20—9:50	绕桶比赛
10:00—12:00	摔跤比赛
12:10—12:40	搬棍比赛
12:50—13:20	驯马
13:30—14:10	小游戏（折纸和垃圾分类）
14:10—15:10	2017鄂温克民族文化论坛
15:10	午餐时间
18:30	篝火晚会

附录五　鄂温克族自治旗巴彦呼硕敖包文明祭祀注意事项

　　一年一度的敖包活动即将拉开帷幕，为了更好地传承保护和发扬光大人与自然和谐相处的道德理念，使我们的生态道德意识进一步统一规范，人人都要把数但、珍惜生态、和谐自然当做义不容辞的责任，让我们做到传统的敖包祭祀与文明祭祀相结合，保持圣洁与环保。

一、请将祭祀敖包的供品连同其包装放置于供品桌上。

二、在向敖包敬献酒、牛奶祭时以蘸为主,请不倒洒酒、牛奶以及其他食品,要保持敖包的清洁与环保。

三、请不要随意攀爬敖包,以防止石头往下脱落。

四、为了安全请不要在敖包上烧香,以防火灾。

五、参加敖包祭祀的群众及观光游览者要重视民族传统习俗。

六、为保护敖包植被,请将车辆停在指定的停车场。

七、祭祀活动中产生的食品袋、矿泉水瓶、各种包装容器等废弃物请扔进垃圾箱内,不得随地乱扔,以保证敖包周边环境的整洁。

八、观光旅游者要爱护敖包上的一切设施,不得损毁。

附录六 鄂温克族自治旗巴彦托海镇敖包传说统计

一、广慧寺敖包

1784年,索伦左翼旗在南屯建成了呼和庙。1802年嘉庆皇帝亲自地中心,整个南屯的布局是围绕寺庙展开分布。1931年,九世班禅确吉尼玛曾到该寺庙坐堂念经。据老喇嘛介绍,当时牧民捐献给寺庙里的牛羊达数千只,盛况空前。1945年,该寺庙曾被战火毁伤,"文革"前后被拆毁。

二、达斯宏古斯敖包

清雍正十年(公元1732年),索伦左翼旗(胡吉托海"巴彦托海",莫和尔图,特尼河苏木)达斡尔、鄂温克、陈巴尔虎等各族民众,驻防呼伦贝尔后,为祈求风调雨顺、五畜兴旺、国泰民安,选此风水宝地,于嘉庆八年(1803年)农历五月初十建立本达斯宏卦赛敖包,世代祭祈。1938年侵华日军,在敖包周围建立军事设施后,祭祈活动被迫中断。60年后,1998年在巴彦托海、巴彦塔拉、达斡尔民族乡、巴彦嵯岗苏木人民政府和各族牧民的共同努力下,于当年的农历五月初十恢复祭祈,为弘扬民族传统美德，发扬优秀文化遗产，继承先辈们奋斗不止、自强不息的民族精神，特立碑明鉴，与山河共存、日月同辉。愿各族人民的生活平安幸福，事业繁荣昌盛。

三、登特格华仁敖包

"登特格华仁敖包"，达斡尔语，意为墓地敖包。这个敖包建在众多坟墓旁，敖包前有一满文书写"天地山川诸神之位"字样的石碑。不仅如此，离敖包前几十步的一个坟墓前刻有"驻防呼伦贝尔敖拉哈拉登特格艾勒先祖范察布公之墓"字样的石碑。据了解，就目前而言，墓地中立有敖包，这在呼伦贝尔境内众多敖包选址中是绝无仅有的现象，即便在内蒙古地区也是罕见的。而在敖包前竖有石碑，敖包与氏族祖坟几乎紧靠在一起的现象，更是绝无仅有的一例。墓地敖包的祭祀形式独特，比较完整地保留着古老的血祭、玉祭、奶祭等诸多祭祀形式，囊括了上述所有的祭祀内容。墓地敖包不像有些敖包每年都要祭祀，相隔时间也不固定，据老人们的回忆，每隔三五年才祭祀一次。祭祀时间选择在夏季阳历七月中旬。每到祭祀墓地敖包时，本氏族全体男女老少都来参加。各家按各自家族的经济状况自愿主动献祭牛、马、羊宰杀，煮成手把肉，煮制"瓦特""拉里""涛格烈"等奶制品，以及烟酒糖果等食物前来墓地，搭建蒙古包或帐篷，举行祭祀活动。祭祀活动开始前，将祭畜迁至祭坛前，由萨满或巴格其（萨满助手）点燃香烛，用鲜奶做祭礼（将少许鲜奶沿着畜背洒于畜头至畜尾、两耳、嘴等处）后宰杀。祭畜的宰杀与平时的宰杀牲畜完全不同。

这种敖包的选址及其祭祀形式，保留着古老的游牧猎民族先民对大自然和祖先崇拜的遗迹。"敖包象征着苍天、大地、祖先"的论点，在这个氏族墓地敖包选址及其祭祀形式中体现得淋漓尽致。

四、善德敖包

萨满去世后，根据萨满本人的遗嘱进行风葬或火葬。萨满的葬礼必须由一名萨满参加并主持。该萨满所属氏族全体人户以及萨满恩惠的所有人户里都有人前来参加。人们根据萨满的遗嘱，把棺材运到被指定处风葬,在其后数十米处筑立敖包。据说,这个敖包是为了祭祀地域之神而立。萨满的棺材一般几年之内被野火烧尽。又有人说,萨满生前的法力越大,这一过程就越短暂。数年后只留下白骨,此时人们为其进行第二次葬礼。即把遗骨集中起来,在其上堆一座石堆。这个葬有遗骨的石堆,称善德。然后该氏族的人们约每三年进行一次祭祀活动。

附录七　民间文化人——德勒格尔扎布访谈报告

我是德勒格尔扎布,这是我的大名。我在 1960 年的时候出生在当时的红花尔基嘎查,那个时候吉登嘎查尚未成立。我是鄂温克人,我们家是柯尔特伊尔哈拉老何家。老何家的祖上都是猎民,再往上也都是骁勇善战的好手,我的身上也流淌着这样的血液。

大概是在七八岁的时候吧,我便已经能够上山打猎了,当然那个时候打不了大的猎物,也使不了口径枪,但捕获一些小猎物,比如小雀仔、野兔子什么的还是不在话下。父亲和家里的大人们从来没有教过我用枪,但是等到我十二岁的时候,自己偷摸着,悄悄地也就学会了。那个时候猎人家的孩子都不用刻意去学习放枪,跟着老猎手们看多了,也就自然而然地学会了。

我的童年恰逢遇上了"文化大革命"十年浩劫。那是一个混乱的时代,身边人都像是疯了一样,失去了秩序,也没有人放牧了、养牛了,大家的心思也都不在生产上。我还记得那个时候家里有许多藏书,记载着以前的历史,但那个时候武斗很厉害,我的父亲因为害怕,在红卫兵来抄家之前便将这些藏书烧成了灰烬,而老何家的历史和鄂温克的部分历史也就这样散失了。除了武斗,"文革"的时候还给人乱扣高帽子,我的父亲明明是一个共产党员,但却偏偏被别人扣上了统一党的高帽子,还将他抓走关押了一年。那一年我们也只能在偶尔去送饭的时候见父亲一面。那个时候,身边的人一个一个都成了牛鬼蛇神,简直乱了套了。虽然我那时候小,但我也都明白,用眼睛看着,那些罪名我父亲并没有做过。

好在一年多之后他们将父亲放了出来，但父亲也因这一年的关押得了心脏病。被放出来以后的父亲担任了队长的职务，也就是嘎查达，我想这可能和父亲一直以来的声望有关系。在1968年到1970年这几年间，父亲正式出任了红花尔基队的队长。那个时候也没有分出嘎查。除了担任嘎查达之外，父亲那个时候还会饲养鹿。鹿在我们鄂温克语中叫呼牧哈，父亲养过马鹿，之后也养过梅花鹿。也许是我们老何家的人特别有本事的缘故，没有谁教过我父亲养鹿，但他能把这些鹿儿们饲养得井井有条。至于父亲这些饲养的鹿是从哪里来的，这又是另外的故事了。那时候的猎民们本领也都特别大，他们训练的马儿也特别能跑。要抓鹿的时候，这些猎民们就会骑上那些特别能跑的马儿，也就是现在所称的千里马到山上去追着鹿跑。就这样不停地追啊追，等到鹿儿再也跑不动的时候，便是猎民们将它们带回来的时候。我的父亲在"文革"时便已经开始养鹿了，然后由于"文革"中的动乱，当时死了三四头鹿。那时候的鹿，一头就价值一万多块，这对于我们家来说是一笔巨大的损失。在1970年卸任嘎查达之后，父亲当起了队里的大夫。那个时候父亲养鹿、看病双管齐下。父亲不仅懂得如何用蒙药医病，对于西药治病也略有研究，当时来找父亲看病的人很多。父亲会给人看病也没有老师，而是自己一个人钻研家中的藏书学会的。只可惜在"文革"的时候这些书都已经付之一炬。

就算父亲身兼多职，但小的时候我家的生活条件也并不好，那个时候整个队里的条件都十分清贫。父亲一年干活干到头家里也只能赚七八十块。而母亲则"主内"，负责带孩子。因为这个原因，我上到小学三年级便不再上学。当年我上的是蒙语学校，学的是蒙文，现在虽然能说一些汉话，但对汉字仍然是一窍不通。我十岁的时候才进入小学进行基本的教育，退学后便开始了简单的打猎生活。

当时进行打猎的时候，我并没有自己的枪支，主要是借老猎民的枪。那个时候的老猎民都有不同的用枪，光是我用过的就有苏联的七九式枪。这个枪在抗美援朝的时候解放军就用过，但后来就到了猎民的手里作打猎用了。七九式枪还分长七九和短七九，这两种我也都用过；而猎民们还使用过另外一种枪，是日本的三八大盖，这种更为人熟知，我至今还保留着这两种枪的弹壳，算是一种纪念。借枪也有讲究，一般人借不到枪，因为老猎民们也怕年轻的愣头青乱用枪会有麻烦，但因为我从小便对这些东西十分熟络，老猎民们也很喜欢我，所以借枪给我他们也是很放心的。

如果能借到枪的话，便也就能山上打猎了。山上对我来说虽然熟门熟路，但有些准备还是得做。比如说上山骑马的马匹，若是一个人上山那一匹马便足够了；若是两个人上山，那么每个人就要备上一匹马。除了马匹之外，基本的生活物资也是需要的。基本上我会带上一口焖锅来煮一些简单的食物，面粉、砖茶、炒米、食盐都是简单而又基本的食物选择。食物的多少和打猎的时长也有关系，每一次打猎的时间都不固定，有时可能四五天、六七天，但是出门十来天也绝非偶然。当然若是要住在山上，那么还要有一个特别的工具就是狍子皮做成的袋子。冬天的室外温度极冷，有时可以达到零下三四十度，这种时候便是对猎人耐心和生存能力极大的考验。冬天山上有一种高高的草，叫"冷吧扫"，我会垫一些东西在这种草下，随后铺上狍子皮口袋，钻进去了之后热热乎乎地便能睡觉了。至于撮罗子那些，已经是很早期的鄂温克猎人的居住工具了，我听说已经是二百多年前的事儿了，到我这一辈已经不会这么居住了。

至于打猎，我也摸索出了自己的一套经验。就以打狍子来说，在林子里看到狍子的不同部位就有不同的瞄准方法和技巧。如果看见狍子头上的角，那么可以推算狍子离自己100米远；如果看见狍子的耳朵，那么推算它离我200米远；如果看见的是狍子的眼睛，那么这只狍子应该离我300米远，这都有不同的射击方法。在一开始的时候要是能推算出狍子和自己之间的距离，那么就能大大增加瞄准的几率。除了打狍子之外，我也独自打过一只熊。那次我在森林里看见了一只灰熊，便瞄准它的胳肢窝下方开了三枪，将它打死。之所以瞄准胳肢窝的下方是因为这样子弹能顺着熊呼吸的节奏进入它的身体，更容易将它打死。我们鄂温克原本的规矩是打死了熊要哭，因为过去的传说认为熊是自然界岁数最大的。我上一辈的老猎人在打完熊之后，会跪下朝这只熊一边哭,一边说:"对不起,我们打错了,不知道打的是您,请您原谅。"但到我这一辈年轻的猎人已经不再遵守这个规矩了,那次打完熊之后我取了四个熊掌和熊胆便离开了。至于打鹿,我曾经在凌晨两点等在有鹿出没的树林下,等到猎物出来的时候将其放倒。当然鄂温克的许多老祖宗传下来的打猎习惯充满着和自然的相处之道,是要遵守的。比如说小狍子,还跟着它的妈妈的小狍子,我们猎人是不会杀的;而熊除了熊胆和熊掌,我们也不会要别的地方。

我打猎的时间并不能算长,在打了七八年猎之后,便不打了,那个时候我大概二十岁出头吧。1981年分出了猎民队,吉登嘎查成立,我便跟随另外17位猎人一起来到了这里。当时来的十八个人,没有一个人成家立业,我们就这样一同来到了吉登嘎查。虽然说吉登嘎查是猎民队,但并非所有人都从事打猎,我们中也有人放牛,而我就时而打猎,时而放牛。当时的生活条件实在是困难,跟现在可以说是天壤之别,有的人家只有三四头牛,有的人家才四五头牛。那个时候的生产方式和现在也可以说是完全不同,打草基本都是靠双手和镰刀一点一点打的,没有拖拉机和打草机这样的机器。我们是1981年6月到的吉登嘎查,到了之后就开始打草,七个人手工加上两台"马拉机"的帮助,一共打了两万多铺头的草。那个时候还用铺头这个单位,一铺头就是三十斤。后来7月末不知怎么的,就下了一场大雪,雪堆到了膝盖这么高,根本无法打草。于是整个嘎查的人靠着我们之前打的两万多铺头的草喂牛喂马,竟也没有饿死一头牛、一匹马。

"文革"之后我一直有一块心病,那便是当年被我父亲付之一炬的家中藏书。父亲在70年代便去世了,而我知道若是我不去向老人们一点一点问出我们家的历史,那何家的故事、老何家的历史便再也不会有人知道了。在搬到吉登嘎查之后,1983年开始我便慢慢地走访当时的老人,和他们聊天,唠嗑,询问这是哪个时代的故事,而那又是哪个时代的历史,就这样一点,一点,慢慢地拼凑出了我们老何家自己的家谱和历史。就算平时要干活,我也没有想过要放弃探究这些历史,当时就想着,能把那个时代的历史研究出来就好了吧。就这样一直到了1988年,我差不多慢慢地了解到了老何家历史的全貌,在每次聊天时我也会进行简单的记录或者是记录在脑海中,为我之后将它们一一写下做准备。这些历史中我最关心的,是我们老何家高伊浩勒津敖包的历史,因为敖包对于我们鄂温克人来说,意义非凡。

高伊浩勒津敖包的历史最早可以追溯到三百多年前的康熙时期,那时候康熙的祖母是来自蒙古草原的孝庄太后。老何家的祖先,来自索伦八旗的扎萨章京带领着随行的一千多户家庭在经过高伊浩勒津山的时候看见了九头鹿出没。在鄂温克的传说中,鹿是山神白纳恰的坐骑,这被认为是大吉之兆,于是索性这随行的一千多户家庭便在此处住下。这索伦八旗便是当年鄂温克人的前身,和扎萨章京同行的最多的便是我们何家的人,他们都是为了保护扎萨章京而来。索伦鄂温克当年因为骁勇善战,被满清的皇帝派来戍边,而扎萨章京可以说是带兵打仗的高手。他在经过高伊浩勒津山之后并没有就此停下,而是带着二百多个索伦兵、二百多个达斡尔兵、一百多个鄂伦春兵和清兵会和,一路出征新疆、西藏,最后凯旋。在打完胜仗返回北京之时,皇帝让他担任整个呼伦贝尔的安本,这便是呼伦贝尔地区最大的官儿,而扎萨章京手下的达斡尔副安本也有和安本敖包息息相关的传说。说回我们高伊浩勒津敖包的故事,在高伊浩勒津山附近居住了两年多后,那里的索伦八旗便供了一个敖包,这便是高伊浩勒津敖包。最初的时候这个敖包是整个索伦八旗的敖包,鄂伦春人、达斡尔人也会前来祭拜,但随着时间的流逝,老人的离去,知道最初历史的人越来越少,高伊浩勒津敖包也慢慢变为了我们老何家的家族敖包。

高伊浩勒津敖包的历史也是我所知道的关于老何家的最早最初的历史,而其他敖包,巴彦呼硕敖包是远晚于高伊浩勒津敖包出现的。大概是两百多年前才建立了巴彦呼硕敖包,而那个时候我们老何家的敖包已经存在有一百多年了。这些敖包都能够团结索伦八旗,集聚人心。

至于维纳河的神泉,这也是我在收集历史时听到的故事。维纳河的神泉是我们老何家一个叫作乌伊瑟勒的猎人发现的。乌伊瑟勒在我们鄂温克语中是"软的铁"的意思。当时他发现维纳河的时候正处于慈禧太后的时代,那个时候距离索伦八旗来到呼伦贝尔草原已经有一百多年快两百年的时候了。有一天乌伊瑟勒在山上打猎的时候正好看到一头鹿,在以前的时候用的都是火药枪,和现在的猎枪是不同的。他打中这头鹿的腿之后,鹿只能受伤得一瘸一瘸地逃跑,乌伊瑟勒紧紧跟随着这头鹿。以前的好猎手是能够根据猎物的足迹而进行追捕的,然而他追寻着鹿的脚印到了河边之后,发现这头鹿竟然能够恢复原本的快速奔跑,仿佛从来没有受过伤一般,忽地消失了。虽然乌伊瑟勒失去了他的猎物,但是他喝了一口这河里的水之后,觉得自己的身体变得更加强壮、更好了,于是在回去后告诉别人,在那个地方有这样一口神奇的水。相信的人便纷纷前去那条河附近祭拜,之后大家便用乌伊瑟勒的名字来纪念他发现这条神奇的有治愈力的神泉,从此这条河便叫作维纳河。而在高伊浩勒津山、小孤山附近流经的河事实上并非维纳河,而是维音河,只是叫法相近。至于维纳河的神泉敖包,一开始是猎民们立的,大约是在20世纪初,猎民们纷纷想在那里供一个敖包,但却也是我们老何家的人堆起来的。最初的时候拜这个敖包的人也以猎人居多,可能是因为乌伊瑟勒故事的影响吧,但之后牧民们也知道了这样一个敖包,祭拜这个敖包的队伍就慢慢地壮大了起来。在以前祭拜这个维纳河敖包的时候会用酒和奶制品,那个时代是不怎么用肉的,因为家家户户的经济条件不尽如人意,但现在是否也会用肉祭拜这个敖包,我也不能说出个所以然来。

另外一个敖包的故事,便是嘎查里的呼迪日敖包的历史,这在我搜集过去的故事的时候也有所耳闻。20世纪30年代的时候,并没有红花尔基嘎查,在达嘎山有一个塔仁哈朋,哈朋的意思大致和现在的嘎查达意思相近,这个塔仁哈朋是大杜拉尔家的人。而还有另一个人,则是道章京,他是我们老何家的人,当时他管三块地方,一个是现在的这一块儿区域,还有鄂伦春的一块地方,以及达格森那里的一大帮鄂温克人,地位和职务相当于现在的苏木达,影响力很大。就这样,道章京和塔仁哈朋两个人一起供了一个敖包,因为两位都是官员,所以来供这个敖包的人也很多。这个敖包最初叫玛音贺喜格的敖包,是一个幸福的敖包,有期许更多牛、马的含义,而这个敖包便是今日的呼迪日敖包。当时建完这个敖包的时候已经整个嘎查的人都去祭拜了,而现在则更是演化成为了三个嘎查的敖包。虽说20世纪30年代已经不是大清国而是民国了,但地处偏远的少数民族地区还是保留了诸如章京这样的清朝官职称谓。

敖包对于我来说,并不仅仅是这样一个个的历史故事。虽然"文革"的时候终止了一切的敖包祭祀活动,不让拜了,但1982年的时候,我还是和我们亲戚几个一起去拜了老何家的高伊浩勒津敖包。那一年我是和兴凯爷爷一起去供的敖包,我们几个是老何家第一批恢复祭祀高伊浩勒津敖包的人,敖力他们也是之后才去的。兴凯爷爷有一个英雄一般的故事,他是在俄罗斯跑过来的布里亚特土匪杀鄂伦春人的时候躲在马肚子底下逃出来的。那时候他才十四岁。当年刚刚经历"文革",很多人已经记不清高伊浩勒津敖包的具体位置了,只有兴凯爷爷还记得。这件事情很令人感慨,我的祖祖辈辈都供着高伊浩勒津敖包,我的爷爷,我的父亲,都一直祭拜老何家的敖包,但"文革"时期却被迫中断,甚至到了位置都快找不到的地步。如果不是兴凯爷爷带着我和几个老人一起去的话,我想我们老何家或许是要丢了这个敖包了。

我也不知道为什么兴凯爷爷能这么清楚地记得高伊浩勒津敖包的位置,我想应该是我们柯尔特伊尔老何家厉害的缘故吧。我们柯尔特伊尔祖上都是猎人,是一等一的打猎好手。在过去的时候,如果小兴安岭的土匪下来抢劫,听到这是老何家的地方,是绝不敢轻易靠近的,甚至于听到我们威风凛凛的名字就会撒腿就跑。我还听说,以前有一伙土匪很是凶狠,跑下山来抢人家的东西,干了许许多多的坏事,杀人放火,但最后被我们老何家的一群猎民杀死在了德日哈(地名)附近,也算是为民除害了。虽说好汉不提当年勇,但是以前在呼伦贝尔这个地方若是使用枪,那么是无人能超出我们老何家猎人的左右的。除了我们老何家,别的家族绝不准轻易用枪,像是老杜家,安本官是不会让他们握枪的。这也是一种管理的智慧吧,要是大家人人都能用枪的话,那我们这草原上岂不是要乱了套了。然而就是这样,唯有我们老何家能握枪,足以看出我们老何家的猎人们本事是极大的。当年日本人来到呼伦贝尔的时候,我们老何家的猎人们便杀掉过五十多个日本人,干的都是一等一的好事。

直到现在我仍然在书写老何家的历史,林林总总,依靠着自己的记忆,和当时从老人那儿听来的历史,已经写了快一半的历史了。虽然我只上过三年的蒙语小学,但我想就这样慢慢地写,总也是能完成的。

我干的活儿很多也很杂,80 年代的时候我还干过伐木工人的活儿。那是冬天才能干的活儿,跟着大家一起上山采伐木头,砍下木头之后就把这些木头码堆在一起,用牛爬犁拉下山,运给要木头的人。这活计不在冬天的话不好干,因为把这些木头运下山绝非易事,冬天借助了大雪的帮助才算是好干一些。那个时候这些采伐的木头大都是桦木,一米能卖到八十块钱,也算是我维持生计的一个副业。那个时候冬天打猎也能打乌鸡,打完乌鸡之后带回供销社去卖,一只乌鸡能卖四五毛钱,十只乌鸡的话就有五块钱的收入了。

80 年代之后,90 年代的时候,为了赚钱我还下河捕过鱼。虽然以前在夏天的时候也抓鱼,但小时候抓鱼主要是为了填饱肚子,方法也很简单,就是用钩子把鱼钓上来就是了。但是若是要多捕些鱼,那这个方法效率就不是很高了。于是后来我就在棍子上绑上网,开始用网兜来捕鱼。再后来我有个亲戚看到我这么捕鱼,说我的方法太笨了,于是在他的建议下我再次将我的捕鱼方法进行改良。这一次,我先在河岸边立一根木头,然后将捕鱼的网兜系在木头上,系完之后,我在岸边慢慢移动这根木头,慢慢地"溜"它,慢慢地下网,在这个过程中,网兜划过的地方可以将很多鱼兜进去,一下子便能捕到很多鱼。那个时候我捕到鱼便会拿去卖,一斤鱼可以卖十块钱,都是"九鲤、十鲤"这样的鱼,鱼肉鲜美十分好吃,只是现在已经吃不大到了。

等到 1997、98 年的时候国家为了保护动物,实行禁猎,那个时候我已经不打猎了,就算是心里不好受也没有什么用。我那时候早早地已经养起了牛,也分到了三百多亩草场,都是记录在本儿上的。现在的生活条件比起以前的日子是好多了,解放以前我们这儿还住着泥土坯子砌的木结构的房子,也有的人家里住蒙古包。我现在养了十头牛,也不敢多养,怕它们不够吃草。大概是 1989 年的时候,我得了心脏病,所以至今都是一个人过,没有结婚,怕拖累别人,像我这样得了心脏病的人又怎么敢去想这样的事呢。得病之前,我是不知道的,没有一点儿征兆,有一天我在干活的时候心脏突然就不行了,虽说没有晕过去,但感觉心脏那里难受,情况不对,这才知道自己得了心脏病。那时候差点儿也就死过去了。之后我不断外出看病,去过南屯看病,也喝西药和蒙药,慢慢地把自己的身体养好了,但我不碰烟,也不沾酒。我这十头牛,虽说赚不了多少钱,但维持我一个人的日常支出开销却也够了,就是我身体不好,看病的话花的钱就多了。虽然父亲早早离开了我,但好在母亲仍然健在,现在和我的大姐同住。

现在虽然不能打猎,我也只能当一个牧民,但要当一个出色的牧民也并不是一件容易的事情。我现在只养十头牛,但每一头都要好好照顾,好好喂养,要是不好好养这些牛,它们就慢慢消瘦,也就卖不出好价钱了。为了养牛,一年四季都要干不同的活儿,养牛,看牛,如果要是不用心去做,也养不好牛。

附录八　莫吉格仙登敖包达——敖斯尔访谈报告

敖斯尔,鄂温克族,1963年出生,柯尔特伊尔氏,现居于呼伦贝尔鄂温克族自治旗伊敏苏木红花尔基嘎查,曾任红花尔基嘎查嘎查达。

也许是我们过去会打猎的缘故吧,我们家也都相信山神白纳恰,因为传说中白纳恰会保佑我们在打猎的时候收获到猎物,而在1994年之后我们家也就不打猎了。其实比起白纳恰,在我心中地位更高的则是敖包,敖包在我心中占有最高的地位。敖包跟打猎时祭拜的白纳恰并没有什么关系。在我看来,敖包是地图,是祖先供的东西。然而,在"文化大革命"的十年内,我们这里是没有祭祀敖包的活动的,因为"文革"期间是不让供敖包的。"文革"结束之后我第一次去恢复供敖包已经是1985年的事了,但那是我人生中的第二次或第三次供敖包,在"文革"前我已经去过一两次了。我1985年那次去的是胡吉日敖包,胡吉日敖包幸运地没有在"文革"期间被拆除,所以,1985年那次去供敖包的时候人可多了,还有赛马、摔跤等竞技活动。这些活动叫那达慕,呼迪日敖包以前也有那达慕,在"文革"发生之前就有了,在那个时候呼迪日敖包就已经是一个很大的敖包了,只有大的敖包才有那达慕,小的敖包是没有的。那个时候我舅舅他们还会参加摔跤比赛呢,但是那时我还没有出生,所以这些故事我也只是听说。现在,呼迪日敖包每年在农历五月十三号祭祀的时候都会有那达慕。以前,呼迪日敖包的祭祀由吉登嘎查的大杜拉尔家做主持,那大概是1989年以前的事了。从1990年起,呼迪日敖包就变成了三个队一起供的敖包了。第一次告诉我们几个说可以恢复呼迪日敖包祭祀的,是伊敏苏木的一个书记,当时他告诉我们可以恢复敖包祭祀了,我们这才一起去供的敖包。说来也很有意思,他是大杜拉尔家的人,可能是这一层原因,他也特别上心吧。

而说起老何家的高伊浩勒津敖包,就是那个立在山顶上有个猎人传说的敖包,这个敖包我从小的时候就开始去供了,是我们老何家自己的敖包,在我爸爸和我叔叔他们那个年代起就已经存在了。"文革"结束后我第一次去恢复这个高伊浩勒津敖包祭祀也已经是1985年了,那时是我们几个兄弟一起去的,他们也都是老何家的人,其中有我姑姑家的兄弟道吉苏荣。我们相信拜了高伊浩勒津敖包之后打猎就会特别灵验,当然那个时候我们也相信白纳恰。老何家的敖包过去都是由我来主持的,因为我的辈分是最大的。虽然我的岁数较小,而且敖德的另外两个叔叔他们的年龄都比我要大,但是我的辈分还是最大的。老何家之所以让我主持敖包的祭祀,完全是因为我的辈分,与我曾经当过嘎查达的身份是没有关系的。我是共产党员,我也相信敖包。虽然共产党员理应是无神论者,不能够相信迷信的说法,但是在我心中敖包是祖先留给我们的,祭祀敖包也并不是什么迷信活动。我也相信仙登,仙登是萨满的墓。其中有一个仙登是我姐姐的,我姐姐是莫吉格老太太,她是个萨满,大约在1985年的时候她就开始出萨满了。她的故事我都听说过。她的眼睛有点不好,看不见东西,但是她做了很多的好事。有人得病了,或者是孩子们得病了,她都会帮忙治,而且是不会向人索要钱财,你就算给她一块钱,她也会帮你治病,不给钱她也帮你治病。她的仙登是二十年前立的,那是90年代的时候。她的仙登是立在一片樟子松林里面,因为那个地方比较高,也是她自己生前选中的地方。

我们这儿的说法是,一般立了仙登之后,还会立一个罗赛敖包,都是萨满选择地方来建立的。之前我也听说我家有个罗赛敖包,但是一直没找着。如果找到了罗赛敖包那我一定年年都供,因为有仙登是一定要有罗赛敖包的,现在是因为没找着才停止了供奉。我们今年还是想找着我们家的罗赛敖包,因为找不到不行啊,对以后的祖祖辈辈而言,没有罗赛敖包是一件不好的事。罗赛敖包是跟水神有关系的,萨满必须有罗赛敖包,因为水对萨满好,对我们也好。水对牧民可是很重要的,没有水就没有好的牧场,就会干旱,如果有干旱,那牛羊就吃不着草了,所以这罗赛敖包也有供着老天爷的意思。刚刚说的那个呼迪日敖包其实也是一个罗赛敖包,因为它是供下雨的,供下雨的都可以叫作罗赛敖包。不过呼迪日敖包是没有仙登的,它是三个队的公家敖包,只是用来求下雨的。在每年的农历五月十三号祭祀呼迪日敖包的时候,三个队里的书记都会上去讲话,但也有的时候则不讲,呼迪日敖包的祭祀是不会请萨满,请的是喇嘛。说起仙登,我觉得女人是能去的,但走到敖包的跟前就不行了,女人只能够在敖包的边上。祭祀仙登的时候,是每家轮流着准备贡品,准备贡品就是轮流来的事,大家伙欠下的我们就一起掏钱。一家人,多欠二百啊,三百的我们大家也就给了。我主持过敖包的祭祀,也可以说是敖包达吧,上次我主持的是仙登的祭祀,谁管敖包祭祀就由谁来做主持人,主持人是在老何家内部一年换一次的,今年我负责,那么来年就由你负责。但是,高伊浩勒津敖包祭祀就没有那么多讲究了,祭祀高伊浩勒津敖包的时候并没有主持人,都是我们大伙过去直接供,供完了就回来。祭祀仙登的时候规矩就比较多了,首先萨满会在祭祀的仪式上说话,告诉仙登里面的祖先,今天你的那些子孙都来拜祭您了。萨满是由主持人请来的,我也请过萨满,一般是通过上面人的关系去请萨满的,请萨满的时候一般是谁厉害就请谁,不能随意乱请。找萨满的话一定要找厉害的,不厉害的可不行,我们也不会因为他是鄂温克人我就找他。另外,敖包祭祀的时候没有说自家的敖包或者仙登就要用自家的萨满来祭祀才是最好,我们这的仙登是很大型的祭祀,一般的不厉害的萨满真的不行。我们家祭祀仙登的时候才会请萨满的,仙登旁边一般会立个敖包,那个敖包也会请萨满过去的。我们年年都有过去祭祀,今年也是要去祭的。祭祀的东西需要两天前就准备好。今年我祭仙登就不用忙啥了,就准备点奶干啥的就好,因为敖德

（侄子）那边已经在准备了。我们过去祭祀仙登是不可以说话的，就看萨满在那边弄就行了。祭祀的时候，何家的全部老老少少都要去的。何家现在已经没有萨满了，虽然不知道具体有没有，但是也有听说过翁根齐齐格的女儿就要成为萨满了。如果她真的能成为萨满，我当然会很高兴，因为家里出一个萨满那是非常光荣的事情，对家里头也好。

今年（2017年）由我来主持仙登祭祀，萨满是我从辉河请来的，我在前一天下午三点先开车把他从辉河那儿接过来，到红花尔基镇上都五点了，我把他安排住在旅店里，仙登祭祀完还要把他送回去。这个萨满我们早就听说了，十多年前就听说了，他今年45岁了，是个鄂温克萨满。咱们这个仙登最好是请鄂温克萨满，不过以前也请过布里亚特萨满。仙登祭祀这天我早上三点半就起来了，上羊群抓羊去了，要一只白色的羊。

听说鄂温克人有一句话叫作："老人不讲古，后人离了谱"。我之前没有听说过这句话，我们以前老人也不跟小孩说过去的事。但是我现在一定会跟小孩讲以前的故事。比如说，现在我们供那个呼迪日敖包，一方面也是要注重团结的意思，供呼迪日敖包的时候，三个队一起准备，搞活动，亲戚们互相走动，这也是一种要民族团结的表现。我觉得供敖包就是民族之间要讲团结的意思，所以我要让我的小孩们都认识到这一点，因为现在很多小孩，就连我自己的小孩间都不认识了，亲戚之间不走动就不认识了。所以，供敖包是很重要的，敖包就是给家里的人带来凝聚力。

附录九　萨满信仰调查访谈——乌兰塔娜访谈报告

介绍：乌兰塔娜，鄂温克族，1978年出生，现居于呼伦贝尔鄂温克族自治旗伊敏苏木红花尔基嘎查，鄂温克牧民。

我的名字是乌兰塔娜，这是蒙语名，是我爸爸给起的。"塔娜"就是玛瑙那种，"乌兰"是红色的意思，所以我的名字里有红玛瑙的意思，代表是很珍贵的宝贝。我是1978年出生的,属马。我姓戴,是柯戴达特哈拉的,是鄂温克族,从小在辉苏木长大。后来因为认识了我丈夫,嫁来伊敏苏木红花尔基。

我丈夫叫巴图毕力格,他姓白,用鄂温克话说,是白依格尔。他是1974年生的,属虎。他祖上就在红花尔基,一直都是牧民。他之前是当兵的,1992年去当兵,1995年回来的。我有两个孩子,都是姑娘。大姑娘今年十四岁,她三岁的时候我们就送她出去读书了,让她跟她姑姑住,一直到现在。小姑娘还不到一周岁,我们打算让她三岁半的时候也出去念,上幼儿园。

我爸妈都是鄂温克人,他们两个是在学校认识的。我的爸爸叫其木达尔其,这是蒙语名。他属牛,1937年生的,是辉河人。他是我爷爷奶奶唯一的儿子。他们的家庭挺有钱的。他是鄂温克族自治旗的博克,他以前是整个嘎查里的领头人。"文化大革命"的时候,我爸爸被人打残废了,打得心脏有问题,当时他才二十八九岁。所以我出生那会,我爸就病着。后来我们上上海、天津把我爸心脏治好了。当时我们还不知道萨满。我爸爸在我八九岁的时候就去世了,那时候在1985年左右。我的妈妈叫苏基花尔,是尤里哈瓦哈拉的。她比我爸大一岁。没嫁爸爸之前,她住在红花尔基。我妈妈去年才去世的。

我有七个兄弟姐妹,四个姐姐、三个哥哥,我排最小。排行最大的是我大哥,之后是大姐、二姐、二哥、三姐、四姐、三哥。我们兄弟姐妹岁数差得挺大。我大哥是属猪的,和我差22岁,大姐属虎,二姐属蛇,二哥属马,三姐属狗,四姐属牛,三哥属龙。我大姐在我6岁的时候就去工作了。当时她才十几岁,以前我们没大学来着,她医学毕业后就直接去南屯实习,完了就去上班,是在医院做管药的工作。现在她在鄂温克族自治旗上班。其他人现在都还在辉河那块。

我的信仰

我信萨满,信萨满可好了,我们家可信了。我丈夫家原来都是信萨满的,但我在娘家的时候,都不知道萨满这东西。信萨满是因为萨满对我们家有很大的帮助。

以前我们家没这么好。十多年的时间,巴图不正常,整天喝酒。他当兵回来后两年开始爱好喝酒的,但我不知道。他啥都不管,还骂人,疯子似的,不做家务,也不知道自己有女儿有媳妇。我每次出去清理院子,他喝的酒瓶多到我放车子,推都推不动。你说,一个正常人能喝那么多酒吗?他这样不清不楚的,有十多年了。我跟着他的时候,他清醒就有一两天。上厕所我跟着他,上哪儿我都跟着他,这样跟一个月不让他喝酒。但有时候大姑娘来电话要开家长会,或者送钱什么的,我一上客车走了,他就又喝酒。所以我要跟着他,他一个月才能清醒,不然他得天天喝酒,他还不喝普通酒,把酒当水似的咕咚咕咚地喝下去。他其实不喝酒的时候人可好了。那时候我劝他,他都不听。我干活出去的时候,他就在里边把大门锁上,我搁那站着,跟他说,你开门,我烧火,但他有时候就看着你,不给你开门。我大姑娘在的时候,他就不这么干,我姑娘给开门,他可听我姑娘的话,我姑娘和他说,"爸爸,你别做了,跟妈妈睡吧。"然后他就睡,不吱声搁那儿睡。大姑娘一走、去上课我就会担心,怕他又给锁门。

我当时离婚的想法都有了。我那时候就在想,我嫁过来有啥用,也过不到人样的生活。

认识巴图的时候,我家离这远,我家在辉河苏木,这儿是伊敏苏木,嫁过来的时候也不知道他喝酒的事,要是知道,我能嫁进来嘛。当时我还年轻,就特别羡慕别人家,你看人家两口子多好,啥啥都整,两个人在牧区里好好干活,我就一个人,过的啥日子,我就那么想的,心里不平衡,然后就想回娘家,我姑娘不干,她就哄着我说,"妈妈,别跟我爸爸吵这个,你不想我吗?"她不让我走。当时我大闺女11岁,她和我说,"你要管我爸爸呀。""让着我爸爸。"我以为巴图酒精中毒,就带他去医院打点滴了,他就跑着回来,不干。医院也说让我们回去吧,这样的人他们治不了。后来听人说,中了邪什么的,还是家里有什么不对的话,就找喇嘛,然后我们就请来喇嘛问,但不管用。最后我们请来萨满,管用了。

2015年3月份,巴图的嫂子领着我们去见萨满,那个萨满是南屯的一个布里亚特萨满,名字叫瑟登嘉帕。那时候萨满过来看巴图,知道他是喝酒的,说是喝酒的人不给看。完了就给我三袋奶,说一个供仙登敖包,一个供草原,一个供屋里头。我把奶子洒四方,家里四个角落都供了。最后他说，如果你丈夫，你供完了这三袋奶，他自己说要见我的话，我可以见他。当时巴图啥都不知道，他不在的时候我整的，他也不知道我去找别人，完了到第七天早上他来找我说，"我这样喝酒不行，我不喝酒了，你带我去看看去吧"，他自己说的，我没逼他，之后我们就找到那个萨满看去了。

图1

第一次带巴图去找那个布里亚特萨满，萨满也不知道我们，然后他看了看，说巴图是属虎的。之后他来我们家，我们才知道家里有个非常重要的东西要供，就是一张图。以前这张图就有，但我们不供它。我们大姑姐说了，初九、十九、二十九，你就磕头吧，点个香。我原来就还自己磕，我丈夫也不管这个事儿。萨满说那张图是很有用的东西，后来我们才知道这是我们白依格尔哈拉的罗赛布洛克（见图1）。我们做那张图的框后来是自己买的。完了萨满来的那次，就做法，说巴图要100天忌酒，我们也才知道巴图不正常都是因为我们老奶奶让他这样的。老奶奶是巴图的祖先萨满，是他往上数第四辈的老奶奶，她把我丈夫他们这些叫子孙，用我们鄂温克话说，好像是敖木烈，就是她儿子的儿子的儿子。她是老白家的姑娘，后来和别人结婚了。她做姑娘的时候出的萨满，那个时候才18岁。当时萨满就敲鼓，然后我们老奶奶就从天上下来,上到萨满的身上。那个萨满本来只会蒙文,老奶奶上身后,他就用鄂温克话讲了。他说让我丈夫要戒酒,戒一百天的酒,如果一百天内再喝酒了,像八十天、九十天喝酒了,他就会瘫痪、慢慢死去,对我家都不好。

当时巴图刚喝多,也分不清什么,老奶奶下来后,就很生气,让那个萨满问他,"你是跟着我呀,还是喝酒?你认我这个老祖先吗?"完了他求着说,"我认,我错了",还哭了。然后我们才知道,是老奶奶让巴图走了不该走的路,让他说了不该说的话。我丈夫当时当兵回来,(就业)指标没拿,用一万多块钱卖给了旗里头的人,如果他当时没卖,现在要多好,工作一个月怎么也得五千多。但现在就看牛。他本来不该是这样的人,应该是拿着指标、享受国家干部级的待遇,应该是去单位工作,但他就不要这个条件,搁家里待着,这就是老奶奶说"走了不该走的路"的意思。老奶奶下来后,那个萨满就叫巴图是属虎的俄木布勒,说她从他3岁的时候就跟着他,护着他。要是他碰到什么困难的话,老祖先一定会帮他。他没走错路前,一切都还是很顺利。他10岁、11岁的时候,人很淘气,骑马的时候从马上摔下来,要是别人从马背上摔下来,肯定得被马拉地儿走,但他就不知道啥功夫一下子骑到马上了,当时他哥哥也在场来着。完了他不是喝酒,不知道他是哪个工夫喝的,啤酒瓶子得装了一大堆车子,正常人这么喝得喝死,但他这么多年喝下来,去检查,没病。

我们老奶奶就是想让他出萨满,她自己就是这样出的萨满。那个时候她才18岁,姑娘似的,就自己疯了,自己去搬石头堆山,把一个个石头堆成像个山似的。这些经过是我听住在南屯的姑姑说的,她是我丈夫的亲姑姑。我丈夫也是这样,那个时候疯了似的,冬天在雪地里乱跑。有一次,我家大姑娘扁桃体发炎,我去陪她住院,回来的时候,别人跟我说,巴图毕力格又像疯子似的跑了。原先我们住的不是这个房子,是木头整的院子,那么高的院子他一下就翻过去了,我就问他,你为什么乱七八糟地走,你不想我也要想一下你的姑娘,这么大的雪进去了,搁里头。

萨满给我们整完东西,我送他们回去后,还担心一百天他能行吗,毕竟是十多年喝酒的人。我心里就害怕，如果他明天喝酒了，破这个忌，就白费了，他可能也得残废或者没命。没想到他就是把老奶奶的话听进去了。那一天晚上，他睡得可香了，第二天早上我还想瞅着他呢，就在那担心，会不会找酒，十多年喝酒的人一下子停了没可能，但他果真从那以后就一点都没沾酒。然后一百天过去后，他整个人就清醒了，变没事儿了。这100天都是他自己挺过去的，我就跟着他。以前不给他喝酒的话，他手会哆嗦，完了还发脾气。但这100天他没喝酒，一点都没出现过这样子。此后的四年他都没再喝酒。

图2　　　　　　图3　　　　　　图4

萨满还和我们说，让我们以后的第二年就供我们的祖先，到时候我们家整的时候，老奶奶就会下来。家里老奶奶的塑像（见图2）是萨满做的，做的钱按照自己的心愿给。这是三四年前的事。我丈夫快出萨满了，要继承老奶奶、老白家的萨满。家里摆的那些东西都是为他要出萨满做准备。像家里供萨满的桌子放着两块布，一块黑的是巴图戴的，白的要等到他出萨满的时候才戴；墙壁上挂着一个鼓（见图3），那是给他之后出萨满用的；老奶奶塑像旁搁着的那块牌是银的（见图4），那块牌等到巴图成功以后就挂，用萨满的时候，或自己家族整的时候挂。用完了以后搁回这里。我们老奶奶说了，他就是时候没到，时候到了他就会出萨满，不要着急。那个请来的萨满和我们说，让他每逢初九、十九、二十九供老奶奶，当天他就得自己整那个鼓，敲鼓。怎么做这些仪式都是萨满教他的。如果他真到出萨满的那天，他身上就会有些东西，和正常人不一样。

我丈夫做仪式的时候油灯杯子有讲究（见图5）。杯子是铜的，一定要三个三个装，一共是九个。灯芯是棉花做的。点完灯，灯要烧到下午，完了再点。点的东西是我们自己做的，不诚心的话买来也行，但我们亲手做，我以前也不会来着。

有一些另外的小杯子是要分别倒上不一样的东西：白酒、红酒、奶茶。供罗赛不用白酒、红酒和奶子，供财神爷（见图6）、阿迭（老奶奶的意思）就用白酒、奶茶、奶子。为什么倒这些我用汉话表达不出来，用鄂温克话就会说。念珠（见图7）是巴图出了萨满以后要整的东西，他现在搁脖子上戴的那串黑的是保护他的东西。那是那个布里亚特萨满给他配的，给他白依格尔哈拉的人给配的，白依格尔人人用的东西都不一样。现在巴图都不喝酒了，他本来心眼儿、人就挺好的，就是什么事都按我的做法、想法走，一点儿也不干涉，家里现在可好了。信萨满后，牛羊也起来了。以前我们家就十头、二十头牛，还老是丢牛，现在都好起来了，有五十多头牛。可以说现在的日子是一天比一天好，这不，我们还有了个小宝宝。

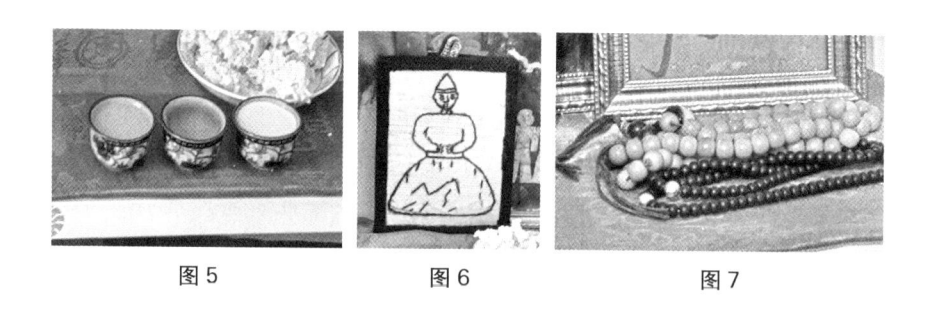

图5　　　　　　　图6　　　　　　　图7

（以下是就喝酒行为对巴图毕力格的采访内容，由苏日嘎拉在旁翻译）

采访巴图毕力格

我在部队的时候，过年过节啥的大家会一起喝酒。部队回来后，那时候年轻，把工作看得不那么重要，觉得自己放牧、有吃有喝就行,能去农机部的时候就不愿意去。在草原挺好的,去城里上班也没什么朋友,在草原这都是一些能玩的朋友,当时就是这个想法,现在要让我去上班,当然就去上班了。心里想着吃喝玩,然后就好奇地那种喝酒了。后来我就越喝越厉害。我喝完酒,睡一觉,昨天发生的事我都记不清。醒酒了以后会觉得特别不好受,但没有那个决心下次不喝,就是今天晚上喝酒喝醉了,睡觉,明天早上醒酒起来还会接着喝,老酒鬼了不是。我们草原这喝白酒,每天喝完起来就难受,白酒喝完有瘾了,难受的时候喝一杯两杯就不难受了。我一杯两杯喝完以后控制不了自己,又喝一两杯,那就喝多了。那时候,村子里挺多像我这么喝酒的,大家都会互相招呼一起喝酒。我喝酒的钱找乌兰要,有时候她不给,我就找别人喝酒,周围有的是人喝酒。我们这愿意喝酒的话都拉上人,是种习惯。实在没钱了,酒就不喝了,有钱再喝,也不是天天都喝酒。我喝酒喝了十几年,身体一直没事。乌兰带我去医院看,没生病能看啥。

结婚以后,我就担心家庭的责任了。喝酒还是继续喝,但比以前稍微好点。我有时喝酒会喝到突然想回家看看闺女,心里还是觉得孩子重要。

我家开始供祖先后,我就干脆不沾酒了。其实以前喝酒我心里头会看不起自己,后来明白一些道理,心里不想喝酒就没再喝了。

我们三年前开始供仙登。每年的农历五月十三,我们就去供仙登,老白家的仙登,用汉话说就是我们老奶奶的坟。我们鄂温克这有名的人的坟墓叫仙登,用石头堆成的,一般人的叫不了仙登。我们老奶奶名字是敖哈热,是巴图往上数第四辈的老奶奶,她是个很有名的萨满,所以她去世后不能像普通人那样,随便放在任何的地方,要有她单独的地方。像老奶奶她有丈夫,但她的坟不可以和丈夫摆在一块,我们爷爷的坟摆在其他地方,老奶奶的坟是自个儿的,然后我们这些后代就这么供着她。我们去供她的时候要拿羊去,白色的羊,那天我们老白家的哥哥、子孙子弟都去。

我们仙登的位置是在山上的一个很好的地方,东北位置的山上,老奶奶从那里可以看着我丈夫,就是看什么时候他人好了、清醒了,老奶奶就会进我们家门,这不,他没事了以后,老奶奶就来了,我们家摆的那个穿着我们民族服装的小人就是老奶奶。

图 8

图 9

今年是我们第三年供老奶奶了。听人家说,老奶奶走了七十多年了,原先老白家的人一次也没供她,我嫁来的时候也不知道。我丈夫第一年供老奶奶的时候分到了老奶奶当萨满时用的东西。2015年修仙登的时候,他们白依格尔哈拉的子孙都来了,然后萨满让家族男的搬阿迭仙登的那个石头,重新搬到了原处,完了巴图就得到了这个东西。它是在仙登里头找到的,石头压的。老奶奶说这东西必须是巴图拿走。这东西大概有八九十年的历史,必须是老奶奶的后代才能拿走,厚厚的,是铜的,叫托利(见图8及9),上面写着"天下太平"。这是我们阿迭用的东西,她做萨满仪式的时候会戴着,她走的时候也跟着放墓里头了。现在等到我丈夫出萨满的时候就用它。

我家有放着千手观音像,是不忍心丢来着。那是好几年前,因为我丈夫的事情,请过喇嘛来我们家,不知道他从哪来的,当时他就穿着那种露了一个膀子的衣服。那喇嘛没能压住我丈夫,只能是萨满对我丈夫管用。但那张像他给了,我就搁家里放着,人家是好心给的,不能扔吧。我每个月初一的时候会给它点一个,没有香,放点水果,放的时候心里就想着孩子以后长大有出息什么的。其他就没什么,也不会说什么。能咋地,不会影响萨满这边儿,没事儿。萨满和喇嘛相反。我信萨满,但对喇嘛佛教这边也不是特别了解,不信它。

（采访:于硕,欧阳嘉璐,陈佳佳,蔡明淞,林欣琪,蒋金岑,洪翌宁;采访于2017年5月22日—26日,乌兰塔娜家中;整理:蔡明淞,陈佳佳;编辑:蔡明淞,洪翌宁。）

附录十　萨满及敖包信仰调查——萨仁花尔访谈节选

我叫萨仁花尔,姓杜,是尤勒哈瓦哈拉的,今年49岁,1968年出生于鄂温克族自治旗红花尔基嘎查,是位牧民。我信萨满,信萨满就是我们这里的传统。我家就出过萨满,她是我的婆婆,姓何,和乌云其木格就是一个姓,叫莫吉戈,她就是姓何的姑娘嫁到了戴家。我嫁过来的时候我婆婆还在来的,那时候人家生病,或者祭敖包什么的,都请她去,像别的那个萨满去世了她去给他弄,帮有灾难、有病的人。记得以前有一对儿年轻的夫妇,想要一个儿子,找了她以后就有儿子了,怀孕了,还有一个姑娘,也是想要儿子,就求那个菩萨给她找了一个儿子,我婆婆给她做仪式,打鼓,就真的有儿子了。

那时我在二十多岁的时候生病了,成天头疼和睡觉,早上还有些精神但到中午就疼得厉害。当时吃药都不管用然后我妈妈就用勒勒车过去请了萨满,也就是之后成为我婆婆的莫吉戈来给我治。记得我婆婆身上在前面有一个托利,后面还有一个大的,身上零零碎碎的也不少,唱着调调儿地跳大神,她跳着跳着就晕倒了,她带来的那个"通契"从后抱扶着她继续打着鼓,他们口里继续唱调且不能唱错,否则这萨满最后就醒不回来。他们唱着唱着那位神就下来附体到我婆婆的身上了,然后那个神过来以后,你有什么事他就说,有什么病他就跟你说,应该我是害怕了吧,所以吃药的不管事儿,就是我吓着了。之后他们杀了只黑色的山羊,然后用楞波草做的小人儿骑在山羊上,这个是有讲究的,萨满会把它在离家很远很远的外面给烧掉,这个楞波草在外边没有,河套里才有。杀掉的羊肉除了萨满自己,其他人都能吃,之后我就感觉精神了。我觉得以前的萨满比较灵,现在的萨满跟我婆婆比没那么好了,也没听说能给人治病啥的。

我婆婆去世后,她穿的衣服,蒙古袍的都还放在家里,但她做萨满时用的法器都跟着她走了,放在仙登里。自从婆婆去世后,我们何家这里都还没出过萨满,不过应该也快出了,也要看去世的萨满想选什么样的人,被选中的人可能会在梦里见到萨满,或者就是身体不好,怎么治都治不好,就应该知道好像得当萨满了。身体不好不是说得病了,只是浑身不舒服,但找不到原因。如果真出萨满了,新萨满的法器要自己再做,我婆婆的法器就跟着她去了,不会再拿出来传到下一代。

我们家的仙登敖包会请萨满来。每家祭仙登的时间、标准都不一样,我家是按照婆婆去世的时间把祭仙登的日子定在五月初六。我们除了这天去祭拜婆婆以外,其他日子,比如清明节什么的就不会去祭拜,因为她是天上的菩萨嘛,不可以用普通人的烧纸。现在萨满少了很多,像我们红花尔基嘎查现在都没有萨满,所以这些年我们都从其他的地方请来萨满。请哪个萨满看那一年敖包祭祀的负责人是谁,负责人自己选择。每年的负责人有两个,年年换着做,今年你做,明年他做。我之前也做过负责人,是从毕鲁图嘎查请来的鄂温克萨满。请萨满的形式就是要上萨满的家里和他说,告诉他我们祭仙登敖包的时间,然后看他愿不愿意,愿意了就去,不愿意我们会再找另外的萨满。请的萨满可以连续几年是同一个,但要看他愿不愿意。如果他不愿意,一般是因为他害怕,怕自己降不住那个去世的萨满。

除了敖包祭祀请萨满外,家里如果有不顺也会请萨满来,比如这几年牛羊都不好,怎么喂都不好,我们就请了萨满来看,萨满会告诉我们保护牛羊的方法,像我们家,就有一个他给做的保护牛羊的东西,上面有两个兜,他让我们把刚产下牛奶或者卖出的牛羊尾巴的毛塞进兜里,这样就可以保护牛羊了。我以前请的萨满有鄂温克人、布里亚特人。

萨满的性格不一定很温和，也会有脾气不好的时候。我们信萨满的人不能说他坏话，其实他都知道。请萨满来做仪式时，我们也不可以笑。萨满可以一眼看出哪些人信他，哪些人是玩他，不信他的人会被赶出去。我们说错话，或者跟在他身边的通契唱错调，萨满就会生气。如果惹萨满生气了，他敲鼓的声音会变大，动作也会很快。这时候我们就要请他原谅，跟他说，"我们什么都不知道，什么都不懂。"然后他就会气消了。萨满没有瑟翁来的时候，就像普通人一样，但来了瑟翁后，他就会变得厉害了。等到做完仪式，萨满就会欢送那个瑟翁走，又变回普通人。

我家从一个姓何的布里亚特萨满那儿得到一块羊骨头，上面挂有五个嘎拉哈（羊后腿膝盖的关节），这块骨头是羊前腿下边儿的骨头，上面还画有人脸。祈来这块骨头就是为了保护我的牛和羊，让它们免于生病。这块骨头求来有十几年了。以前我家里的牛羊一直发展不起来，就只有六七头，老是不产子儿，后来我去找了那个萨满以后，他就讲那样好，我就那样做，然后在家里挂了哈达，家里的牛羊就变好啦，牛羊丰收。那个萨满叫斯登嘉，是一个年轻的布里亚特男萨满，在我们这地儿很出名，很多人都知道，我是自己主动去找的，感觉真的挺灵的。萨满其实是"萨尔贝日"的意思，就是什么事他都能提前知道，跟普通人不一样，而上他身上的那个东西就是瑟翁。屋里的一个挂饰，这是别的萨满给我做来保护牛和羊的，不是我婆婆做的。这是永久性挂的。养牧就挂，这个都是羊还有牛的骨头，养牧必需的。以前为什么会组成这个呢，以前放牧不打草，就天天放牛，唉这年头有雨灾啊、雪灾啊什么的。现在的不是，现在圈养地抓着，可以天天喂东西都加料的那个，不太信仰这些吧，就看天过日子。下大雪了，牛出去没有东西吃就会饿死了。现在的不会，现在可以圈养嘛，可以买东西饲料给它们，也就不用这些了。以前都没有这些，就信仰。我自己没求过萨满做事情，但对萨满是抱着敬畏且相信的态度，因为我相信萨满能保佑家庭和祈求平安顺利的日子。我们下一代的萨满祭祀继承从他们年少时开始边看边学做着，以后每年也会继续祭拜敖包。

我们庆祝的时候除了喝酒、唱歌，还会跳舞。我以前会唱歌，尤其是那些民族歌曲,但由于做过手术,嗓子不行了,现在就没办法唱歌了。唱歌都是我跟着老人家或者是跟着同学们,听听录音机,或者是看电视什么的学来的。学校也有音乐课教民族歌,但由于音乐老师是蒙古老师,所以教的都是蒙古歌。我以前跳舞还好,丈夫也喜欢跳舞,大家时常一起跳舞,我们在哪儿都可以跳舞,婚礼啊,那达慕啊都可以。说起那达慕,以前我都还会在那达慕上表演鄂温克的民族舞蹈。喝酒的传统也不知道怎么来的,就平时开心了就喝酒,过年过节和亲戚朋友聚在一块也会一块喝酒。

(采访:陈佳佳,蔡明淞,欧阳嘉璐,洪翌宁,任蔼莹,钟永青,李佩蕊;采访于2017年5月24日—27日,萨仁花尔红花尔基嘎查家中;整理:蔡明淞,蒋金岑,陈佳佳,林欣琪,欧阳嘉璐;编辑:林欣琪,洪翌宁。指导老师:于硕。)

附录十一 翁根琪琪格——关于萨满信仰的访谈

我叫翁根琪琪格,翁根是花的意思,翁根琪琪格意思就是彩色的花,我想,给我起名字的人应该是希望我像一朵彩色的花一样灿烂、美丽。这是我的蒙文名字,我既没有鄂温克语名字,也没有汉文名字。我属猴,今年如果按照虚岁来说的话,已经61岁了。我的爸爸是希达日达特哈拉的人,用汉话来说就是姓戴,他的名字叫乌日金。我妈妈是大杜拉尔哈拉的,她叫新娜布。我是在红花尔基嘎查出生的。我的丈夫叫巴尔特,姓何,老何家那个何,用鄂温克语说就是柯特依尔哈拉。我们家祖祖辈辈都是牧民,勤劳而朴实,我爸爸、丈夫也都是牧民。我有一个姑娘,一个儿子。姑娘叫诺日吉玛,属猪的,今年34岁了,她将继任我们家族的萨满。儿子叫诺木其,今年32岁,他是一位厉害的民族舞蹈者。他们跟我一样都是只有蒙文名字,而没有鄂温克语名字。

1956年1月12号我出生在红花尔基嘎查,在这里长大,现在也在这里慢慢老去,可以说是在这里土生土长。不过以前的长辈们有跟我提起过,说我们家的祖先是从辉河那里迁徙过来的,但在我的记忆里面我的爷爷奶奶那一代已经在红花尔基生活了,直到现在我也说不清楚我们家族究竟是在什么时候搬来这里。小的时候,我在伊敏公社上学,学的主要是蒙语。后来我的一双儿女也在伊敏公社里上学。我小时候很喜欢唱歌跳舞,那时候蒙语歌曲,还有红歌都会唱。我没有特别学习过如何唱歌,但是天生喜欢,自然而然地便也会唱了。那时候还喜欢跟叔叔家的同龄姑娘一起跳舞。我会唱《北京有个金太阳》,这首歌我还能用蒙语唱呢,当然我也会唱鄂温克语的歌。

　　要说起我小时候的事情吧,那是动荡不安的年代,不如现在的生活来的安稳自足。我自懂事开始,小时候的一大段时间都是在"文革"时期度过的。我还记得,我们那时候这有许多姑娘被称为"铁姑娘","铁姑娘"是"文革"时候说出来的一个词语,意思就是非常能干活的姑娘。在那时候,我们十几个"铁姑娘"还一起上山拿木头呢。1973年那年,那时候还是"文化大革命"期间,才十几岁的我就参加了民兵训练,在那个时候,这些都是必须的。训练主要是在河北边那儿的毕鲁图嘎查,那时候我们两个队,一起成立了一个民兵队,都是一些小姑娘在参加训练。参加民兵训练的时候我们要举枪打靶,还要骑马,就跟当兵的爷们一样,宛如八路军电视剧里面的民兵。那个时候旗里还会派连长和班长来训练我们,保卫我们的这块地方,回想起来那段时间的训练也是十分辛苦。"文革"开始那个时候我才上完小学五年级,1968年的时候,许多的知识青年下乡来到我们鄂温克族自治旗,那时候挖肃运动也正在如火如荼地进行着。挖肃运动以后,老师们也都不再敢教书了,所以教我们读书的任务也就落在了这些知青的身上。虽然我的汉语也都是跟他们学的,但是遗憾的是知青上课的时候根本就没好好给我们上,教的大多数都是些没用的东西。纵使也有讲些《毛主席语录》,却也没有好好地认真教,有的东西我至今也没有办法用汉语翻译出来。我会唱的那首《北京有个金太阳》也就是他们教的。时隔多年,这些知识青年的名字我也还记得一些,比如:李辉明,李桂英,孙青营等等,这些知青都是当年跟我一起给集体户做饭的。另外,"文革"那时候我们这里的人全部都是按等级分类的,人们由富裕到贫困被一层层严格地分化开来,分为地主,牧主,白依玛琪,雅多罗玛琪,雅多玛琪格野撒。雅多罗玛琪就是困难户的意思,雅多玛琪格野撒则是最困难的户。1967年的时候就已经开始这样分了,当时的地主、牧主,还有白依玛琪们全部都被关了起来。一些知青还把现在的队长、书记给关起来打,他的家产还有其他的财产都被没收了,当时连我的姥爷家的东西也都被没收了,这些都是知青干的事情。不过幸运的是我们家当时是属于雅多,意思就是很困难的家庭,因此也并没有遭遇抄家之类的不幸之事。

"文革"时期我们这里的文化活动也被严格地禁止了。在70年代的时候,我们就是想去参加亲戚的婚礼,也无法参加,更别说参加其他的节日活动了。后来,直到1982年、1983年的时候才允许我们结婚时恢复相关的婚礼习俗,比如马队迎亲那些习俗才开始慢慢恢复。在那之前,若是青年男女们想结婚的话,礼节非常简单,男女双方派人骑着马将姑娘送去男方家中便算是结婚了。

说起供敖包,"文革"的时候,大部分的敖包都被无情地拆掉,毁坏了,更别说明目张胆地去祭拜,"文革"时候对这些都是严格禁止的,为了自保,我们也不敢违抗命令去"搞这些封建迷信"。"文革"之后,1983年1984年左右,我的公公婆婆先后去世了,也就是差不多那一段时间,我们家才慢慢开始恢复祭祀敖包。而差不多同时期,萨满们也渐渐地可以出来活动了。我丈夫的奶奶是一个很厉害的萨满,她姓白。她死后,我丈夫家为她建立了三个纪念物。这第一样便是,在山上建立了一个敖包;而第二样是,在山的前面建有一个仙登,是一个石头堆一样的东西,二者是建在一起的;第三样便是,在河边建立了一个罗赛敖包。这三个敖包都跟这位萨满有关系,是为了纪念她而建立,因为她十分的厉害。

我听说,有一个仙登就必须有一个罗赛敖包,这两个有一定的关系,至于具体的原因我也不是很清楚了。在我很小的时候这些都还在,但是经历了这场十年的浩劫之后就什么都没有了。刚刚恢复敖包祭祀的时候,我跟随我丈夫家里的规矩,一直只用奶制品祭祀敖包,但是直到三年前,我们就开始用杀羊这样隆重的方式,来进行祭祀了;而三年前,我的女儿诺日吉玛也刚好被选中要出萨满,我相信这是上天的旨意。我们除了会祭祀自己家的敖包以外,我们也会去胡吉日敖包,那是一个集体敖包。祭祀敖包的时候,我们会给敖包系上哈达,哈达共有红、蓝、白、黄、绿五种颜色，分别代表着太阳、蓝天、白云，月亮和草地。我们家的敖包和胡吉日敖包是同一天祭祀的，都是农历五月十三号，不过，我们家的罗赛敖包祭祀的时间则不一样，是五月初五祭祀的。由于我们家的仙登和敖包是同一日祭祀的，在以前我们都会选择去胡吉日敖包，但是，三年前自从我的女儿出萨满了以后，五月十三日这天我们就选择去祭祀我们自己家里的仙登敖包了，祭祀的仪式也比以前隆重了许多。八几年刚刚恢复祭祀仙登的时候，对女人的规矩也没那么多，女人过去都觉得没事。但现在都不行了，我们要注意遵守上天的规矩了，小姑娘小媳妇都不上去，也不能靠近。

  我女儿是传承我丈夫的奶奶而成为萨满的，我丈夫的奶奶是在六十多岁去世的，距离现在已经过了四十多年了。而这四十多年，无论我们怎么祭祀仙登和敖包我们家都没有再出萨满，直到我女儿这一代才再出现萨满。说起我的儿子，我的儿子诺木其是一名很优秀的舞蹈演员，他主要是跳民族舞的，但是其他的舞蹈他也跳。在我们这里这些是非常普遍的，很多小学生很小就出去学舞蹈，也学我们鄂温克的舞蹈。这里还成立了小鹿艺术团和五彩儿童合唱艺术团。诺木其他们还排出了一部鄂温克舞台剧，叫彩虹之路。

  80年代的时候我们终于迎来了改革开放，感觉最明显的变化，是"文革"的时候我们都住"乌戈柱"里面，也就是蒙古包里面，而八几年以后就开始住这里。之后的生活里，我们每逢五月份便会从这里搬走去河东，然后到了九十月份又搬回来河西这里。这主要是为了收奶子，我们五月份搬到河东去挤奶，然后十月份搬回来找"卢布象"，就是收牛奶的人，让他们收牛奶。以前海拉尔的奶站会派遣"卢布象"来我们这里收牛奶。可是今年开始我们不挤牛奶了，我们开始找老客过来收牛羊，改卖牛羊了，老客就是收牛羊的人。老客都是以个人的身份从外地过来的，我们跟他谈生意。到现在，我们家有三十多头牛，二十多只羊，只是没有马。然而现在牛的价格都降下来了，肉的价格却很贵，32块钱一斤，有时候出去卖了牛再买肉就已经没钱了，一斤肉会卖到三四十块钱，这是多么不合理啊。这几年牛的价格更是降得特别厉害，跟2012年、2013年比完全不行。这样一来把我们牧民都给掏空了，以至于牧民都不想养羊了,也不会把羊毛和羊交给处理的地方了。我们这里唯独一般不会卖马,马可是个好东西,是很重要的交通工具,要骑着找牛羊呢。我女儿诺日吉玛很早的时候身体就开始有出萨满的征兆。我们都不知道是什么原因,从她 13 岁还在上小学的时候开始,她总是无缘无故的身体疼痛,而且随着年龄的增长这些病痛也越来越严重。后来她几乎每天都在生病,经常还要住医院。那个时候还不知道这一切是上天要她成为萨满的征兆,应该说那时候我根本就不知道什么是萨满,我大部分的青春都是在"文革"期间度过的,那时候对萨满也是绝口不提的,也没有萨满出现,家里也没对我说过有这样的一类人,所以我也根本不知道。因此对女儿的这些病征我也根本没往这方面想,一直到她高中毕业她都是那么痛着。

到了 2009 年,她结婚近三年的时候,开始疼到难受得不行了,长期的病痛使她煎熬难忍,她说她感觉快要疯了,作为母亲的我也是心痛不已。我带着她到处找医院,我们甚至去了遥远的北京医院可是也是查不出什么所以然来。后来,她还经常无缘无故晕过去,她说心脏难受到让她什么也不知道。但是过了十五分钟左右之后又醒过来,又变成一个很正常的人。到了 2010 年,她忽然不能走路了,半身不遂的样子,情况越发得严重了起来。看着自己的女儿这个样子,我心里面觉得又心痛又绝望,有人告诉我喇嘛很灵,于是我请来了一位喇嘛为她念经祈福,但几次下来也不见起色。后来又有人告诉我萨满很灵,我又几经转折找来了一位老萨满为她驱魔治病。头几次也没有怎么见效,直到有一天我的女儿鬼使神差地自己跑到那位老萨满家里,我也不知道她是怎么知道路的,去了那里之后就晕倒了。她回来之后告诉我,是我丈夫的奶奶驱使她去的,我丈夫的奶奶透过我女儿的身体找到那位萨满,她的身体一去到那里太奶奶就显灵了,并告诉那位萨满我女儿是一位要出萨满的人。

她第一次去老萨满那里是她自己去的,当时那位老萨满还很生气地对我女儿说她不可以就这么一个人出来的,叫她去哪都不要一个人,一定要人陪着,万一大冬天一个人晕倒了,却没有人管,就这样冻死了怎么行!原来我女儿这几年来所承受的病痛都是上天所给的惩罚。不断的生病是即将成为萨满的征兆,征兆出现后如果一直不出萨满的话上天就会给予惩罚,病痛就会越来越严重。这十几年来,我一直带着她漫无目的地看医生,今天去医院,今天就要住院,然后明天或许就出院了,但后天又有可能要住院,就是反复受着这样的折磨。这就是上天逼着她要她成为萨满,如果她不成为萨满,上天就会在肉体上、精神上一直折磨她,让她不出萨满不行。有人说如果她不接受这个命运的话,恐怕她的下场就只有死或者成为精神病人了。后来又这样子重复了三次,就确定她是要出萨满了,后来那个老太太成了她的老师,接下来也就开始了她三年的修行。她要出萨满的事情,她第一次去老太太那里就告诉我了,她还问我萨满是什么,我们都不懂,最后还是在老人那问出来的。出萨满的人在正式成为萨满之前都是要有三年修行的,三年修行之后才可以正式成为萨满,独立帮别人做事。这个老萨满就是我女儿现在的老师。事实上,她的老师只是告诉她要做些什么,但真正指导她的人是她天上的太奶奶,那个过世的萨满。她的太奶奶会托梦告诉她,冥冥中跟她说她要做些什么,怎么去做,一步一步地教她。正因如此,每一个萨满的做法都不一样,都是各自有各自的一套,而她也是完全跟着她太奶奶的指示做事的。她作为修行中的萨满,还是像正常人一样生活,平时还要带自己的孩子,但是生活中却多了不少禁忌,不少要注意的东西。她告诉我,被选择为萨满的人,一定是要心地善良,否则是不会被选中的。

萨满是帮人做好事却不求回报的,不能找别人要钱。萨满必须是诚实而慎言的人,说谎骗人或者乱说话都是大忌,一句也不可以讲。听说有的萨满要别人给五六头种羊才帮人做事,这些都是不行的,做了这些事,老天会给萨满惩罚,萨满又会受到之前的病痛的折磨。做萨满在修行期间也不能让自己经历大喜大悲的事情,婚礼、葬礼、聚会等等都是不能去的。甚至她连穿衣服也有禁忌,那些好看的短裙短衣服都不能穿了,一直放着。连耳环戒指等首饰也都要取下来,因为萨满不可以戴这些首饰。在饮食方面,萨满不能吃肉。在这三年内,前两年她都没有吃过肉,但我们始终是草地人,不吃肉不习惯,所以第三年会吃一点点。总之绝对不可以说错话做错事,这些都要一点一点地注意,这让她疲惫不堪。这种种禁忌,如果没有她天上的太奶奶指示她可以结束,是一定要遵守的。刚刚开始的时候,她累到不想跟人说话,把自己关在一个屋子里,别人说话就只能听着学着。她在她太奶奶面前,每天都要汇报自己今天做的事。比如说,她作为萨满一般是不能随便外出的,但万一有什么事非要外出不可,她就一定要向她太奶奶汇报清楚,包括外出的原因以及路上的经过。她天天都要跟她的太奶奶学习,就好似上学学生一样的,但她要学的东西比学生要多很多。她作为萨满,一定要坚强,因此哭是不可以的,要是哭了就会受到惩罚。上次她跟她女儿吵架哭了,结果出去就出车祸了。她被汽车撞飞了,如果是一个正常人,骨折了是在所难免的,可是她却没有什么严重的伤。她上初中的时候,被四轮车从身上碾轧过去,当场就晕倒了。当时他哥哥抱着她哭,大呼妹妹死了。但是她后来却自己醒过来了,感觉什么事没有,还能自己回家。这是因为她作为萨满有上天给她的保护,所以她遇到这些事都不会受到太严重的伤害,这都是老天给她的磨练。

今年的六月十七号,她就要正式成为萨满了。成为萨满要举行一个仪式,为此我们请了三个萨满,因为一个萨满的力量是无法帮助她成为萨满的,要三个萨满合力做法才能够做到。六月十七号她要去祭祀他们萨满族的敖包,那就是一个仙登,流程大概是这样的:早上七八点的时候开始,首先要在仙登面前祷告一段时间,然后根据我们的规矩要杀一只全白的羊。这是有说法的,因为杀别的羊是不可以的。杀羊的时候会专门找族人里会杀羊的敖包达来杀,这是因为杀羊的方法也是有讲究的,如果杀羊的方式错了,或者杀得不好是不行的,只有有经验的敖包达才能以最准确的方式杀羊。杀的时候她不能在跟前看着,她作为萨满是不能够见到血的。杀了羊后,把羊肉煮至半熟,就把肉拿出来,放在仙登前面并开始第二次祷告,祈祷健康与平安。祭祀完之后便可以把羊肉煮熟,把肉分给大家一起吃。吃羊肉的时候注意不能弄坏羊骨头,要用刀切吃肉,否则就是对祖先的不尊敬。吃完肉之后,最后将干净而完好的羊骨摆在仙登面前,表示对祖先的尊敬,羊骨头是给他们享用的。这样的仪式之后,她就正式成为萨满了,以后就可以自己的名义独自出去给人家做法事、治病了。(采访:吴红,李亚磊,陈烨,万迁;采访于 2016 年 5 月 24 日—25 日,红花尔基嘎查翁根其其格家中;整理:

陈烨,万迁,洪翌宁;编辑:陈烨,洪翌宁。指导教师:于硕。)

附录十二 阿拉坦德力格尔萨满的个人笔记整理

1936年4月生在辉苏木杜拉尔·雅勒·莫洪的普普通通鄂温克家庭中。在15岁那年阿拉坦德力格尔身上出现鄂温克萨满的征兆,随后杜拉尔·雅勒莫洪神通广大的萨满吉德嘉和布勒吉盖把她引进道路,消除世间灾祸,天道行善,通过鄂温克萨满的礼节集齐萨满用的器具,让这位鄂温克萨满显现于世。她通过祭拜鄂温克神灵成为远近闻名的年轻的鄂温克萨满。

但是好事多磨,在国家动乱的那些年由于外部因素一度中断鄂温克萨满传统祭拜的行为。2005年7月15日,阿拉坦德力格尔遵照祖先的遗嘱,再次复苏了鄂温克萨满祭拜神灵的习俗,为世间消除灾害,造福百姓。

鄂温克族自治旗辉苏木哈克木嘎查的牧民阿拉坦德力格尔1936年4月在额牧柯勒图(emekeltu)出生了。继承了杜拉尔·雅勒莫洪的牛布萨满,从10岁开始患上了昏迷倒下的病。父母因为没有治疗的方法请求喇嘛和萨满来治疗。1950年在叫horai的地方当了萨满。18岁的时候因社会因素中断了萨满。在"文化大革命"期间也没有从事萨满活动。因为没有祭拜神灵患手脚骨折、受苦于病灾。因此2005年开始祭拜了仙登,开始祭拜了先祖。

2006年,祭拜了搭嘎桑敖包。

2007年农历5月20日,祭拜了神灵。

2008年8月19日,祭拜复苏了先祖的神灵。这次主要祭拜了额牧柯勒图(emekeltu)的仙登,对此修整翻新,随即祭拜了家乡的神灵们。

2009年农历6月16日,祭拜了神通广大的搭嘎桑仙登。

2010年农历5月16日,祭拜了尊敬的仙登。

2010年8月7日,北京中央民族大学的伊拉娜、那敏、乌日乌特等学生从阿拉坦德力格尔萨满询问了有关萨满的问题。

2010年7月,恢复了鄂温克的呼和苏木,来了很多神通广大的喇嘛念经了。

2011年5月16日,祭拜了额牧柯勒图(emekeltu)的仙登。祭拜时先上供奶食品,后召唤了神灵祭拜仙登。祭拜时杜拉尔·雅勒莫洪的子孙和其他姓氏的有名的人都过来参加了。亲戚朋友全部下跪祭拜了。

2013年5月16日,祭拜了祖先的仙登。家乡的各位有名的人都来参加了。用各种食物的上品和鲜奶来祭拜了神灵。用香薰净化了敖包,祭拜了各路神仙。

2014年5月16日,祭拜了祖先的仙登。家乡的各位有名的人都来参加了。用各种食物的上品和鲜奶来祭拜了神灵。用香薰净化了敖包,祭拜了各路神仙。

香烟虽然细但能通往上天,家乡的人们用自己的信念来祭拜上天,为子孙祈福。

2015年5月16日,祭拜了祖先的仙登。祭拜仙登时用了去年的方法。

注:(蒙古文汉译版本)翻译人:伊德尔呼。

附录十三 索伦鄂温克族格根萨满个人笔记整理

选择每年夏天最好的月份,看天气好的时候来祭龙的敖包。

布勒吉尔莫洪的已丑年生(1889年出生),mulkung dasgung 萨满爷爷,两个棕色的 guruge、mira jalan、buigan、镜子、jahudung、aslan、anggen jalan、honggodan、tahir、angkang 镜子、yinggidai、jawur、halbanggu,用犴皮缝制的扎瓦(萨满的衣服),足有十二枝杈的伊贺兰(帽子),有白山羊皮的 wudung,黄羊腿 tuibur,稠李子树的鞭子,紫檀色的珠子(念珠),左右各有青铜的大镜子,龙的六个铃铛,棕红色的面具,用鄂温克语伊若作仪式[①],有鄂温克神的鄂温克萨满。

---

① 这种萨满仪式在鄂温克语里称为宁嘎仁 NING GAA REN。

附　录

　　2006年夏,六月十九日早上天蒙蒙亮,向大地水土、四海八荒的神祈福,献上三种珍品,向父、西边的天祈福,向母、东边的天跪拜来信奉祷告,向九重天供奉、向八十一重天祷告,向附近的敖包神灵祈祷,将金红色的茶珍品奉上、石黑色的酒珍品洒下、乳白色的奶珍品递上,将上天的盔甲披上、三枝杈的伊贺兰戴上,向神灵祈祷、把神灵大声召唤,通过"当我的骨头白色的时候,当我的血液凝固的时候,当我的灵魂得到纯洁的时候,出现 ularin ergexi lalmagai 的赤马年出生的你女儿身上,我的神降下来吧,开着金口降下来吧,这个身体虽然不太好,我的神能不好吗? 我的身体虽然不太好,我的神能不好吗? 向石头山峰 hanggurimi,向山打滚着,我的神降下来吧,张开金口吧,送给美好的祈福吧,薰着刚嘎,寻找我的神,点燃香烟,请尊敬的神灵,向着悬崖方向奔过来,向着大山的方向跑过来,讲给您听,请您降下来,张开您的金口,赐予您的祈福"来将神灵反复召唤,在活着的老师、救赎的光明姓查刚嘎德、属蛇之人,老师达日玛(有扎瓦的布里亚特萨满)的指导之下,姓塔宁格德的戊寅年生人,萨满罕德玛(无扎瓦、厄鲁特萨满),属狗之人、色普乐玛(有扎瓦的布里亚特萨满)萨满的教导之下将一米高的九 gohira 四方木给反复跳过了九九八十一次,向四面八方射了八次箭、准确抓住了金色的缰绳,将珍宝的缰绳无闪失地抓住,在燃烧的火焰上(用干木头呈三角形立起来燃烧)反复走了三遍、未被烧到(将此规矩完成了五遍),就这样无任何闪失走上金色 togoru,成为了鄂温克萨满之一。

　　布勒吉尔莫洪的巳丑年生(1889年出生),mulkung dasgung 萨满爷爷,两个棕色的 guruge、mira jalan、buigan、镜子、jahurung、aslan、anggen jalan、honggod、tahir、angkang 镜子、yinggidai、jawur、halbanggu、用犴皮缝制的扎瓦(萨满的衣服),足有十二枝杈的伊贺兰(帽子),有白山羊皮的 wudung,黄羊腿 tuibur,稠李子木鞭子,紫檀色的珠子(念珠),左右各有青铜的大镜子,龙的六个铃铛,棕红色的面具,用鄂温克语跳大神,有鄂温克神的鄂温克萨满。

　　自从抓住了金色的缰绳、走上金色的 togoru 之后,做了很多例如祈福神灵,祭祀敖包,祭龙敖包,祭火,祭龙,行洗礼,治愈因吓到而精神错乱的疾病等,对脸、手、腿和全身所长的脓包进行洗礼,酒的咒文,面具的咒文,帮助萨满和巴日雅奇(bariyaqi)①出道、萨满和巴日雅奇抓住缰绳并辅导等等萨满该做的事情。

祭祀神灵的祭典都大同小异。可以用奶食品供奉也可以用整绵羊肉来供奉。

布勒吉尔莫洪的龙敖包是维特根嘎查边立起来被祭祀的敖包。1991年的夏天,供奉了奶食品、立起了长长的柳条,把金色的哈达洗净系在敖包上,将牛奶献上祷告,为自身祷告,是通过对洁净的龙敖包存在的神灵祈福来唤醒的敖包。

在布勒吉尔莫洪有两个仙登敖包和一个龙敖包。每年农历五月五日之后,选择月明天晴的一天来举行祭祀仪式。布勒吉尔莫洪的仙登敖包,1982年一个美好夏天的六月十九日,莫洪家族的男女老少请杜拉尔哈拉·雅勒哈瓦莫洪的属猴的老萨满乌云花唤醒并祭祀了仙登敖包。布勒吉尔莫洪的子孙们抓着摇曳的新的绿色柳枝、祭上纯白的绵羊,在维特根嘎查的东北角、哈日嘎那的东南角,将珍宝山作为依靠、将伊敏河作为涌泉、将巴彦呼舒敖包作为希望、将哈拉温都尔作为眺望的布勒吉尔莫洪的仙登敖包是己丑年生(1889年出生)老人穆勒昆爷爷的仙登敖包。来唤醒立起了仙登敖包。让达格松萨满品尝整绵羊肉、奉上吃食、泼洒鲜奶、点燃刚嘎、点上烛香、诉说来意、跪拜祈福。让子孙介绍自己认识自己、奉上德吉祭拜了达格松萨满。因为各种原因,家族子孙们从1983年到1993年整整十年没有再祭拜。

1994年夏天的六月份,为了再一次祭祀唤醒布勒吉尔莫洪的仙登敖包,莫洪家族的男女老少全体出动,请来衣钵承自出身伊敏的额鲁特蒙古族特宁格姓氏的乌勒吉哈斯爷爷家族的老萨满罕德玛,唤醒祭祀了布勒吉尔莫洪的仙登敖包。

由于拥有布勒吉尔莫洪的至上荣誉的甲寅年生人(1866年出生),老萨满旭日珠拉的仙登敖包和布勒吉尔莫洪的己丑年生(1889年出生)老萨满达斯滚的仙登敖包相邻而在,所以决定在一天同时祭祀。拥

---

① 鄂温克语、达斡尔语、蒙古语对传统捏骨人和传统骨科医生的称呼。

有蓝天的 banumal、hurhire 龙的祭典，布勒吉尔莫洪的龙敖包，在维特很河旁边"前端"相邻而立祭祀。1991年的六月十六日呈上成盘的奶食品、立上细高的柳条，把金色的哈达洗净系在敖包上，将牛奶献上祷告，为自身祷告，是通过对洁净的龙敖包纯洁的神灵祈福来唤醒的敖包。这个龙敖包是自1991年唤醒祭祀以来，迄今为止都一直祭祀着的。

图书在版编目(CIP)数据

鄂温克族敖包文化研究/乌日乌特著. —上海：
上海三联书店,2023.3
（中国近北极民族研究丛书）
ISBN 978-7-5426-7773-0

Ⅰ.①鄂… Ⅱ.①乌… Ⅲ.①鄂温克族—民族文化—研究—中国 Ⅳ.①K282.3

中国版本图书馆 CIP 数据核字(2022)第 128645 号

鄂温克族敖包文化研究

著　　者 / 乌日乌特

责任编辑 / 郑秀艳
装帧设计 / 一本好书
监　　制 / 姚　军
责任校对 / 王凌霄

出版发行 / 上海三联书店
　　　　　(200030)中国上海市漕溪北路 331 号 A 座 6 楼
邮　　箱 / sdxsanlian@sina.com
邮购电话 / 021-22895540
印　　刷 / 上海惠敦印务科技有限公司

版　　次 / 2023 年 3 月第 1 版
印　　次 / 2023 年 3 月第 1 次印刷
开　　本 / 640 mm×960 mm　1/16
字　　数 / 300 千字
印　　张 / 21
书　　号 / ISBN 978-7-5426-7773-0/K·673
定　　价 / 88.00 元

敬启读者,如发现本书有印装质量问题,请与印刷厂联系 021-63779028